Couvertures supérieure et inférieure manquantes

LE DUC ROUGE

A LA MÊME LIBRAIRIE

DU MÊME AUTEUR

LA REINE DES GUEUX, roman d'aventures, un volume. 3.50
LE FILS DE PORTHOS, roman de cape et d'épée, 2 vol. 2° édition.................................... 7 »
LA BELLE LIMONADIÈRE, roman, un volume........ 3.50
CAPRICE DE PRINCESSE, roman, un volume......... 3.50
LES MONSTRES DE PARIS, roman, un volume........ 3.50
AU BOUT DE LA LORGNETTE, portraits de littérateurs, peintres, artistes lyriques et dramatiques, etc., un fort volume.................................... 3.50
LES JOLIES ACTRICES DE PARIS, quatre forts volumes contenant la biographie de toutes les artistes de Paris. Chaque volume se vend séparément.,............. 3.50
LE CARNAVAL DE BOQUILLON, vaudeville en trois actes, en collaboration avec M. Raoul Joly............. 1.50

SOUS PRESSE :

UN NOTAIRE AU BAGNE, un volume
TREMPE-LA-SOUPE XIV, un volume

IMPRIMERIE GÉNÉRALE DE CHATILLON-SUR-SEINE, A. PICHAT.

PAUL MAHALIN

LE DUC ROUGE

ROMAN D'AVENTURES

PARIS
TRESSE, ÉDITEUR
8, 9, 10, 11, GALERIE DU THÉATRE-FRANÇAIS
PALAIS-ROYAL
—
1885
Tous droits réservés.

LE DUC ROUGE[1]

I

LE CHATEAU-NEUF

Transportons-nous à Saint-Germain.

Si coquettement rehaussée par sa parure italienne que se présentât au regard — et que se présente encore aujourd'hui — l'œuvre de François Ier : ce Vieux-Château dans lequel nous avons placé quelques-unes des scènes d'un précédent récit [2], Henri IV avait estimé que ces ponts-levis et ces hautes murailles, contournées de fossés, rappelaient trop l'ère et les guerres féodales.

Un château-fort lui paraissait plus agréable à prendre qu'à habiter.

Celui de Saint-Germain, — qui conservait un faux air de citadelle perdue au milieu des bois, avec son double cordon de sentinelles et de mâchicoulis accommodés au style de la Renaissance, et sa cour unique, qui guettait un rayon de

1. L'épisode qui précède a pour titre: *La reine des Gueux*, 1 vol. Tresse, éditeurs.
2. Le *Fils de Porthos*, 2 vol. Tresse, éditeur.

soleil, le matin à l'Orient, le soir à l'Occident, — avait un aspect bien sévère aux yeux d'un souverain vaillant comme Mars, mais pratique avant tout.

Que d'attraits ne présenterait pas, au contraire, une habitation de plain-pied sur la colline qui commande la Seine et à l'aise dans les vastes cours où circuleraient librement chevaux et carrosses !

Quel agrément dans un entourage de fleurs, d'arbustes, de ruisseaux et de cascades qui s'inclinerait en pente douce jusqu'à la rivière !

Comme on respirerait à l'aise au milieu de cet immense horizon !

Les tours de Notre-Dame, vibrantes encore des tocsins de la Ligue, n'y apparaîtraient que juste comme il convient, au dernier plan d'un beau panorama, dans un lointain brumeux.

Ainsi avait pensé le Béarnais.

Ainsi avait-il été fait selon sa volonté.

La construction du Château-Neuf avait été confiée à l'architecte Marchand.

Celui-ci en avait placé l'entrée principale en face de celle du Vieux-Château.

Une pelouse de quatre cents mètres séparait les deux édifices.

Toutefois, la façade dite *royale* du premier dominait la Seine du haut de la colline du Pecq.

Elle se composait d'un corps de bâtiment de fort grand air, avec trois cours et quatre pavillons en saillie, — deux vers son milieu et deux à ses extrémités, — le tout relié par des galeries en arcades.

Les deux pavillons des extrémités sont restés debout. L'un d'eux, bien connu, a conservé le nom de pavillon « Henri IV ». L'autre a été défiguré par une restauration récente.

Ce véritable palais reposait sur une terrasse monumentale, — percée de baies cintrées et garnie de balustrades sculptées, que l'on quittait, par deux rampes en fer-à-cheval, pour se perdre, par d'autres étages, dans les jardins échelonnés jusqu'au fleuve.

C'est au milieu de ces splendeurs, célébrées par les contemporains à l'égal de la huitième merveille du monde, que Louis XIII, la jeune reine Anne d'Autriche, la reine-mère Marie de Médicis, Monsieur frère du roi et la cour séjournaient depuis deux mois environ à l'époque où vient de commencer la dernière partie de cette histoire.

Richelieu y était arrivé avec eux.

Puis, soudain, prétextant de sa mauvaise santé, — voile éternel qui lui servait à cacher tant de choses, — il s'était confiné dans son « pied-à-terre » de Rueil, d'où il continuait néanmoins à diriger les affaires du royaume.

Cette absence du terrible ministre ne contribuait pas peu à donner un certain air de joyeuseté aux hôtes du Château-Neuf et à leurs commensaux.

Pénétrons dans cette résidence, toute peuplée d'enchantements, quelques jours après les scènes que vous avez vues se dérouler à l'auberge du *Tourne-Bride*.

Franchissons le seuil du portail, orné de douze colonnes d'ordre toscan, qui donnait accès dans la cour d'honneur, et que surmontaient les armes de France et de Navarre, avec la devise : *Deo protegit unus*.

Descendons l'escalier où « estoient gravées, écrit Du Chesne, les images d'Hercule et d'un lyon, » et arrivons dans ces jardins, rivaux de ceux de Babylone et d'Armide, où l'on avait exploité sur une vaste échelle le moyen, inventé par le président Claude de Maçonnis, d'élever les eaux au-dessus de leur source, et où, sous la force motrice de celles-ci, tout un olympe d'automates s'agitait dans une disposition savante de verdure, de parterres, de grottes et de bassins.

Sous les quinconces de marronniers et dans les allées de mûriers blancs, plantés par le Béarnais pour nourrir les vers à soie dont il se plaisait à faire lui-même l'éducation, les courtisans se promenaient par groupes, se saluaient, se tendaient la main ou se toisaient avec hauteur selon les différents partis — de la reine, de Monsieur ou du cardinal-duc — auxquels ils appartenaient.

Foule brillante, qui déployait tous les raffinements de la mode dans ce cadre d'une magnificence d'opéra où tout étincelait, — broderies, galons, croix du Saint-Esprit, aiguillettes, ferrets, armes, bijoux, — moins encore que le soleil de cet après-midi d'été, que le feu des regards, que les propos vifs et que les rires spirituels et éclatants.

Louis XIII n'avait pas encore paru.

Il était sans doute occupé à l'un de ses *métiers*.

Ce prince n'avait guère, en effet, qu'un seul plaisir réel : la chasse.

Mais, comme il ne pouvait chasser tous les jours, ni toute la journée, il lui fallait bien faire autre chose.

C'est ainsi qu'il avait successivement tressé des filets, des corbeilles, fondu des canons, sculpté des arbalètes, fabriqué des châssis, forgé des arquebuses, et que, de jardinier s'improvisant cuisinier, il avait eu, pendant quelque temps, la passion de larder, se servant pour cela de lardoires en vermeil que lui apportait son écuyer George.

Pour le moment, il s'amusait à « composer de la fausse monnoye » avec M. d'Angoulême, petit-fils de Charles IX, lequel M. d'Angoulême lui disait, à propos de leurs travaux communs :

— Sire, nous devrions nous associer ensemble; je vous empêcherais de vous ruiner en vous montrant comment on remplace l'or et l'argent par du cuivre et par de l'étain, et vous, vous m'empêcheriez d'être pendu.

. . . .

A défaut du roi, l'on avait la reine.

Celle-ci était assise sur une chaise rustique au milieu de la pelouse qui s'arrondissait au bas de ses appartements.

Auprès d'elle, sur des pliants, étaient placées madame de Chevreuse, sa grande amie ; madame de Lannoy, grande maîtresse de sa maison ; madame de Motteville, sa première dame ; doña Estefana, sa camériste espagnole ; la duchesse de Guémenée et mademoiselle de Montbazon.

Mesdemoiselles de Guise, de Rohan et de Vendôme se tenaient debout derrière.

Autour de ce bouquet de jolies femmes papillonnait tout un essaim de seigneurs empressés et bruyants, parmi lesquels vous auriez retrouvé la plupart des *Aversionnaires* de l'hôtellerie du *Tourne-Bride* — Bassompierre et Chalais en tête :

Le premier, de conspirateur redevenu vert-galant et affectant à l'endroit des dames les effusions d'une galanterie quelque peu surannée ;

Le second, étalant les splendeurs de son costume de satin blanc, relevé de nœuds ponceau, de son feutre à plume incarnadine, de ses gants *à la frangipane* et de son écharpe de toile d'argent.

Anne d'Autriche était alors une femme accomplie pour l'œil d'un amant, une souveraine parfaite pour l'œil d'un sujet :

Grande, bien prise dans sa taille, possédant la main la plus délicate et la plus noble qui eût jamais fait un geste impérieux, des yeux auxquels leur couleur verdâtre donnait une transparence infinie, une bouche petite et vermeille, avec cette lèvre inférieure des princesses d'Autriche, un peu avancée et légèrement fendue en forme de cerise...

Ses vêtements noirs rehaussaient encore l'ivoire de ses bras, découverts jusqu'au coude, et qui sortaient ronds, fermes et purs, du bouillonnement de dentelles de ses larges manches à l'espagnole.

De grosses perles pendaient à ses oreilles et une grappe d'autres, plus grande, se balançait sur sa poitrine et se rattachait à sa ceinture.

Quant à Marie de Rohan, — fille d'Hercule de Rohan, duc de Montbazon et de Madeleine de Lenoncour, veuve à vingt ans de Charles d'Albert, connétable de Luynes et épouse en secondes noces de Charles-Claude de Lorraine, duc de

Chevreuse, dernier fils du Balafré, — au dire de ses contemporains, elle avait un corps d'une souplesse et d'une harmonie sans pareilles.

Rien d'agréable comme l'ovale de son visage.

Peut-être l'expression en eût-elle paru un peu libre et hardie, si elle n'eût été merveilleusement tempérée par la douceur des contours, ainsi que par la finesse et la clarté du teint.

Le charme particulier de sa physionomie, c'étaient la vivacité, la gaieté, l'entrain; c'était l'esprit qui, non seulement se faisait jour par des regards pleins de feu, mais qui animait aussi sa voix, son geste, jusqu'à ses moindres mouvements, et répandait sur toute sa personne une séduction irrésistible.

Madame de Chevreuse était devenue promptement la favorite de la reine, par la part qu'elle semblait prendre aux chagrins de celle-ci, « chagrins qu'elle tâchait de dissiper par tous les divertissements qu'elle lui proposait, lui communiquant son humeur galante et enjouée pour faire servir les choses les plus sérieuses et de la plus grande conséquence de matière à leur gaieté et à leur plaisanterie : *a giovine cuor tutto é giuoco*[1]. »

Pour l'instant, cependant, la belle humeur proverbiale de la jeune femme avait l'air de lui faire défaut.

La duchesse était distraite.

Anne d'Autriche pareillement.

On avait beau passer en revue autour d'elles toutes les nouvelles du jour :

La dernière aventure de Marion de Lorme, pour qui la Ferté-Sénectère venait de se battre avec Rouville, beau-frère de Bussy-Rabutin...

Le dernier *caprice* — c'était elle qui avait inventé le mot — de mademoiselle Anne de Lenclos, que l'on n'appelait pas encore familièrement Ninon...

1. *Mémoires de madame de Motteville*, t. Ier, p 339.

La dernière folie de M. de Guise, qui, amoureux de mademoiselle de Pons, avait imaginé de lui dérober un bas de soie, qu'elle venait de quitter, et de le porter, en guise de plume, à son chapeau...

La fameuse *chambre bleue*, qu'était en train de se faire meubler, dans son hôtel de la rue Saint-Thomas-du-Louvre, Catherine de Vivonne, marquise de Rambouillet...

Les deux pamphlets dirigés contre le cardinal à propos de ses prétentions au commandement de l'expédition projetée contre la Rochelle : *les Questions quolibétiques ajustées au temps présent et l'Impiété sanglante du Dieu Mars*...

Enfin, les débuts de trois jeunes gens dont on commençait à parler :

Le Rouennais Pierre Corneille, qui avait donné avec succès une comédie intitulée *Mélite*;

Le sieur Georges de Scudéry, qui avait tiré de son roman de l'*Astrée* sa pièce de *Lygdamon et Lydias*, jouée, chez Mondory, par la Valliote et la Beaupré;

Et un certain abbé Bossuet, qui avait *préchoté* d'une façon remarquable chez madame de Rambouillet...

Rien de tout cela ne déridait Sa Majesté.

Rien de tout cela non plus n'occupait la duchesse.

Son regard allait et venait avec insistance de promeneur en promeneur, comme si elle se fût obstinée à chercher le mot d'une énigme sur le visage de chacun de ceux-ci.

A un moment, la reine se pencha de son côté et, se couvrant de l'éventail :

— Eh bien, duchesse, lui demanda-t-elle, soupçonnez-vous enfin quelqu'un ?

La jeune femme secoua la tête :

— Personne, madame, répondit-elle. J'ai beau examiner, observer, étudier. Toutes ces figures gardent leur secret.

Elle ajouta après un moment :

— Par bonheur, j'ai soufflé à M. le duc d'Anjou une idée qui pourra nous mettre sur la piste... Attendons l'arrivée du prince... C'est lui qui nous renseignera.

M. de Bassompierre causait, derrière madame de Chevreuse, avec mesdemoiselles de Vendôme, de Guise et de Rohan.

Et il citait à cette dernière cette épigramme qui l'égratignait légèrement, tout en visant mademoiselle de Choisy, laquelle, très érudite et très *précieuse*, passait pour apprendre à ses amis, à ses élèves, autre chose que le beau langage :

> Je ne sais si l'on me trompe,
> Mais on dit que l'on vous montre,
> Mademoiselle de Rohan,
> A jouer de la prunelle.
> Qu'en dis-tu, Jean de Nivelle?
> C'est la Choisy qui l'apprend.

Au milieu des éclats de rire des trois jeunes filles — et mademoiselle de Rohan riait plus fort que ses compagnes, — le vieux seigneur avait entendu le court aparté de la reine et de la duchesse.

— Harnibieu! fit-il en s'adressant à celle-ci, vous êtes une grande magicienne et vos yeux malins ont le pouvoir de la baguette de Circé...

— Comment?...

— A peine formez-vous un vœu, que ce vœu se trouve accompli... Vous souhaitiez voir venir Monsieur?... Le voici qui débouche sur la pelouse et qui se dirige vers Sa Majesté, en compagnie de Guitaut, de Fontrailles et de M. le baron de Fenestrange, lequel, du reste, ne le quitte plus...

— Ah! oui, dit madame de Guéménée: celui qui possède, à ce qu'il paraît, une pupille belle comme le jour...

— Et qui doit être présentée au roi aujourd'hui, ajouta madame de Motteville, pour ensuite prendre rang près de nous parmi les dames d'honneur de Sa Majesté...

— Oui, ma bonne, appuya celle-ci et je vous serai obligée de lui réserver vos meilleures grâces, car c'est une personne de naissance, appelée à de hautes destinées et pour laquelle, Monsieur et moi, nous professons une estime toute particulière.

On se regarda, — et le jeune duc de Beaufort, avec cette voix élevée et cet air de suffisance qui lui méritèrent par la suite le surnom d'*Important*, questionna bruyamment, en interpellant tout le monde :

— Pardieu ! qu'est-ce que c'est que ce baron de Fenestrange ?

M. de Chalais repartit :

— C'est un Lorrain.

II

BRELAN DE LORRAINS

Pendant ce temps, Gaston, duc d'Anjou, — Monsieur, frère du roi, — il ne fut duc d'Orléans que plus tard, après son mariage avec mademoiselle de Montpensier, — s'était approché peu à peu du groupe formé par nos causeurs.

D'un extérieur séduisant ; n'ignorant, du reste, aucun de ses avantages et aimant à les rehausser par l'éclat de la parure, le second fils de Henri IV et de Marie de Médicis portait, ce jour-là, un pourpoint de couleur chamois, avec les manches ouvertes, ornées de rubans bleus.

Ses chausses étaient garnies de même.

Une profusion de riches dentelles s'échappait de « l'entonnoir » à demi renversé de ses bottes.

Un petit manteau de velours, où la croix du Saint-Esprit était brodée en paillettes d'or et d'argent, couvrait son bras gauche, appuyé sur le pommeau de son épée.

En marchant, il s'entretenait familièrement avec M. de Fenestrange, ainsi qu'avec deux autres personnages, dont l'un avait la mine énergique d'un soldat, et l'autre était petit, malingre et contrefait, avec de méchants yeux dans une méchante figure.

Le premier était Guitaut, le capitaine des gardes de la reine.

Le second était ce Fontrailles à qui le cardinal, un soir que l'on attendait au Louvre je ne sais quel ambassadeur, avait dit, dans un mouvement de mauvaise humeur :

— Rangez-vous donc, mon cher ! Cet étranger n'est pas venu en France pour voir des monstres.

De ce moment, Fontrailles était devenu l'ennemi déclaré de Richelieu.

C'est à ce titre qu'il passait pour l'instrument secret du duc d'Anjou.

Celui-ci, en abordant sa belle-sœur, avait mis le chapeau à la main, et, s'inclinant sur ces mains dont le marbre avait été, dit-on, échauffé plus d'une fois par les baisers de Buckingham :

— Madame, fit-il, je suis ravi de vous trouver en bonne santé... Oui, vraiment, j'étais inquiet de vous, n'ayant pas eu, ce matin, l'avantage de vous rencontrer en forêt, où nous avons chassé avec Sa Majesté...

— Mon frère, répondit Anne d'Autriche, j'étais allée, selon le désir du roi, commencer une neuvaine à la chapelle du Vieux-Château...

— Une neuvaine ?... Et pourquoi donc ?... Pour que le Tout-Puissant ouvre enfin les yeux aux malheureux qui ne connaissent ni la lumière du soleil, ni le rayonnement de vos charmes...

— Non : mais pour demander au ciel la grâce qu'il me refuse depuis si longtemps, de donner un fils à mon époux, un héritier à la couronne, un Dauphin à la France...

Gaston prit une physionomie narquoise :

— J'entends, vous êtes allée solliciter vos juges contre moi.

— Monsieur le duc !...

— Eh ! madame, je consens volontiers que vous gagniez votre procès...

Il ajouta d'un ton légèrement ironique :

— Si Louis a, toutefois, assez de crédit pour cela.

La jeune femme rougit. Les dames pincèrent les lèvres. Il y eut, parmi les gentilshommes, des chuchotements et de petits rires étouffés. Bassompierre poussa Chalais du coude :

— Ventre-saint-gris ! murmura-t-il, voilà un mot qui, s'il est rapporté au roi, n'augmentera pas sensiblement la modique somme d'affection que celui-ci garde à son frère.

Sur un signe de doña Estefana, un page avait apporté un siège.

Monsieur s'installa près de la reine.

— Maintenant, madame, reprit-il, une communication toute confidentielle...

Chacun s'écarta par discrétion.

Madame de Chevreuse elle-même fit mine d'imiter les autres.

Mais M. d'Anjou, la retenant :

— Restez, duchesse ; nous avons à vous consulter sur un point...

Puis, quand tout le monde se fut éloigné :

— Mesdames, je vous annonce avec regret que je reviens bredouille de ma chasse à l'espion...

— Quoi ! se récria Marie de Rohan, ce conseil que je vous avais donné...

— Ce conseil était excellent, duchesse ; seulement il est arrivé trop tard...

— Ah !...

— Vous espériez qu'en visitant les bagages abandonnés au *Tourne-Bride* par notre auditeur inconnu, nous y trouverions quelque indice révélateur de sa mystérieuse personnalité... J'ai donc expédié Fontrailles à cet effet... Par malheur, les bagages n'étaient plus là...

— Comment ?...

— Notre homme les avait envoyé quérir, ainsi que sa monture, par une sorte de valet sans livrée qui ramenait, en même temps, le cheval de Marcillac...

Un vif désappointement se peignit sur les traits de madame de Chevreuse.

Elle reprit après une pause :

— Sait-on seulement de quoi se composaient ces bagages?

— Oh! de fort peu de chose, paraît-il : un manteau, une valise, un carton...

— Un carton?

— Assez semblable, au dire de maître Bonnebault, à ceux dans lesquels les architectes enferment leurs papiers et leurs plans.

Il y eut une nouvelle pause.

Ensuite, la duchesse questionna :

— A-t-on pris soin d'interroger les aubergistes sur le physique, les allures et la mise de ce singulier voyageur?

— Fontrailles n'y a pas manqué, et voici les notes qu'il m'a transmises d'après les réponses de Bonnebault et de sa femme :

« *L'aspect d'un homme de condition; les façons libérales et pleines de rondeur; la figure souriante et joviale.* »

Il résulte, en outre, des déclarations de l'hôtelière, que ce cavalier semblait débarquer de province; qu'il avait traversé Paris, ce qui impliquerait qu'il n'arrivait ni du Nord, ni de l'Ouest; enfin, qu'elle pencherait assez à croire qu'il venait de Lorraine.

— Encore un Lorrain! fit une voix.

Cette voix était celle de M. de Beaufort.

Elle partait d'un groupe de gentilshommes qui devisait à quelques pas.

Mais cette exclamation, — bruyante comme tout ce qui sortait de la bouche du futur *Roi des Halles*, — n'avait pas trait aux paroles que Monsieur venait de prononcer.

Elle se rattachait à un incident qui s'était produit parmi les courtisans, pendant que, près de la reine silencieuse et anxieuse, le dialogue qui précède s'échangeait entre Marie de Rohan et Gaston.

Fronçant le sourcil pour se donner l'air belliqueux, fermant à demi les yeux pour mieux voir, — car il était myope comme une taupe, — et relevant à la cavalière la moustache que les ecclésiastiques portaient alors, le petit abbé de Gondi s'était jeté à travers les causeurs.

— Messieurs, s'était-il écrié, venez donc à mon aide : je cherche...

— Un second, je parie, pour une nouvelle affaire? avait interrompu M. de Maillencourt. Eh bien, si c'est sur moi que vous comptez, grand merci de la préférence. Je décline cet honneur, l'abbé.

— Oh! oh! et depuis quand, s'informa celui-ci, faites-vous fi de ces parties d'escrime qui ne sauraient déplaire à un homme comme il faut?

— Depuis que le chevalier du Plessis m'a gratifié d'un grand coup de pointe dans l'estomac, lorsque je vous ai assisté dans votre querelle avec Praslin.

Gondi haussa les épaules.

— Bon! j'en ai reçu trois, de ces furieuses estocades : la première, de Bassompierre neveu; la seconde, du comte d'Harcourt; la troisième, de ce cher Praslin, — et je n'en vénère pas moins tierce, quarte et octave... Et puis, on n'en est pas plus mal avec ses amis pour s'être pratiqué réciproquement des boutonnières... Ce dont j'enrage, par exemple, c'est que, malgré ces boutonnières, ma soutane m'est restée au dos...

Chalais le menaça amicalement du doigt :

— Prenez garde, monsieur de Retz!... Sa Majesté commence à trouver mauvais que le sang de sa fidèle noblesse coule autrement que pour son service, et Son Éminence tient rancune à nos épées de se charger d'une besogne qu'elle réserve sans doute à ses échafauds et à ses bourreaux... Ceci posé, en quoi pouvons-nous vous servir et de quoi êtes-vous en quête?

— Ma foi, comte, il s'agit de m'apprendre quels sont ces trois promeneurs qui conversent là-bas, près du bassin de

Mercure... Je me suis buté dedans tout à l'heure, et je ne serais pas fâché de savoir à qui j'ai eu affaire... Ne fût-ce que pour retirer les excuses que je leur ai faites des effets de ma mauvaise vue, si ce sont des cardinalistes ou des croquants.

Tout le monde regarda dans la direction indiquée.

— Monsieur l'abbé, dit Bassompierre, sur vos trois inconnus j'en connais au moins un.

— Lequel?

— Celui qui tient la droite, avec ce chapeau à plumail sombre, ce harnais militaire et cette rapière d'acier bronzé.

— C'est un soldat, n'est-ce pas? interrogea Chalais : cette figure mâle et brunie, cette moustache ébouriffée, ces mouvements brusques...

— Oui : c'est le plus remarquable officier de fortune qu'il m'ait été donné de rencontrer...

Et le maréchal ajouta :

— Harnibieu! messieurs, je ne conseillerais à personne de se frotter à ce brave garçon...

Gondi se planta sur les pointes :

— Qu'est-ce à dire? demanda-t-il avec un accent bravache.

— Jeunes gens, poursuivit le vieux seigneur avec une gravité paternelle, vous me ferez, je suppose, l'honneur d'admettre que je ne suis pas de ceux qui marchandent leur peau dans un combat singulier, non plus que devant l'ennemi...

Il y eut une protestation générale :

— Oh! monsieur le maréchal!...

— Eh bien, le capitaine Fabert vaut mieux que moi...

— Ah! c'est le capitaine Fabert...

— N'oubliez pas ce nom. L'histoire le retiendra. J'ai vu à l'œuvre celui qui le porte. Ventre-saint-gris! il y a en lui l'étoffe d'un grand homme de guerre.

Ensuite, se tournant vers l'abbé :

— Et, tenez, monsieur de Retz...

Jean-François-Paul de Gondi, d'une ancienne famille d'Italie établie en France, venait d'être, bien malgré lui, reçu chanoine de Notre-Dame de Paris et titulaire de l'abbaye de Buzay ; mais, comme ce nom approchait un peu trop de celui de Buze, il se faisait appeler l'abbé de Retz...

— Et, tenez, monsieur de Retz, continua Bassompierre, si c'est pour déchirer votre soutane que vous vous battez si souvent, ne vous adressez pas à Abraham Fabert...

C'est un enfant de Metz, aussi brusque que franc...

Je craindrais qu'en trouant votre habit, il ne fît à celui qui est dessous un tel accroc, que ce dernier ne s'en raccommoderait jamais.

— Alors, c'est un Lorrain, grommela le futur coadjuteur un peu froissé de la leçon.

M. de Beauvau appuya :

— Un Lorrain, comme ce M. de Fenestrange qu'on nous a présenté l'autre soir.

Saint-Ibal ajouta :

— Et qui attend Monsieur là-bas, avec Fontrailles et Guitaut.

— Humph ! murmura Chalais, il ne me revient pas, ce baron qui louche du sourire, sinon de l'œil.

— Et les compagnons de ce héros ? questionna Gondi derechef.

— Quels compagnons ? s'informa Guichaumont.

— Les deux autres promeneurs, pardieu ! Les amis de ce M. Fabert. L'état-major de cet *imperator* de l'avenir...

Montrésor, qui était des intimes du petit homme, lui frappa gaiement sur l'épaule :

— L'abbé, comment t'y prends-tu pour conduire tes ouailles dans le droit chemin ?... Tu ne distingues pas, à quatre pas, un mousquetaire d'un suisse ou un garde française d'un garde corse !... Sans quoi, tu aurais reconnu le sieur Israël Henriet, dans ce personnage qui tient le milieu des trois, avec ce maintien réfléchi, cette barbe blonde en éventail et ce costume de velours noir qui le font ressembler à un échevin des Flandres...

— Et qu'est-ce que c'est que le sieur Israël Henriet?... Un savant, un poëte, un robin, un traitant?... Un homme de plume, de sac — ou de corde?

— Point : c'est un certain graveur de Nancy dont le mérite est fort apprécié du roi.

— Duquel? interrogea l'abbé, imperturbable.

— Des deux, repartit Montrésor en riant.

— Bon! encore un Lorrain! s'écria M. de Beaufort.

III

LE TROISIÈME PROMENEUR

C'était cette remarque, lancée à toute volée, qui était venue *tomber à pic* — comme nous dirions aujourd'hui — dans la conversation de M. d'Anjou et de madame de Chevreuse.

Le premier avait levé la tête.

La seconde avait dressé l'oreille.

Gondi revenait à la charge :

— Et le troisième, messieurs? Le troisième acolyte? Celui qui chemine à la gauche du graveur de Nancy?

— Ah! pour celui-là, *nescio vos!* répliqua son interlocuteur. Je ne l'ai jamais vu à la cour. Quelqu'un ici est-il mieux informé que moi?

Tout le monde examina — de loin — celui dont il était question.

Puis, il fut répondu d'une façon négative à la question de Montrésor.

Les trois promeneurs se rapprochaient du petit cercle des curieux sans prendre garde à l'attention dont ils étaient l'objet.

M. de Modène déclara :

— C'est quelque hobereau de province qui vient se faire présenter...

— Hé! mais, avança Chaudebonne, pas si topinambou, ce hobereau! Un provincial, qui, en tout cas, entretient des relations avec les bons faiseurs et les bonnes faiseuses! Car son col de point de Raguse est coupé d'une manière conforme aux plus récents décrets de la mode...

— Et sa veste couleur citron, ajouta M. de Marcillac, avec ses orfrois de brocart, est au dernier goût du jour : elle laisse la chemise déborder à propos entre ses cannetilles et le haut-de-chausse..

— Il est constant, opina Chalais, que l'on ne saurait rien reprendre à son tablier en canons de rubans, non plus qu'à la ganse de son manteau, à l'entourage de son chapeau et à la garniture de ses bottes...

Le comte donnait le ton : ses arrêts en matière d'élégance étaient considérés comme des oracles par tous les raffinés du royaume. Aussi chacun s'empressa-t-il de renchérir sur son élogieuse appréciation :

— C'est un cavalier accompli!...

— Quelqu'un du bel air sûrement!...

— On admirerait au Cours-la-Reine la braverie avec laquelle il porte la moustache, la brette et le plumet!...

M. de Bassompierre conclut :

— En somme, une physionomie agréable... Le sourire d'un joyeux vivant... Et du moment qu'il est de la société de Fabert,— le plus honnête homme que je sache...

Les regards de Monsieur et de Marie de Rohan avaient suivi les paroles des causeurs.

Gaston répéta avec eux :

— Quel peut être ce gentilhomme?

Et la duchesse murmura :

— Monseigneur, quelque chose me dit que ce nouveau venu ne saurait nous être indifférent.

— Vraiment ! fit le duc avec un commencement d'inquiétude.

Ensuite, s'adressant à la reine :

— Est-ce pareillement votre opinion, madame?

— Mon Dieu, répondit Anne d'Autriche, on prétend que, chez nous autres femmes, c'est le premier aspect qui détermine le plus souvent les impressions... Or, autant que j'ai pu en juger à cette distance, la personne qui vous préoccupe me paraît d'un abord assez sympathique... Ne vous inspire-t-elle pas le même sentiment, duchesse?

Celle-ci secoua la tête :

— Moi, je vous avouerai en trois mots ce que j'en pense : j'en ai peur.

— Peur !

— Mes pressentiments ne me trompent jamais. Cet inconnu est un ennemi. Je suis sûre qu'il nous sera fatal.

— Dans tous les cas, reprit Monsieur, il serait prudent de s'assurer...

— De ce que nous avons à attendre de lui. N'est-ce pas là l'avis de Votre Altesse? Eh bien, c'est ce à quoi je vais m'entreprendre sur-le-champ...

La jeune femme détacha une rose qui ornait l'entre-deux de son corsage.

Puis, élevant la voix :

— Messieurs, cette fleur à celui de vous qui m'apprendra le nom de l'étranger dont vous parliez tout à l'heure, et ce que ce cavalier vient faire à Saint-Germain !

— Hé ! duchesse, s'écria Chalais, il n'y a qu'à aller le lui demander...

— Vous avez raison, dit Gondi, et c'est ce que je vais faire de ce pas...

Il pivota sur les talons dans la direction des promeneurs...

Mais M. de Chalais, le retenant :

— Pardon, monsieur l'abbé. C'est moi qui ai eu l'idée le premier. Vous trouverez donc bon, je présume, que je sois seul à la mettre à exécution.

Le chanoine de Notre-Dame leva le nez et frisa sa moustache :

— Monsieur le comte, à votre tour, pardon, répliqua-t-il. Vous oubliez que confesser les gens est un des devoirs de mon ministère. Partant, je confesserai ce quidam, ou que le diable m'emporte !

— Et s'il vous répond que vous êtes un indiscret ? interrogea M. d'Anjou.

— Monseigneur, il me restera la ressource de lui déclarer sans ambages qu'il est impertinent d'intriguer les gens de la sorte, et que c'est un appel sur le pré que j'ai l'honneur de lui adresser.

Et le bouillant ecclésiastique fit mine de s'éloigner de nouveau.

De nouveau Chalais l'arrêta :

— Encore une fois, monsieur l'abbé, vous choisissez mal votre temps pour vous rappeler que vous êtes d'église...

— Hé ! monsieur le comte, je me le rappelle assez rarement, pour que l'on me sache gré quand la chose m'arrive...

— C'est possible... Mais j'entends conserver mon droit de priorité... Celui-ci n'a rien à démêler avec les privilèges du rochet et du camail...

— Parbleu ! ignorez-vous que le camail et le rochet ne m'ont jamais gêné le bras, ni embarrassé le poignet ? Je vous le prouverai quand vous voudrez...

— Monsieur le titulaire de l'abbaye de Buzay !....

— Monsieur le grand maître de la garde-robe !..

Les deux jeunes gens paraissaient avoir complètement oublié le troisième promeneur, objet de leur querelle.

En face l'un de l'autre, ils se menaçaient du regard, du geste et de la voix, et la présence de la reine et de Monsieur les empêchait seule de mettre l'épée hors du fourreau.

Mais chacun d'eux avait la main à la garde de la sienne, — et peu s'en fallait que les lames n'allumassent au soleil l'éclair de leur acier.

Comme personne n'osait intervenir, car tout le monde

pensait que ce rôle appartenait au duc d'Anjou, — et comme celui-ci ne se pressait guère de le faire, paralysé par sa faiblesse de caractère habituelle, il y eut, dans toute l'étendue des jardins, un mouvement universel et spontané.

On entendit, du côté du château, des commandements et des bruits d'armes.

Les sentinelles, qui se promenaient le long de la façade, s'arrêtèrent et présentèrent la hallebarde ou le mousquet.

En même temps, ce mot : *le Roi!* prononcé en sourdine par toutes les bouches, circula, de la cour d'honneur et des pavillons, jusqu'aux derniers étages des terrasses et jusqu'aux derniers degrés des escaliers.

Louis XIII venait d'apparaître sous les galeries en arcades.

Vêtu de noir, le cordon bleu sur la poitrine, ses cheveux bruns et plats encadraient son visage d'une pâleur de cire, attristé par un incurable ennui.

L'ennui était, en effet, la pire maladie de ce prince, qui, souvent, prenait un de ses courtisans sous le bras et l'entraînait dans l'embrasure d'une fenêtre en lui disant :

— Monsieur un tel, ennuyons-nous ensemble.

Ses yeux ne semblaient réfléchir aucun objet.

Aucun désir, aucune pensée, aucun vouloir n'y mettait la flamme.

Un dégoût profond de la vie avait relâché sa lèvre inférieure, qui tombait morose avec une sorte de moue boudeuse.

Sa *royale* augmentait la maigreur de son profil et exagérait encore la mélancolie de cette figure inanimée en qui se figeait le généreux sang de Henri IV.

Un jour, il avait pris fantaisie à Louis de s'improviser barbier. Il avait donc rassemblé tous ses officiers et leur avait rasé le menton, à l'exception d'une légère mèche de poils. C'était cette mèche de poils, effilée en pointe, que l'on avait baptisée une *royale*.

. . . .

A la vue du monarque, Anne d'Autriche échangea un rapide regard avec Marie de Rohan et avec M. le duc d'Anjou.

Gaston fit aussitôt un signe à M. de Fenestrange.

Celui-ci s'approcha vivement.

— Où est votre pupille ? lui demanda la reine.

— Madame, répondit le gentilhomme qui balaya le sol de la plume de son feutre, celle qui est encore aujourd'hui mademoiselle de Fenestrange, attend, dans l'allée des Cyclopes, les ordres de Votre Majesté.

— Allez la quérir à l'instant et faites-la asseoir entre madame de Motteville et dona Estefana ; c'est moi qui, tout à l'heure, la présenterai au roi.

Monsieur ajouta :

— Baron, vous vous tiendrez ensuite auprès de nous. Un peu en arrière de Guitaut qui *a le pas*, en sa qualité de capitaine des gardes. Je vous présenterai à mon tour.

MM. de Gondi et de Chalais étaient redevenus calmes.

— Nous nous reverrons, monsieur le comte, prononça le premier gravement.

— Tout à votre disposition, monsieur, repartit l'autre sur le même ton.

— En forêt, voulez-vous, à l'endroit où M. de Saint-Simon est en train de faire élever une pyramide ?

— De grand cœur.

— Ce sera à cheval, avec l'épée et le pistolet, n'est-il pas vrai ? ajouta l'abbé avec le même air dont on arrangerait une partie de campagne, en époussetant la manche de sa soutane avec le doigt.

— Si tel est votre bon plaisir.

Et les deux jeunes gens se séparèrent en échangeant un salut cérémonieux.

IV

PREMIÈRE PRÉSENTATION

Ce jour-là, le roi Louis XIII semblait de moins méchante humeur que d'ordinaire.

D'abord, Richelieu, calfeutré dans son *buen-retiro* de Rueil, ne lui donnait plus signe de vie. *Point de nouvelles, bonnes nouvelles.* L'élève couronné respirait, délivré, pour un moment, de la lourde férule de son pédagogue à robe rouge.

Et puis, la chasse avait été belle, le matin.

On avait lancé un dix-cors qui s'était proprement conduit.

Enfin, au retour, Sa Majesté avait trouvé l'occasion de faire acte d'économie en retranchant de l'état de sa maison un potage au lait que la générale Coquet se faisait servir à déjeuner et un certain dessert de biscuits dont M. de la Vrillière se montrait fort gourmand.

Tout cela avait rendu le fils du Béarnais, sinon joyeux, — il ne le fut au grand jamais, — du moins, d'un abord plus aisé que d'habitude.

Cependant, quand, du seuil du château, — d'où, comme du haut d'un perron, il embrassait tout ce qui se passait dans les jardins, — il aperçut la reine en train de deviser avec Monsieur, sa figure se rembrunit sensiblement.

C'est que, depuis qu'il n'était plus jaloux de Buckingham, — lequel avait dû repasser en Angleterre après les romanesques aventures du Louvre et d'Amiens, — Louis était jaloux de son frère.

N'était-ce pas le cardinal qui lui avait soufflé cette idée qu'Anne d'Autriche complotait pour se débarrasser de lui et épouser Gaston?

Aussi, fronçant le sourcil, se mit-il en devoir d'aller troubler l'entretien de la reine et du duc d'Anjou.

Sa main blanche et maigre appuyée sur une longue canne à pomme d'ivoire, il se dirigea rapidement vers la jeune femme et vers Monsieur.

Son premier valet de chambre, La Chesnaye, le suivait.

Derrière lui marchaient pareillement les capitaines des gardes et des mousquetaires, MM. de Mercœur et de Tréville, — deux fiers et énergiques soldats, — celui-ci dans la casaque rouge, celui-là dans la casaque bleue de leurs compagnies respectives.

Le mécontentement visible, qui se peignait sur les traits du monarque, n'empêcha point les courtisans de se ranger sur son passage : dans les résidences royales, mieux vaut encore être vu par le maître d'un œil indifférent ou irrité que de ne pas être vu du tout.

Mais Louis XIII n'eut l'air de remarquer personne.

Il se hâta, pensif, à travers les courbettes aussi humbles qu'intéressées.

Les privilégiés de son intimité n'obtinrent, à défaut d'un sourire, — l'héritier du Vert-Galant ne souriait point, — ni une parole, ni un geste, ni un clin d'œil de sa part.

Aussi éprouva-t-on une surprise extrême, alors qu'on le vit s'arrêter devant un personnage qui était loin de tenir un rang élevé à la cour, et quand on l'entendit s'écrier d'un ton qui n'avait rien de revêche:

— Ah! vous voilà, monsieur Henriet?... Je suis aise de

vous rencontrer... L'estampe du pont Neuf, que vous m'avez envoyée, est, ma foi, un petit chef-d'œuvre...

— Votre Majesté me comble, répondit en s'inclinant celui à qui s'adressait ce compliment.

Le monarque continua :

— Je me suis diverti une heure à examiner tous ces bonshommes qui se meuvent sur le papier comme s'ils étaient en vie.

Les courtisans se mirent à considérer l'artiste lorrain avec respect, avec admiration, avec envie.

Il avait diverti le roi ! Et pendant une heure encore ! Un prince si difficilement *amusable*, pour nous servir d'un mot qu'une courtisane célèbre devait, quelque cent ans plus tard, appliquer à l'un de ses successeurs !

Comme l'on comprenait bien la faveur dont il était l'objet, et que Louis, par reconnaissance, se fût déridé à son aspect.

L'époux d'Anne d'Autriche reprit :

— A propos, quelles nouvelles de vos deux compatriotes ?

Israël Henriet poussa du coude son voisin de droite.

Celui-ci avança d'un pas.

— Sire, dit le graveur, voici le capitaine Abraham Fabert.

La physionomie du roi se dérida davantage :

— Vous êtes, demanda-t-il, l'officier dont MM. de Bassompierre et d'Epernon m'ont parlé avec tant d'éloges ? Le volontaire qui a commencé par porter la pique dans le rang et qui a conquis tous ses grades à la pointe de son épée ? Le soldat du Pont-de-Cé, de Nérac et de Montpellier ?

Le Messin salua en façon affirmative.

Louis releva fièrement sa moustache et se posa sur la hanche :

— Nous aimons beaucoup les gens de guerre, poursuivit-il, et vos chefs nous ont affirmé qu'à la bravoure du partisan vous unissiez les qualités du général, de l'administrateur et de l'ingénieur...

Il ajouta avec mélancolie :

— Employez tous ces dons à nous servir, monsieur Fabert... Nous avons grand besoin de serviteurs capables et dévoués... Et ce sera bien l'aventure si vous n'êtes pas un jour chevalier de mes ordres...

— Ah! pour cela, sire, je ne crois pas, repartit l'autre rondement.

— Et pourquoi donc?

— Parce que, pour porter le collier, il faut avoir fait ses preuves de noblesse jusqu'à la quatrième génération, et que, pour ma part, je serais fort empêché de faire les miennes jusqu'à la seconde.

Ensuite, avec un mouvement plein de résolution:

— Mais si jamais, pour éviter qu'une place, qu'un poste que le roi m'aurait confiés tombassent au pouvoir de l'ennemi, il me fallait mettre à une brèche ma personne, ma famille, et tout ce que je possède, Dieu m'est témoin que je n'hésiterais pas une minute.

La mâle simplicité de ces accents parut impressionner le fils de Henri IV:

— Capitaine, reprit-il, votre franchise me plaît. J'aurai soin de vous. Désormais, vous appartenez à ma maison.

— Bravo, sire! approuva une voix.

Cette voix était celle du voisin de gauche d'Israël Henriet.

Or, ce voisin de gauche n'était autre que le troisième promeneur, — l'étranger, l'inconnu, l'énigme en chair et en os, — dont il avait été si vivement question, quelques instants auparavant, dans certaine partie des jardins.

Le monarque se tourna brusquement vers l'intrus qui ignorait ou qui bravait ainsi les lois de l'étiquette:

— Que dites-vous là? demanda-t-il en plissant le front.

— Je dis, sire, répondit l'autre sans se troubler différemment, je dis que c'est avec raison qu'on vous appelle Louis le Juste; car vous savez tenir compte de la sincérité du langage, comme de la probité des sentiments et de la loyauté des cœurs.

— Et qui êtes-vous, monsieur ? questionna de nouveau l'époux d'Anne d'Autriche, — blessé et flatté à la fois :

Blessé de cette dérogation aux usages de la cour qui défendent d'adresser la parole au souverain et d'émettre, sans y être convié, une opinion sur ses dires et sur ses actes ;

Flatté de la grosse louange qu'on lui tirait à brûle-pourpoint.

— Sire, se hâta d'intervenir Israël Henriet, que Votre Majesté me permette de lui annoncer l'arrivée à Saint-Germain de mon ami, confrère et compatriote Jacques Callot.

On n'eut pas besoin de pousser le coude à ce dernier.

Il s'avança de lui-même :

— Sire, dit-il délibérément, aussitôt la lettre reçue par laquelle Votre Majesté a daigné me mander à sa cour, je me suis empressé de solliciter congé de mon maître le duc Charles IV, et de venir prendre les ordres du suzerain de mon pays.

Louis souleva son chapeau :

— Messire Callot, soyez le bienvenu parmi nous !... Il y a longtemps que le bruit de vos mérites a retenti jusqu'à Paris et que j'ai dessein d'en faire profiter mes Etats... Et si vous n'éprouvez aucune répugnance à travailler pour le roi de France...

— Sire, je me suis incliné devant les vertus de Louis le Juste : je suis prêt à célébrer la gloire de Louis le Victorieux.

Le monarque, cette fois, se dérida tout à fait.

— Une campagne se prépare contre les mutins de la Rochelle, poursuivit-il après une pause. J'en partagerai la direction avec M. le cardinal. Vous nous accompagnerez à Blois, à Nantes et, de là, sous les murs de la ville rebelle...

— Oui, prononça une voix de femme, c'est à votre talent, messire, que Sa Majesté confie le soin d'immortaliser le succès des plans de M. de Richelieu, qui est, ainsi que chacun sait, le premier capitaine de toute la chrétienté.

Cette voix était celle d'Anne d'Autriche.

Pendant les différents colloques qui précèdent, la reine, appuyée sur le bras de madame de Chevreuse; Monsieur qui causait familièrement avec M. de Fenestrange, et les satellites des deux sexes que ces astres entraînaient dans leur sillage, s'étaient approchés peu à peu.

Aux paroles de la jeune femme qui lui rappelaient les prétentions de son ministre au commandement en chef de l'armée, Louis s'était mordu les lèvres :

— Ah ! c'est vous, madame, fit-il en reprenant son air renfrogné. Nous allions à vous. Vous êtes venue à nous. C'est une prévenance dont il faut vous savoir d'autant plus de gré qu'elle est moins dans vos habitudes...

Il ajouta avec amertume :

— Surtout, lorsque vous êtes en l'agréable société de votre amie et de mon frère.

Le monarque avait en horreur Marie de Rohan, qui avait joué, dans l'intrigue de Buckingham, un rôle assez préjudiciable à ses intérêts de mari.

Au son de la voix d'Anne d'Autriche, Callot avait tressailli :

— Oh ! oh ! avait-il murmuré, voilà un timbre qu'il me semble avoir entendu quelque part...

Israël Henriet se pencha vers lui :

— C'est la reine... Répondez donc... C'est Sa Majesté qui vous parle...

— Ah ! c'est la reine !...

Et le Lorrain ajouta *in petto* :

— Ces beaux cheveux changeants... Ces mains dignes de Phidias... Cette gracieuse fierté d'allures...

Puis, avec une explosion intérieure :

— C'est l'une des dames masquées de l'autre nuit... Celle qui occupait le fauteuil... La comtesse de Madrid... Parbleu, la reine est Espagnole : voilà l'explication de ce titre !...

Il se courba en balbutiant :

— Madame !...

Quand il se redressa, il vit peser sur lui les yeux de Marie de Rohan.

— Par saint Eucaire! pensa-t-il, je connais ces deux jets de flamme... Je les ai vus jaillir des meurtrières de certain *loup* de velours noir... Comme le double rayon de lumière qui s'échappe du front de Moïse au Sinaï dans les images de la Bible...

Henriot lui souffla :

— Madame de Chevreuse, la favorite de la reine. Faites-lui votre cour, mon cher. La duchesse est une puissance.

Jacques continua à se dire :

— La duchesse, c'est bien cela... La deuxième amazone... Celle qui tenait le flambeau lorsque ces excellents messieurs montaient me mettre en capilotade.

En ce moment, M. d'Anjou l'interpella :

— Monsieur Callot, les peuples acquièrent une renommée par des guerres heureuses, mais surtout par le récit de leurs exploits. Il ne nous manque qu'un Xénophon. Soyez celui de notre pays.

— Bien dit, mon frère, approuva Louis, avec cette différence toutefois que la plume de l'historien grec eut à glorifier une retraite, et que le burin de messire Jacques n'aura, je l'espère, que des avantages à traduire.

— Bon! songeait le Lorrain, celui-là, je l'ai remis tout de suite... C'est Son Altesse, du *Tourne-Bride*... A parler franc, je m'en doutais un tantinet.

Puis, dévisageant successivement Bassompierre, qui était venu serrer la main de Fabert, Chalais, Marcillac et tous les autres conjurés de l'hôtellerie de Chatou, disséminés parmi les seigneurs qui formaient le cercle autour des personnes royales :

— Voici le reste de nos écus... Cette vieille moustache si prompte à décider ma mort... Ce gentil garçon qui a refusé de s'associer à mon massacre... Et celui à qui j'ai emprunté son cheval... Et ceux que je n'ai eu garde d'attendre au gîte... Toute la conspiration, quoi!

Parmi les assistants, on mettait volontiers l'espèce d'effarement de l'artiste sur le compte de l'embarras naturel à un provincial qui aborde la cour pour la première fois.

Seule, madame de Chevreuse semblait se défier :

Elle ne quittait pas Jacques des yeux...

Et ces yeux, si clairs et si doux, qui avaient, si nous en croyons un contemporain, « des préférences pour tout le monde », ces yeux s'assombrissaient et devenaient scrutateurs, menaçants, et presque cruels en s'arrêtant sur le Lorrain.

Cependant, Anne d'Autriche et Gaston avaient échangé un bout de conversation avec le roi :

— Ainsi, s'informa ce dernier en fouettant sa botte de sa canne, c'est une de vos nouvelles dames d'honneur que vous demandez à me présenter ?

— Oui, sire : mademoiselle Géralde de Fenestrange

— De Fenestrange ?

— La pupille d'un brave gentilhomme que je viens de m'attacher, appuya le duc d'Anjou.

Le monarque fit la grimace :

— Un nouveau gentilhomme ?... Une nouvelle dame d'honneur ?... Ventre-saint-gris ! comme disait feu notre père, il faut que vous ayez plus d'argent que moi à dépenser, monsieur mon frère, et vous pareillement, madame, pour entretenir ce train d'oisifs à votre suite...

Puis avec un hochement d'épaules :

— Après tout, c'est l'affaire de votre cassette...

Puis encore, avec un bâillement d'impatience :

— Va pour le gentilhomme et pour la dame d'honneur !... Mais faites vite, je vous en prie... Il faut que j'aille de ce pas rendre visite à mes gerfauts, dont l'un est fort souffrant depuis ce matin.

— Approchez, baron, fit Monsieur.

— Mademoiselle de Fenestrange, approchez, dit la reine.

V

DEUXIÈME PRÉSENTATION

Il y avait derrière Anne d'Autriche un buisson de jolies femmes qui s'écarta pour livrer passage à celle que visait l'invitation de la souveraine.

Et Callot eut peine à retenir une exclamation faite de surprise, d'admiration et de bonheur.

Ce cou gracieux, que les *concetti* italiens en vogue à cette époque n'auraient point manqué de comparer au pistil de la corolle d'une fleur, et ces épaules d'albâtre qu'encadrait une collerette empesée et découpée à jour...

Ces cheveux imprégnés de rayons, au milieu desquels les perles de la coiffure scintillaient comme des gouttelettes de rosée dans une aurore...

Cette figure qui empruntait un charme de plus à une certaine gravité et à une certaine pâleur ; cet œil toujours fier ; ce front toujours pur; cette bouche à la fois pleine de caresses et de commandements...

Tout cela, c'était Diamante, — mais Diamante, de jeune fille devenue jeune femme et, de bohémienne, grande dame, — Diamante, dont la taille allongeait encore sa finesse et sa souplesse dans la gaîne d'un corsage en pointe de drap d'argent...

Diamante, non moins à l'aise sous les bouillonnements de sa jupe de satin d'un vert glauque que sous les ajustements écourtés de la zingare...

Diamante, qui maniait son éventail de plumes blanches aussi dextrement que, jadis, le fouet à manche d'ébène de la reine des Grands-Scorpions...

Bref, Diamante, dont la beauté s'imposait à tous avec une si aveuglante intensité de splendeur qu'un murmure général s'était élevé à son aspect parmi les dames et parmi les cavaliers : murmure d'adoration contenue chez ceux-ci, murmure de jalousie étouffée chez celles-là...

Que l'émail aux vagues reflets de la prunelle de Monsieur s'était échauffé d'un désir soudain...

Et que le roi, enfin, s'était senti rougir du sentiment qu'elle éveillait en lui...

Car, si capricieux et si infidèle qu'il fût, l'ancien amant de mademoiselle de La Fayette et de mademoiselle de Hautefort voulait qu'on l'appelât *Louis le Chaste* aussi bien que *Louis le Juste* ; caractère que l'histoire n'explique que par des faits et jamais par des raisonnements.

. . . .

Jacques était placé en arrière du monarque.

Emu, tremblant, la tête en feu, le cœur sautant dans la poitrine, il dévorait du regard la jeune femme qui se dirigeait vers le roi avec une allure libre et digne.

Anne d'Autriche la prit par la main.

Elle la présenta dans les formes.

On remarqua qu'au lieu de l'accueillir avec les quelques paroles brèves et sèches qu'il avait coutume d'adresser aux créatures de la reine, dont il se défiait d'instinct, Louis s'efforça de tourner à la nouvelle dame d'honneur un madrigal assez embarrassé et assez confus, d'ailleurs.

Lorsque Géralde — ou Diamante — on nous permettra de lui donner indistinctement ces deux noms, — après avoir salué, confondue de tant de bienveillance, fit un pas pour se retirer et pour céder la place à Monsieur, qui amenait au roi M. de Fenestrange, les yeux de notre artiste s'appuyèrent sur elle avec une si ardente passion, et l'étincelle qu'ils dégageaient, vibrante et chargée de fluide, alla si droit à son but, que la jeune femme éprouva une sorte de frémissement fiévreux.

Son œil, invinciblement attiré, rencontra celui du Lorrain.

Elle reconnut l'ami de ses jours de bohème.

Aussitôt, ses joues s'empourprèrent ; ses paupières aux longs cils battirent ; elle appuya son éventail sur ses lèvres pour étouffer le cri qui allait s'en échapper...

— Qu'avez-vous, mon enfant ? interrogea la reine.

— Rien... Oh ! ce n'est rien, madame ! répondit l'ancienne gitane d'une voix dont elle ne pouvait dissimuler le trouble.

— Vous souffrez, cependant... Estefana, mes sels !

Diamante refusa du geste le flacon que la camériste espagnole s'empressait de lui présenter :

— Merci... C'est inutile... Cette crise est passée...

Anne d'Autriche insista :

— D'où venait votre mal ?

— Je ne sais... Une douleur violente et subite... Là... Au cœur...

La jeune femme ajouta :

— Je n'ai pas été maîtresse de moi dans le premier moment...Que Votre Majesté me pardonne... J'ai honte de ma faiblesse...

Madame de Chevreuse s'approcha :

— La chaleur, sans doute... On étouffe au milieu de tout ce monde... Si mademoiselle de Fenestrange acceptait l'appui de mon bras pour aller respirer dans une allée moins encombrée ?...

Puis, rapidement et bas à la reine :

— Ils se connaissent, j'en suis sûre... Laissez-moi faire... Il faudra bien qu'elle m'apprenne...

Mais Géralde, remerciant :

— Mille grâces, madame... Les forces me font encore défaut... Il me serait impossible de marcher...

La duchesse eut peine à réprimer un mouvement de dépit.

Anne d'Autriche appela son valet de chambre :

— La Porte, un pliant !

Ensuite, avec bonté :

— Asseyez-vous, mon enfant... Et vous, messieurs, que l'on s'écarte... Mademoiselle de Fenestrange a besoin d'air.

Louis XIII ne s'était pas aperçu de cet incident.

Il semblait absorbé dans sa conversation avec M. d'Anjou et avec le baron de Fenestrange.

Celui-ci avait pâli en entendant nommer Callot quelques instants auparavant.

Mais nous savons que le visage, comme la parole, lui avait été donné pour dissimuler sa pensée.

Il s'était donc remis promptement.

Nous n'ignorons pas non plus que c'était un courtisan rompu à toutes les finesses du métier.

Ce qui nous le prouve, c'est que, Monsieur ayant mis, dès l'abord, l'entretien sur la chasse, l'adroit gentilhomme déclara avec une brusquerie franche que, dans toutes ses pérégrinations tant en Lorraine qu'en Italie et en Allemagne, il avait entendu citer le roi de France comme le premier veneur du siècle.

Le successeur de Henri IV avait hérité de son père ce goût « de parler aux chiens et de malmener le gibier »

Aucun sujet ne pouvait lui être plus agréable à traiter que celui abordé — avec intention — par Gaston.

Pour s'en occuper à l'aise, il eût offert une trêve à son ennemi mortel.

— Ainsi, avait-il demandé, on parle à l'étranger de nos chasses de Fontainebleau, de Vincennes et de Saint-Germain ?

— Si l'on en parle, sire ! s'était exclamé le baron avec un

ton de conviction et d'enthousiasme qui eût fait honneur au plus habile comédien ; mais c'est-à-dire que l'on y répète unanimement que Votre Majesté n'a pas d'émule pour détourner le cerf sans jamais le méjuger ni au pied ni aux fumées !

— Vraiment !

— Que personne ne sait mieux décider du choix de la bête, frapper aux brisées, attaquer, garder ferme la voie...

Le monarque se frottait les mains...

— Enfin, acheva Christian, qu'il n'y a qu'elle pour sonner comme Nemrod et pour forhuer comme feu Stentor !...

Le rusé compère savait s'échauffer à propos.

A propos pareillement, il savait s'arrêter.

S'interrompant avec humilité :

— Que le roi daigne m'excuser... Je ne suis ici qu'un écho... L'écho des maîtres en vénerie qu'il m'a été donné d'approcher...

Louis XIII était rouge de plaisir et d'orgueil.

Il prit familièrement le flatteur sous le bras, et faisant à son frère signe de l'accompagner ;

— Allons voir mes gerfauts, dit-il.

Sur quoi, sans prendre autrement congé de la reine et du reste de la cour, il se dirigea vers les communs du château.

Pendant tout ce temps, Callot eût bien voulu aborder l'ex-fille adoptive de Pharam et de Mani.

Mais celle-ci était assise près d'Anne d'Autriche, au milieu des dames d'honneur qui s'empressaient à son endroit en petits soins et en prévenances.

Notre artiste lui-même était devenu le centre d'un groupe de jeunes seigneurs, qui l'interrogeaient à l'envi sur son œuvre, ses aventures, ses voyages, — sur le duc Charles IV et la cour de Nancy, — et il lui fallait répondre à tout ce monde, qu'il eût si volontiers envoyé au diable pour renouer connaissance avec l'ancienne souveraine des Grands-Scorpions.

Aussi, jugez de son bonheur, alors qu'il entendit madame de Chevreuse dire gaiement à ces fâcheux :

— Messieurs, Sa Majesté vous adjure par ma voix de ne pas confisquer ainsi messire Callot.

Elle ajouta en s'adressant à ce dernier avec une expression et un geste également enjoués et engageants :

— Çà, venez un peu par ici, monsieur l'événement du jour ; ma maîtresse veut avoir sa part de votre savoir-dire et de votre savoir-faire.

Le Lorrain se hâta d'obéir.

— Madame, dit-il en s'inclinant profondément devant Anne d'Autriche, faites état de moi. Je suis vôtre. Toute ma volonté n'aspire qu'à devenir l'esclave de celle qui est non seulement souveraine par la naissance et par le rang, mais encore par les perfections de la beauté, de l'esprit et du cœur.

Anne lui adressa un sourire où l'amour-propre satisfait s'aiguisait d'une pointe de raillerie :

— Voilà qui est d'un phébus achevé !... Mes compliments, monsieur Callot... Je vois avec plaisir qu'à la cour de Lorraine on n'est pas plus en retard sur les formes de l'ingénieuse galanterie que sur les modes de France et de Paris.

Puis, avec ce léger accent d'autorité naturellement empreint dans la parole des grands :

— Nous allons vous mettre à l'épreuve. On prétend que vous êtes passé maître en l'art de faire danser sur le papier les scaramouches, les gilles et les trivelins à la manière italienne... Vous siérait-il de nous donner un échantillon de ce talent ?

Jacques s'inclina de nouveau :

— Mon Dieu, madame, veuillez croire que, si j'avais sous la main ce qui m'est nécessaire pour déférer immédiatement au désir exprimé par Votre Majesté...

Madame de Chevreuse tira de sa poche d'élégantes tablettes reliées en ivoire avec les coins et le fermoir en vermeil, — les tablettes dont toutes les *précieuses* du temps étaient munies et sur lesquelles elles mettaient leurs soupirants à contribution de sonnets.

— Il ne s'agit, fit-elle, que de quelques coups de crayon sur l'un des feuillets détachés de ce *memento*...

Le Lorrain salua la jeune femme :

— Madame la duchesse, je suis prêt à m'exécuter.

Il prit le petit livre qu'elle lui tendait, l'ouvrit et, sur l'une des pages blanches, du bout du crayon enchâssé d'or qui servait à la belle Marie à écrire ses billets doux et, d'après Richelieu, « ses machinations politiques de révolte et de bouleversements », il se mit à tracer rapidement un croquis.

Géralde-Diamante demeurait silencieuse.

Elle ne levait pas les yeux.

Mais son émotion n'avait point cessé :

Son sein battait sous le satin et les dentelles ; sa tête se penchait comme une fleur mourante, et ses joues conservaient les teintes ardentes de la fièvre.

Son travail terminé, Callot le présenta respectueusement à Anne d'Autriche.

Celle-ci poussa un cri de surprise :

— Mais c'est un portrait, cela !... Celui de mademoiselle de Fenestrange !... Voyez plutôt, mesdames !

On se passa les tablettes de main en main, — et toute une nichée d'exclamations s'envola de la bouche des jolies curieuses :

— C'est frappant !... Etonnant !... Ravissant !

— Mademoiselle de Fenestrange, oui, vraiment !

— En vêtement court !

— Avec des colliers et des bracelets sauvages !

— Et un diadème sur le front !

— Il est certain, opina madame de Chevreuse, que l'on jurerait de l'une de ces filles d'Égypte qui dansent dans les carrefours.

— En effet, questionna la reine ; que signifie ?...

Géralde n'avait pas eu besoin de jeter les yeux sur le

papier pour se reconnaître alors qu'elle était Diamante.

Ces yeux, qu'elle avait tenus baissés jusqu'alors pour en dissimuler les révélations, elle finit par les lever sur Jacques pleins de tendresse passionnée et d'interrogation craintive.

Ils disaient clairement dans leur muette éloquence :

— Je ne vous avais pas oublié, moi non plus... Mais quels peuvent être vos projets ? Je ne les comprends pas bien, et je suis inquiète.

L'artiste la rassura par un regard dans lequel il essaya de faire passer l'amour exalté qui revivait en son âme.

Ensuite s'adressant à Anne d'Autriche :

— Madame, reprit-il, j'ai voulu simplement prouver à Votre Majesté que mon crayon sait *attraper la ressemblance*, — comme on dit dans nos ateliers, — et faire, en même temps, œuvre d'imagination et de fantaisie...

— Ah !...

— J'ai donc pris au hasard l'une des personnes présentes ; je me suis efforcé de reproduire ses traits aussi fidèlement que possible, et je l'ai habillée de mes souvenirs en lui donnant le costume de l'une de ces fées de bohème qui me sont apparues, à l'aurore de ma vie, dans l'éblouissement du soleil italien...

Il ajouta, en faisant un mouvement pour ressaisir le croquis :

— Mais, si cet humble travail a le malheur de déplaire à la reine ou d'offenser celle qu'il représente, — et pour laquelle je proteste de mon inaltérable respect, — il est facile de le détruire et d'en recommencer un autre...

— Non pas ! non pas ! protesta Anne vivement : ce dessin est charmant, — et je le garde.

Puis, se tournant vers mademoiselle de Fenestrange.

— Je le garde pour en faire don à celle qui l'a inspiré.

Puis encore, revenant à Callot :

— Offrez-le lui vous-même, messire ; ce sera votre récompense.

— Ah ! madame, une récompense bien au-dessus de tout ce que je mérite !

La main du Lorrain tremblait en présentant le papier à la jeune femme...

Et celle de la jeune femme ne tremblait pas moins en le recevant.

En ce moment, madame de Lannoy se leva.

Madame de Lannoy était cette vieille dame qui, assise au chevet du lit d'Anne d'Autriche, alors que Buckingham était venu s'agenouiller devant celui-ci, à Amiens, s'était écriée en se signant :

— Jésus Dieu ! madame, n'a-t-il pas osé dire à Votre Majesté qu'il l'aimait !

Marie de Médicis l'avait placée auprès de sa bru comme une sorte de *camerera mayor* chargée de lui inculquer les usages de la cour de France : soin dont la bonne dame s'acquittait avec tant de minutie, de sévérité et de raideur, que la duchesse de Chevreuse l'avait baptisée *Madame de l'Étiquette*, et que toute la cour ne la connaissait plus que sous ce sobriquet.

Madame de Lannoy se leva, disons-nous.

Elle adressa à Anne d'Autriche une révérence cérémonieuse et prononça aussi gravement que si elle eût rendu un arrêt :

— J'ai l'honneur de rappeler à Votre Majesté qu'il est l'heure de son goûter.

La jeune femme fit un geste d'impatience :

— Le goûter ?... Déjà !... Vous devez vous tromper, ma bonne.

La grande-maîtresse consulta *l'horloge de poche* — ou grosse montre — qui pendait sur l'un des côtés de son vertugadin.

Ensuite avec une nouvelle révérence :

— J'ai l'honneur d'affirmer à Votre Majesté que je ne me trompe jamais dans l'exercice de mes fonctions. Il est trois heures moins deux minutes. Le goûter est servi à trois heures...

— Eh bien, nous sommes en avance...

— Pardon, j'ai l'honneur de faire observer à Votre Majesté qu'il nous faut trois minutes et demie pour aller d'ici au château. Nous serons donc en retard, au bas mot, de deux minutes et d'une fraction, — ce qui est d'un déplorable exemple dans le relâchement actuel...

Puis, avec une troisième révérence et un ton qui, du grave, passait au solennel :

— Songez que si la reine Marie de Médicis était exposée à attendre...

Anne étouffa un soupir :

— C'est vrai. Vous avez raison. Crime de lèse-belle mère !

Ensuite, avec résignation :

— Allons, mesdames, nous rentrons.

Il y eut un mouvement général.

La souveraine continua en s'adressant à mademoiselle de Fenestrange :

— Vous nous accompagnerez, mignonne. Quoique, sur la demande du baron, votre tuteur, vous ne deviez commencer que dans quelques jours votre service auprès de nous, nous vous gardons jusqu'à ce soir. Vous prendrez place à notre table.

Puis, interpellant le Lorrain :

— Etes-vous descendu au château, monsieur Callot ?

— Madame, répondit celui-ci, je n'aurais point osé le faire sans une invitation expresse : c'est chez mon ami Henriet que j'attends le bon plaisir de la reine et du roi.

— Nous nous reverrons avant le départ de l'armée pour la Rochelle, et, au retour de la campagne, j'entends que vous preniez vos quartiers au Luxembourg.

— Tant de bontés !...

— Vous rencontrerez là nombre d'artistes français et étrangers qui concourent à la décoration de ce logis : Rubens, Poussin, Simon Vouet, Philippe de Champagne...

— Madame, je serai fier et heureux de me trouver en si illustre compagnie.

La jeune femme lui tendit la main.

Jacques effleura respectueusement de ses lèvres le bout de ces doigts adorables de forme et de blancheur.

Puis Anne reprit, en faisant signe de la suivre à sa petite cour enjuponnée :

— Venez, mesdames. Allons goûter. Il ne faudrait point faire attendre la reine, — la reine-mère, — la vraie reine.

. . . .

Pour faire le croquis demandé, quelques moments auparavant, Jacques avait dû ôter ses gants.

Il les tenait de la main droite, lorsque l'épouse de Louis XIII avait allongé le bras vers lui.

Tout ébloui de cette faveur inattendue, notre Lorrain, pour prendre la main d'Anne d'Autriche avait lâché — machinalement — ces gants qui avaient glissé à terre.

Madame de Chevreuse mit le pied dessus.

Puis, d'un mouvement rapide de ce pied, elle les fit disparaître sous l'ampleur de sa traine.

Puis, plus rapidement encore, elle tira de sa poche ceux qu'elle avait trouvés chez maître Bonnebault, dans la chambre un instant occupée par Callot.

Celui-ci, penché sur les doigts de la reine, n'avait rien vu de ce manège.

La duchesse se baissa et feignit de ramasser quelque chose.

Ensuite, présentant à l'artiste les gants oubliés par ce dernier au *Tourne-Bride* :

— Ceci n'est-il point à vous, monsieur Callot ? questionna-t-elle.

— En effet, madame... Je vous remercie... Et combien je suis confus de la peine...

Le Lorrain s'excusait sans savoir ce qu'il disait...

Son cœur se dilatait d'ivresse...

Il avait retrouvé Diamante...

Et celle-ci l'aimait toujours...

L'émotion de la jeune femme, sa rougeur, son sein palpitant, l'éclair humide de sa prunelle, jusqu'à son silence plein d'aveux, tout cela le lui prouvait assez...

Il prit les gants qu'on lui offrait, les reconnut pour siens sans s'apercevoir de la substitution, et se mit d'instinct à se reganter en regardant de tous ses yeux, de toute son âme, la nouvelle dame d'honneur qui s'éloignait à la suite d'Anne d'Autriche.

Puis il s'en fut rejoindre Henriet et Fabert, qui l'attendaient un peu à l'écart : celui-ci tout heureux de la façon cordiale dont le roi l'avait accueilli, celui-là aussi joyeux que s'il en avait été l'objet de la réception flatteuse que Louis avait ménagée à ses deux compatriotes et amis.

Marie de Rohan, de son côté, s'en revenait vers le château.

Elle marchait lentement, — pensive, — la tête basse.

On eût été épouvanté de la flamme sombre qui couvait sous ses paupières abaissées, de l'ondulation vipérine qui courait sur ses lèvres convulsivement agitées et de l'expression de colère haineuse qui transformait ses traits en un masque de Méduse grimaçant au milieu d'un éparpillement de serpenteaux.

— Ainsi, murmurait-elle, j'avais bien deviné... Ce Callot est l'homme de Chatou... Pardieu ! nous allons aviser à le mettre hors d'état de nous nuire.

VI

A RUEIL

Pendant que tout ce qui précède avait lieu à Saint-Germain, voici ce qui se passait à Rueil, dans une maison de modeste apparence et dans un vaste cabinet sis au rez-de-chaussée de cette maison.

Dans ce cabinet, clos et étouffé, aux murailles tapissées de bibliothèques et de cartons et aux fenêtres drapées de grands rideaux de damas vert qui ne laissaient pénétrer qu'une lumière douce et discrète, un homme travaillait, dont nous possédons deux portraits d'une touche également fidèle et magistrale :

Le premier est dû au pinceau de Philippe de Champagne.

On l'admire au musée du Louvre.

Le second est le fait d'Alexandre Dumas.

On le trouve dans la première partie de l'immortelle trilogie des *Mousquetaires*.

Ne pouvant mettre l'œuvre du peintre sous les yeux de nos lecteurs, donnons-leur un *fac-simile* de celle de l'illustre écrivain.

Cet homme était de taille moyenne.

Il avait la mine haute et fière, le regard perçant, le front large, la bouche pincée, la figure pâle et effilée, — et, quoiqu'il eût à peine trente-six ou trente-sept ans, ses cheveux, sa moustache et sa *royale* s'en allaient déjà grisonnants.

Il était coiffé d'une petite calotte de drap écarlate qui faisait encore ressortir cette calvitie précoce, et enveloppé d'une ample robe de chambre de velours violet, sous les plis de laquelle on apercevait ses bas de soie pourprée.

Quatre petits chats blancs ronronnaient dans une corbeille auprès de lui.

Cet homme était Armand-Jean Duplessis, cardinal de Richelieu.

Non point tel qu'on nous le représente, au déclin de sa carrière, cassé comme un vieillard, souffrant comme un martyr, le corps brisé, la voix éteinte, enterré dans un grand fauteuil comme dans une tombe anticipée, ne vivant plus que par la force de son génie, et ne soutenant plus la guerre avec l'Europe que par l'éternelle application de sa pensée...

Mais tel qu'il était réellement à cette époque, c'est-à-dire remuant, actif, faible de santé déjà, mais soutenu par cette puissance morale qui a fait de lui l'un des hommes les plus extraordinaires qui aient existé; se préparant, enfin, après avoir soutenu le duc de Nevers dans son duché de Mantoue, après avoir pris Nîmes, Castres et Uzès, à chasser les Anglais de l'île de Ré et à faire le siège de la Rochelle.

Un plan immense de cette dernière place couvrait une table carrée qui occupait le milieu de la pièce.

Toutefois, le cardinal n'étudiait plus ce plan depuis quelques instants.

Il avait pris, parmi les livres et les papiers qui encombraient cette table, un exemplaire du *Réveil-Matin*, de Théophraste Renaudot, lequel contenait une satire dirigée contre sa personne.

Et il en lisait cette strophe à haute voix :

> Richelieu, lorsque le trépas
> Tranchera le cours de tes pas,

> Tout chacun blâmera ta vie...
> Déplorant ce lugubre sort,
> Pour moi, je dirai sans envie
> Que c'est assez que tu sois mort.

Ensuite, froissant cette gazette :

— Voilà des vers, murmura-t-il, qui ne sortent pas de la moyenne. Bois-Robert ferait mieux certainement. Et aussi ce petit Corneille, à qui M. de Montauron, le trésorier général de l'épargne, me sollicite d'accorder une modique pension...

Il se mit à se promener de long en large dans le cabinet :

— Corneille aura cinq cents écus sur ma cassette... Il faut qu'il soit reconnu que je protège les lettres... Quant à ce Théophraste...

Il réfléchit un instant :

— Eh bien, j'achèterai sa plume... En attendant que le parlement m'ait fabriqué une bonne loi qui me permette de faire brûler en place de Grève les écrits où l'on m'attaquera, comme injurieux pour le roi dans la personne de son ministre... Et cela, avec un seul regret : celui de ne pouvoir appliquer aux pamphlétaires la même peine qu'aux pamphlets.

Sa promenade l'avait amené devant sa panerée de chats.

Il s'arrêta, considéra ceux-ci avec tendresse et se baissa pour les caresser.

Puis, se ravisant et se redressant :

— Mais non, ceux-là sont mes amis, mes enfants, mes mignons chéris... Mes adversaires et mes ennemis doivent avoir le pas sur eux... Occupons-nous de ces derniers.

Il frappa sur un timbre.

Un grand garçon parut, — à la figure chafouine, — dont les allures et l'habit tenaient le milieu entre le secrétaire et le valet.

— Chéret, lui demanda Son Eminence, qui avons-nous dans la galerie ?

— Monseigneur, il y a M. La Follone, M. Bois-Robert, M. l'abbé Mulot et M. le docteur Citois.

Richelieu hocha les épaules :

— Mon bouffon, mon *favori de campagne* (il appelait ainsi Bois-Robert), mon aumônier et mon médecin... Une piètre cour, en vérité... Mais patience!... Un jour viendra — et avant peu — où j'aurai dans mes antichambres des gardes, des grands seigneurs des ambassadeurs étrangers des princes et des princesses du sang.

— Monseigneur, il y a encore M. le chevalier Mirassou et M. le chevalier de Caudebec.

— Deux de mes espions ordinaires... Introduisez, Chéret, introduisez... Ils m'apportent sans doute des nouvelles de conséquence...

Et le cardinal était revenu s'asseoir devant sa table de travail.

Quelques minutes plus tard, nos deux anciennes connaissances de la foire *dell' Imprunetta*, de la *trattoria del Babuino*, de la place du grand-duc à Florence et de la route de Pontedera courbaient l'échine devant lui.

Mais l'ex-Francatrippa et l'ex-Fritellino restaurés, remplumés, requinqués, — adonisés, — presque corrects :

Le premier, considérablement engraissé.

Par bonheur, sa force musculaire lui permettait de supporter, sans s'alourdir outre mesure, un pareil surcroît d'embonpoint...

Avec cela, splendidement vêtu de neuf, depuis son feutre empanaché à l'instar d'un dais de procession, jusqu'à ses bas de soie vert-pomme qui pouvaient à peine contenir ses énormes mollets, et à son justaucorps de taffetas zinzolin qui, bien qu'aux trois quarts déboutonné, crevait sous la puissante rotondité de son abdomen...

Et sa longue moustache se tire-bouchonnant au-dessus de trois ou quatre mentons vermeils, lisses et replets...

L'autre, toujours aussi maigre et aussi laid, — mais paré

d'un habit de satin colombin, passementé *en œil-de-perdrix*, du plus *voyant* et plus *tirant* effet...

Tous deux, enfin, pleins d'assurance, de sérénité et de dignité, ainsi qu'il convient à des gens qui exercent une profession délicate, lucrative et enviée.

— Eh bien, mes maîtres, interrogea Son Éminence, que se passe-t-il à Saint-Germain? Je vous avais chargés de surveiller étroitement M. le duc d'Anjou, S. M. Anne d'Autriche et la duchesse de Chevreuse, l'âme damnée de celle-ci. Occupons-nous du duc, d'abord. A quoi emploie-t-il ses journées?

Ce fut Ange Bénigne Caudebec qui répondit :

— Monseigneur, Son Altesse Royale reçoit dans ses appartements ses compagnons de *Comité de Vauriennerie*...

— Ah! oui : ce cénacle de jeunes fous qui se réunit pour traiter des questions de toilette, de femmes et d'autres futilités...

— Ensuite, elle chasse avec son frère...

— Après ?...

— Et puis, elle rend de fréquentes visites à son auguste belle-sœur...

Richelieu fronça le sourcil :

— De fréquentes visites... A la reine... Sans doute pour conspirer contre l'honneur du roi et la tranquillité de l'Etat...

— Voilà pour la journée. Le soir, ah! par exemple, c'est une autre paire de manches. Le soir, Monsieur est amoureux...

— Amoureux?

— Dame! que Votre Grandeur en juge : depuis quelques jours, le prince sort seul, à cheval, à la nuit close, enveloppé d'un manteau d'aventure...

— Seul ?... La nuit ?... Voilà qui est singulier... Il faut, en effet, quelque motif bien puissant, pour qu'avec un caractère si prompt à s'effrayer de tout, il ose braver les dangers de l'ombre et de la solitude...

— Il remonte les bords de la Seine jusqu'en face de l'île de la Loge. Là il met pied à terre, attache sa monture à un arbre et siffle d'une façon particulière. Aussitôt, un bateau se détache de l'île, le vient prendre sur la rive et va le déposer au pied de l'escalier qui conduit, de la rivière, à la porte de l'ancienne maison de Marie Touchet...

— Ah!...

— Le duc grimpe l'escalier et entre dans la maison. Il y reste des heures entières. Après quoi, on le ramène de la même façon.

La physionomie du cardinal se rembrunissait de plus en plus.

— Une amourette, oh! que non pas! maugréa-t-il : il doit y avoir là une intrigue ourdie contre ma personne, un complot destiné à préparer ma perte...

— Distinguons, monseigneur, distinguons : il y a une belle fille.

— Une belle fille?

L'ancien Fritellino appuya :

— Une très belle fille, foi de Normand.

Cette parole donnée ne persuada qu'à demi Son Eminence, qui interrogea avec doute :

— Vous en êtes sûr, monsieur le drôle?

— En rôdant sur la berge, je l'ai aperçue qui se promenait dans le jardin de la propriété ou qui rêvait à une fenêtre... Une créature adorable... Elle m'a rappelé Francisquine...

— Francisquine?

— Oh! que Votre Grandeur ne fasse pas attention!... Un souvenir de ma folle jeunesse... Une noble dame d'Italie avec laquelle j'ai entretenu des relations basées sur ma munificence.

Il y eut un silence.

Le ministre songeait.

Et sa figure s'éclaircissait peu à peu.

— Après tout, pensait-il, pourquoi ce fils de France n'aurait-il pas quelque passion hors de la cour? N'est-il poin du sang de Henri IV, qui en amour se montra toujours plus gourmand que gourmet? La chose ne saurait d'ailleurs m'être désagréable : absorbé par un cotillon, Gaston cesserait, pour un moment, de s'occuper de politique.

Il ajouta avec un sourire :

— Sans compter qu'on le pourrait tenir par cette femme...

Puis, inscrivant une note sur un carnet :

— Dans tous les cas, il faudra s'informer... S'assurer qui habite l'ancien retrait de la maîtresse de Charles IX... Savoir enfin à quelle nouvelle Marie Touchet Son Altesse royale a affaire...

Puis encore, interpellant Trophime Mirassou :

— A vous, maintenant !... Que m'apprendrez-vous sur la reine ?... Sur cette peste de duchesse qui est cent fois plus aventurière dans le bout de son petit doigt que tous les aventuriers de la terre, — vous deux compris, maîtres maroufles ?

Le Provençal se posa en mestre-de-camp qui va faire son rapport :

— Monseigneur, commença-t-il, comme je m'étais embusqué, il y a de cela deux ou trois nuits, aux environs de cette partie de château où se trouvent les appartements de notre illustre souveraine, je vis sortir, par une petite porte qui donne accès aux écuries, deux dames costumées en amazones et masquées...

— Anne et sa confidente sans doute...

— Incontinent, je me précipitai sur leurs traces...

— Très bien !

— Oui, mais, au bruit de mes pas l'une d'elles se retourna... Elle avait une cravache à la main... Une cravache qu'elle me montra avec un air terrible...

— Alors ?...

— Alors, je compris que ces dames ne désiraient pas être accompagnées dans leur expédition nocturne...

— Et en cette occurrence ?...

— En cette occurrence, monseigneur, j'agis comme eût

fait à ma place tout cavalier frotté de belle galanterie : je tirai poliment mon chapeau, je tournai prestement les talons, et je m'en fus me coucher tranquillement dans mon lit, où je m'endormis avec la satisfaction d'un gentilhomme qui vient de se conformer aux lois de la discrétion et de la courtoisie...

Le cardinal frappa sur la table avec colère :

— Monsieur Mirassou, vous êtes un imbécile !...

L'ancien Francatrippa se cabra :

— Un imbécile !... Ventre d'hippopotame ! cornes de rhinocéros ! écailles de crocodile !... Si quelque autre que Votre Eminence me tenait un pareil langage...

— Eh bien, que feriez-vous, maraud ?...

— Je ne le croirais pas, monseigneur... Mais, du moment que c'est Votre Grandeur qui l'affirme... Je n'aurai pas l'irrévérence de lui donner un démenti...

— Il fallait pousser l'aventure jusqu'au bout... Suivre ces femmes... Etre en demeure de m'apporter des renseignements sur le but de leur mystérieuse escapade...

— Pourtant, monseigneur, le respect...

— Oui, j'entends : le respect de la cravache, pardieu !... Car vous ne vous contentez pas d'être un maladroit, vous êtes encore un poltron...

— Monseigneur me calomnie... Or, la calomnie est un péché mortel... Votre Eminence va être forcée de se faire absoudre de celui-là...

— Prenez-y garde, chevalier... A la première maladresse, à la première couardise, je vous casse aux gages sans pitié... Et tout espion qui cesse d'être utile devient par cela même dangereux...

— Monseigneur...

— Taisez-vous. Vous êtes impardonnable. Pourquoi ne m'avez-vous pas averti de l'incident de ces deux femmes dès le lendemain du jour où il s'était produit ?

— Hé ! monseigneur, ce lendemain-là, je me suis présenté ici, et il m'a été répondu que Votre Eminence était en train de convertir Marion Delorme. J'y suis revenu, avant-hier, et il m'a été répondu que Votre Eminence recevait madame de Chaulnes. J'y suis retourné hier et il m'a été répondu que Votre Eminence donnait audience à madame de Boutillier.

Le ministre se mordit les lèvres :

— C'est bien. Assez ! Que dit-on du chef de l'Etat, à Paris ?

Les deux compagnons entonnèrent.

— On dit qu'il est grand...

— Qu'il est noble...

— Qu'il est magnifique...

— Que les qualités manifestes de son esprit et de son cœur...

Richelieu interrompit brusquement :

— Que signifie ?... Etes-vous fous ?... Ou bien vous raillez-vous, coquins ?

Ange-Bénigne Caudebec s'inclina avec humilité :

— Ce n'est, pourtant, pas notre faute, fit-il, si l'opinion universelle et si l'éclatante vérité offensent la modestie de Votre Eminence.

Celle-ci ne put s'empêcher de sourire :

— Il ne s'agit pas de moi, reprit-elle ; il s'agit de notre prince à tous ; de celui que je représente, de celui que je sers...

— Oh ! pour celui-là, monseigneur, c'est différent ; tout le monde s'accorde à constater qu'il est faible, sombre, désolé, malingre...

— Qu'il est sans mérite, sans caractère, sans énergie...

— Qu'il n'existe que par vos talents.

— Et que s'il a jamais un héritier de sa couronne...

Le prélat se leva avec un visage sévère :

— Messieurs, vous manquez de respect au souverain.

Trophime Mirassou salua à son tour :

— Nous n'avançons, cependant, rien qui soit de nature à ternir la gloire de Votre Grandeur.

Le ministre sourit derechef :

— Pendards! dit-il, on ne peut donc pas avoir le dernier avec vous?... Tenez, prenez, partagez-vous ces trente pistoles... Et tâchez, à l'avenir, de mieux gagner... mon argent.

Il leur jeta une bourse, que le Provençal attrapa à la volée.

Puis, les deux compagnons se confondant en révérences :

— Ventre d'hippopotame! cornes de rhinocéros! écailles de crocodile! nous allons boire à la santé du roi.

— Seulement, distinguons, monseigneur, distinguons : à celle du vrai, du seul, de celui dont la France acclame et dont l'Europe entière reconnaît le génie.

— C'est-à-dire à la santé de l'éminentissime cardinal, notre maître, — maître sur maître, — maître sur tous.

Enveloppant ainsi chacun de leurs pas d'une flatterie et d'une courbette, ils marchaient à reculons vers la porte.

En ce moment, quelqu'un gratta à celle-ci :

— Entrez, prononça le ministre.

C'était Bournais, son valet de chambre.

— Eh bien, lui demanda Richelieu, avez-vous remis à mademoiselle Delorme les cent pistoles que je vous ai chargé de lui verser?

— Monseigneur, elle a refusé de les accepter.

— Hein?

— Et elle me les a lancées cavalièrement par la figure en criant que vous n'étiez qu'un pingre.

— Ah! fit le cardinal froidement, on voit bien que ces créatures n'ont pas la même peine que nous à gagner l'argent dont elles vivent. Vous garderez cette somme, Bournais. Ce sera votre cadeau d'étrennes de l'an prochain.

Puis, avisant Chéret qui montrait sur le seuil sa figure de renard :

— Qu'est-ce encore? s'informa-t-il.

Le jeune homme s'en vint lui murmurer quelques mots à l'oreille :

— Certainement! A l'instant! Qu'il vienne! répondit le prélat avec vivacité.

Ensuite, s'adressant aux deux ex-*bravi* qui se préparaient à sortir :

— Vous, ne vous éloignez pas encore. Allez attendre dans la galerie. Il se peut que j'aie besoin de vous tout à l'heure.

VII

LA LETTRE, LE MASQUE ET LE NŒUD DE RUBAN

Le personnage qui se tenait debout maintenant, devant Richelieu, confinait à la cinquantaine.

Tous ceux qui se sont régalés des *Mousquetaires*, — c'est-à-dire tout ce qu'il y a de lecteurs dans notre planète sublunaire, — le reconnaîtront facilement à son teint brun, à ses yeux vifs, à son nez fortement accentué et à sa moustache noire et parfaitement taillée, ainsi qu'à son vêtement violet, aux aiguillettes de même couleur, sans autre ornement que les crevés habituels par lesquels passait la chemise.

C'était ce comte de Rochefort, que Dumas a emprunté aux *Mémoires secrets* de l'époque pour le transporter dans son œuvre, où il lui fait jouer, du reste, un rôle conforme à ce que les contemporains nous ont appris de son caractère, de ses aventures et des « missions délicates » que le cardinal lui confia.

— Ainsi, demandait le gentilhomme en pointant le doigt vers la carte étalée sur la table, ainsi Votre Eminence s'occupe toujours de la Rochelle?

— Pourquoi ne m'en occuperais-je point, questionna le ministre à son tour, puisque nous partons, dans quelques jours, pour écraser ce nid de huguenots?

— Hé! mon Dieu, monseigneur, parce qu'il n'est pas prudent, pour un général d'armée, de s'aventurer en avant sans avoir, au préalable, assuré ses derrières... C'est l'avis de tous les tacticiens... C'est le mien, — et Votre Grandeur s'est livrée, en ces derniers temps, à une étude trop sérieuse des procédés de la guerre pour n'être pas, comme tout le monde, pénétrée de cette vérité.

Richelieu regarda fixement son interlocuteur:

— Rochefort, expliquez-vous sans paraboles, dit-il. Il y a du nouveau. Vous savez quelque chose.

— Je sais, monseigneur, qu'avant d'aller donner les étrivières aux rebelles de l'Ouest, vous avez ici d'autres chats et d'autres chattes à fouetter, et que, si j'étais vous, je ne m'éloignerais pas avant d'avoir rogné les griffes à toute cette portée de tigres domestiques.

La physionomie du prélat revêtit une bonhomie railleuse:

— Oui, oui, reprit-il, je sais aussi... Et, tenez, les voici, ceux que vous me recommandez... Les voici, ces mauvais sujets, ces larrons, ces bandits incorrigibles...

Il tira à lui la corbeille où reposait la couvée de chatons:

— Voulez-vous que je vous les nomme?

Il en prit un dans le tas:

— Voilà, d'abord, messer Gaston... Le plus rusé, le plus sournois, le plus perfide de la famille... Il a toujours l'air de dormir, et c'est lui qui pousse les autres aux fredaines, au vol, à la révolte...

Il interpella l'animal:

— Ça, pourquoi faites-vous le gros dos?... Est-ce que je ne suis pas un bon maître?... Est-ce que je vous empêche, par exemple, de courir le guilledou, le soir, et d'aller miauler d'amour avec la chatte de vos pensées sur les bords de l'île de la Loge?...

— Comment, s'exclama Rochefort, Votre Eminence sait que le prince...

— Au demeurant, interrompit le cardinal en s'adressant toujours à la bestiole qu'il caressait, ceci vaut encore mieux que d'oser lever les yeux sur la femme de votre frère, — sur cette femme qu'un instant j'ai aimée, moi, Richelieu, et dont, si elle l'eût voulu, j'aurais fait la plus fortunée, la plus puissante, la plus radieuse des souveraines...

Il agaça le chat du bout du doigt :

— Oui, je n'ignore point que votre ambition rêve la couronne de France avec la mort du roi...

Mais avant que le pauvre Louis ait dit un éternel adieu à cette vallée d'ennuis, nous vous donnerons une compagne de notre choix, afin que vous ayez une double dispense à demander à Sa Sainteté au cas où il vous prendrait fantaisie d'épouser votre belle-sœur en secondes noces...

Allons, mon petit Gaston, amusez-vous, menez la vie de garçon, jouissez de votre reste...

Mais, vive Dieu! ne songez pas à mordre !...

Car, tout chat du sang que vous êtes, je me verrais forcé de vous mettre à la raison...

— Du moment, commença Rochefort, que vous connaissez les visites de Monsieur au baron de Fenestrange...

— Ah! c'est le baron de Fenestrange qui est le nouveau châtelain du domaine de Marie Touchet?... Nous reparlerons de lui tout à l'heure... Chaque chose en son temps, compère.

Et, replaçant « Gaston » dans la corbeille, le ministre happa par la peau du cou un second chaton, qu'il éleva à la hauteur de son visage.

— Eh! bonjour, mon gentil Chalais!... Le plus élégant, le plus gai, le plus étourdi des félins de la cour!... Continuez, mon bel ami, à vous lécher le poil, à vous lisser le museau et à vous caresser la moustache... Autrement il vous en cuirait... Vous avez la tête faible: tâchez de ne pas la perdre ailleurs que sur l'oreiller de la Chevreuse.

Le second animal alla rejoindre le premier.

Richelieu jouait maintenant avec deux chattes câlines:

— Quant à vous Anne, ma minette, achevez de vous compromettre par vos équipées de nuit avec cet autre démon femelle, la duchesse, votre inséparable...

Soyez imprudente à foison...

Soyez même coupable, si le cœur vous en dit...

Mais faites patte de velours toutes les deux. Cachez vos dents. Rentrez vos ongles.

Car, sans égard pour votre sexe, je trouverais de quoi vous couper ceux-ci et vous arracher celles-là...

Demeurez coites, je vous le conseille...

— Ainsi, s'informa Rochefort, Votre Grandeur est avisée des sorties nocturnes de la reine et de madame de Chevreuse?

Le cardinal laissa retomber les deux chattes dans la corbeille...

Et, repoussant du pied celle-ci sous la table:

— Allez, fit-il, mes bestiolettes, et soyez sages... Je vous aime beaucoup, beaucoup... Ce qui implique, avec le proverbe, que je n'hésiterais pas, au besoin, à vous châtier de telle façon que vous n'auriez plus envie de fauter.

Ensuite, se tournant vers son interlocuteur:

— Eh bien, comte, que dites-vous de ma ménagerie intime?

— Je dis, monseigneur, qu'il y manque deux matous.

— Deux matous?

— Votre Eminence m'a bien montré, en effet, les principaux chefs de la réunion qui a eu lieu, il y a trois jours, au *Tourne-Bride*: la reine, le duc d'Anjou, M. de Chalais, la duchesse...

Richelieu fit un brusque haut-le-corps:

— Au *Tourne-Bride*?...

— Une auberge de Chatou, tenue par un sieur Bonnebault, entre la forêt et le bac...

— Il y a eu une réunion dans cette auberge?...

— Une réunion d'autant plus importante, qu'elle a été plus entourée de précautions et de mystère...

— Et vous prétendez que Sa Majesté s'y est rencontrée avec Monsieur?

— Ainsi qu'avec Chalais, Bassompierre et vingt autres, — tous de vos ennemis, — de vos ennemis mortels.

Le ministre plissa son front parcheminé:

— Alors, questionna-t-il, ce n'était pas pour courir la prétentaine qu'Anne d'Autriche et Marie de Rohan s'étaient esquivées nuitamment du château?

— C'était pour présider une sorte de conseil auquel avaient été convoqués tous les mécontents de la cour.

— Et quel en était le but?... Qu'y a-t-on discuté?... Qu'y a-t-on décidé?

— Ma foi, monseigneur, je l'ignore... Prévenu en temps opportun, je me serais arrangé pour y avoir quelqu'un... Mais ce n'est que le lendemain que j'ai été averti de la chose...

Et le gentilhomme ajouta:

— J'imagine, toutefois, qu'il a dû y être question de Votre Eminence à peu près dans les mêmes termes qu'il fut question de Concini entre le roi et Luynes, dans un coin du jardin du Louvre, le 22 avril 1617...

Le cardinal se redressa:

— Oh! oh! fit-il, je ne suis pas le maréchal d'Ancre... Mon règne commence, et il n'est pas près de finir... On ne tue pas comme cela les gens qui ont une mission à remplir...

Puis, secouant la tête:

— Allez, allez, comte, si je n'ai que mes chats ordinaires à redouter, je puis dormir sur mes deux oreilles... Riens vivants qui se croient quelque chose!... Pauvres bêtes que je broierais d'un coup de talon!

Puis encore, après une minute de réflexion:

— Mais vous avez parlé de matous...

— J'ai parlé du grand-prieur de France et du duc de Vendôme, monseigneur.

Richelieu sursauta de nouveau :

— Le duc César et le grand-prieur sont du complot ?

— Et l'Espagne aussi, monseigneur.

— Oh !

— Sans compter la Lorraine, dont il paraît que le duc d'Anjou va épouser une princesse.

Cette fois, le ministre bondit de son fauteuil :

— Epouser une princesse de Lorraine ! Lui, Gaston !... Sans l'assentiment du roi !... Sans le mien !

Il se mit à marcher avec agitation :

— Mais non... C'est impossible... Il n'oserait !...

Ensuite, s'arrêtant devant son interlocuteur :

— Quelle princesse, d'abord ?... Il n'y en a pas à marier... Je ne vois que la princesse Marguerite, la sœur cadette de Charles IV... Et elle doit encore jouer à la poupée !...

Il haussa les épaules avec un mouvement fébrile :

— En vérité, Rochefort, j'ai peine à comprendre comment vous, d'ordinaire si sérieux, si positif, si incrédule, vous avez pu ajouter foi à de semblables billevesées, et je me demande de quel cerveau, — malade, obtus, fêlé, — celles-ci ont pris leur essor.

Le gentilhomme sortit un pli de la poche de son pourpoint :

— Eminence, répondit-il, elles sont sorties de cette lettre.

— Et qu'est-ce que c'est que cette lettre ?

— J'avais appris que Bassompierre avait chargé un de ses pages de porter en toute diligence un message au duc César à Nantes. La chose me parut mériter examen. J'apostai donc sur le chemin du jouvenceau...

— Une demi-douzaine d'hommes en armes...

— Point : une belle fille d'Italie, la signorina Francisquine...

— Francisquine, répéta Richelieu ; où donc ai-je entendu ce nom ?

— Des yeux noirs qui n'en finissent pas !... Et une coquinerie comme les yeux !... Bref, voici le message du maréchal au gouverneur de Bretagne... J'estime qu'il contient des détails qui intéresseront Votre Grandeur.

Le ministre ouvrit le pli et lut :

« Monseigneur,

» J'ai eu hâte de communiquer à madame la comtesse de Madrid... »

Il s'arrêta pour demander :
— Madame la comtesse de Madrid ?...
— C'est, dit Rochefort, le titre sous lequel Sa Majesté se cache pour assister aux conciliabules du *Tourne-Bride*.
— Très bien murmura le prélat : on verra, à l'occasion, à renvoyer madame la comtesse dans le domaine dont elle a pris le nom.

Ensuite, reprenant sa lecture :

« J'ai eu hâte de communiquer à madame la comtesse de Madrid l'offre obligeante que vous nous faites, — de même que M. votre frère le grand-prieur, — de votre précieux concours dans la guerre qui éclatera sous peu de jours.

» Car c'est bien véritablement une guerre qui se prépare — et non point une conjuration — pour le renversement de notre ennemi commun.

» L'Espagnol est avec nous. Aussi le Lorrain. L'alliance prochaine et certaine du prince avec une personne qui a des droits incontestables à la cour de Nancy nous garantit de la façon la plus formelle l'appui du duc régnant. »

— Votre Eminence entend, interrompit Rochefort : *l'alliance prochaine et certaine... les droits incontestables... la cour de Nancy...*
— Oui, répliqua Richelieu, j'entends... Mais de qui s'agit-il ?... C'est ce dont il faudra nous assurer à tout prix.

Il poursuivit :

« Une guerre ouverte. La Rochelle et la Navarre sont prêtes à marcher. L'armée de Sa Majesté Catholique entrera d'un côté. Celle du duc Charles, de l'autre. Tâchez d'arriver en même temps de votre gouvernement de Bretagne. L'homme sera entouré, vaincu, écrasé… »

Rochefort appuya :
— *L'homme !…*
— En effet, dit le cardinal, c'est bien de moi qu'il est question. *Ecce homo !* Voilà l'homme !…
Puis, continuant :

« Les Parlements nous sont acquis. Ils apporteront au roi leur supplique, aussi forte que notre épée ; et, après la victoire, nous nous jetterons aux pieds de Louis, notre maître, pour qu'il nous fasse grâce et nous pardonne de l'avoir délivré d'un ambitieux sanguinaire et d'avoir avancé sa résolution. »

— Eh bien, interrogea Rochefort, que pensez-vous de ce passage, monseigneur ?
— Je pense, repartit le ministre avec un calme plein de menace, je pense qu'en dépit de sa moustache grise, ce pauvre maréchal est bien jeune pour son âge… Comment n'a-t-il pas réfléchi que la Bastille est un séjour malsain pour les vieillards !… Et comment tous ces gens ne se sont-ils pas dit que les taches de sang ne se voient pas sur la robe de l'Eminence rouge ?
Il acheva lentement sa lecture :

« Dans un dernier conseil, qui sera tenu dans huit jours, l'instant de l'entrée en campagne sera définitivement fixé.
» Ce conseil aura lieu à minuit, dans l'île de la Loge, près Saint-Germain, et dans le logis du sieur baron de Fenestrange, l'un de nos adhérents.
» Vous voudrez bien y envoyer une personne de confiance,

avec commission de vous représenter, comme de recueillir et de vous transmettre les dispositions décisives qui y auront été adoptées.

» Cette personne y sera reçue sur l'échange du mot de passe : *Paris-Nancy*.

» Elle devra en outre se couvrir le visage du masque de velours noir à liséré de satin blanc, et porter sur l'épaule le nœud de ruban écarlate qui vous seront remis par le présent messager.

» Ce masque sera gardé, pendant toute la séance, par chacun des membres présents.

» On ne saurait, en effet, prendre trop de précautions avec un adversaire tel que le nôtre, et, si quelqu'un de ses affidés réussissait, le diable aidant, à se glisser au milieu de nous, il ne faudrait point qu'il parvînt à lire sur une figure à découvert un nom que son maître n'hésiterait pas à écrire sur un arrêt de mort.

» Sur quoi, je finis, monseigneur, en me proclamant le plus sincère et le plus dévoué des serviteurs du digne rejeton du grand Henri.

» Et aussi en poussant ce cri qui, après avoir été celui de notre ralliement, deviendra, il faut l'espérer, l'expression de notre triomphe :

» *Vive le roi ! Vive l'Union ! La nouvelle Union ! La seconde Ligue !* »

. . . .
. . . .

Richelieu serra le papier dans un vaste portefeuille qui paraissait déjà gonflé de documents de toute espèce.

— Voilà, fit-il, qui sera mis en temps et lieu sous les yeux du roi et des juges.

Ensuite, revenant à son interlocuteur :

— Vous avez le masque et le nœud de ruban ?

— Les voici.

Richelieu examina avec attention les deux objets que le gentilhomme venait de déposer sur la table.

— Tout cela, murmura-t-il, servira à son heure.

Puis, après une légère pause :

— Comte, il est urgent de s'occuper des hôtes de l'île de la Loge.

— Je m'en suis occupé, monseigneur.

— Bien. Vous êtes un serviteur précieux, Rochefort. Le maître du logis, d'abord. Qu'est-ce que c'est que ce Fenestrange ?

— Hé ! mais quelque hobereau du pays de Lorraine...

— Oui, le fief dont il porte le nom doit se rencontrer quelque part, là-bas, aux environs de Metz...

— Il a passé, sans laisser de trace, à la cour du duc Henri II...

— D'autant plus dangereux qu'il est plus obscur, alors...

— En tout cas, à l'entière dévotion de la Chevreuse...

— Ah !...

— C'est des beaux deniers de celle-ci qu'il a soldé l'acquisition de l'ancien nid de la Touchet...

Il y a vécu jusqu'à présent d'une façon fort retirée, en compagnie de sa pupille et d'une sorte de majordome, aussi noir de mine que de peau, qui a plutôt l'air d'un coupejarret que d'un intendant de bonne maison...

Tous les domestiques du baron ont, du reste, un aspect bizarre, exotique et farouche...

Tous, muets, cadenassés, impénétrables...

Tous, cuits et confits par le soleil comme des gens qui ont vécu dans l'intimité du grand air...

— La jeune fille, mon cher Rochefort, parlez-moi de la jeune fille...

— On prétend que c'est une personne accomplie. Elle ne sort que très rarement, d'ailleurs. Et toujours talonnée par ce grand diable de majordome ou par quelqu'un de ces serviteurs qui me rappellent les Italiens de Concini...

— D'une beauté réelle ?

— Il paraît qu'elle a eu beaucoup de succès à Saint-Germain...

— A Saint-Germain?

— Votre Éminence ignore donc que mademoiselle de Fenestrange a dû être présentée aujourd'hui...

— Présentée?... Au roi?... Cette intrigante?...

— C'est Sa Majesté la Reine qui a daigné se charger de ce soin.

— Impossible !

Et le ministre appela avec violence :

— Chéret !

Celui-ci se hâta d'accourir.

Richelieu lui demanda vivement :

— A-t-on reçu le rapport de madame de Lannoy sur les événements de la journée?

— Il vient d'arriver. Le voici. Je l'apportais à Votre Grandeur.

— Donnez, donnez vite !

Le cardinal parcourut rapidement le papier qui lui était remis :

— En effet, vous avez raison... Cette fille a été présentée par la main même de la reine, qui l'a admise, en outre, au nombre de ses dames... Et le baron a eu l'honneur de s'entretenir avec le roi, sur la présentation de Monsieur, qui, désormais, l'a attaché à sa maison.

Ensuite, descendant la spirale de ses pensées :

— Les visites secrètes du prince chez ces deux étrangers expliqueraient peut-être jusqu'à un certain point les faveurs dont ils sont l'objet...

Il y a des tuteurs complaisants...

Mais, alors, Anne d'Autriche favoriserait donc les amours cachées de son beau-frère?...

Ou bien serait-elle inconsciente du rôle qu'elle joue dans cet imbroglio?...

Et puis, il y a ce mariage projeté, annoncé avec une princesse de Lorraine...

La liaison de Gaston avec la nouvelle dame d'honneur

ne serait-elle qu'un moyen de dissimuler ces projets de mariage...

Oui, ce doit être ainsi...

Et pourtant le mystère dont le duc s'enveloppe...

— Votre Eminence, interrogea Rochefort, veut-elle me permettre de lui exprimer humblement mon avis sur ce qui semble lui causer de si sérieuses préoccupations?

— Oui, certes. Parlez, comte. Vous êtes de bon conseil, et ce n'est sûrement point votre faute si nous n'avons pas réussi dans l'affaire des ferrets donnés à Buckingham.

— Oh! monseigneur, je serai bref : je prétends que la réunion, dont il est question dans la lettre du maréchal au duc César, pourra seule nous livrer le mot de l'énigme que nous cherchons à deviner.

— Eh! pardieu! je n'en doute pas plus que vous : aussi est-il de toute nécessité que nous ayons là un homme, — sûr, adroit et prudent, — pour remplir le personnage de l'envoyé de M. de Vendôme...

Rien ne lui manquera du reste pour se faire accepter comme tel...

Nous avons le mot de passe adopté par nos conspirateurs; nous avons le masque de velours; nous avons le nœud de ruban...

Et, tenez, j'avais, un instant, songé à vous confier...

— Grand merci, monseigneur, interrompit Rochefort; mais il est une réflexion, qui, dans ses habitudes de sage prévoyance, a dû certainement venir à Votre Eminence...

— Et laquelle, mon cher collaborateur, laquelle?...

— C'est que j'ai approché de trop près et trop souvent les personnes qui composeront cette réunion, pour qu'elles ne me reconnaissent pas en dépit de toutes les précautions, de tous les déguisements et de tous les masques...

— C'est juste.

— Vous admettrez pareillement qu'une fois reconnu, du diable si je sortirais vivant de ce repaire!...

Or, à moins que mon ombre ne se relève de la tombe pour renseigner Votre Grandeur...

Et puis je ne suis pas disposé de sitôt à la priver de mes services...

— Il est constant, repartit le cardinal avec flegme, que je tiens beaucoup à vous, comte...

— Oh! pas plus que moi, monseigneur !...

— Hein ?...

— Je dis que je tiens beaucoup à moi-même : ma peau, c'est ma pourpre, — et croyez que je n'y suis pas moins attaché qu'à une robe de prélat ou à une simarre de ministre.

Tous deux eurent un rire fugitif et silencieux.

Ensuite le cardinal reprit :

— Il me faudrait un homme absolument étranger à la cour...

— Et pas assez indispensable pour qu'il ne fût point impossible de le sacrifier au besoin...

Richelieu avait appuyé son coude sur la table et son menton dans la paume de sa main.

Il demeura ainsi quelques instants rêveur.

Puis, il héla de nouveau Chéret.

Celui-ci s'informa, empressé et obséquieux :

— Que souhaite Votre Eminence ?

— Allez me quérir dans la galerie les deux chevaliers d'aventure qui étaient ici tout à l'heure et ramenez-les moi sur-le-champ.

VIII

LE RETRAIT DE MARIE TOUCHET

C'était une chambre, qui, dans son luxe ancien et bien conservé, conviait à toutes les nonchalances du bien-être.

Un vaste lit l'occupait en partie, dont les rideaux en damas des Indes, d'un rouge vif, retombaient moelleusement autour de la couchette.

Dans la ruelle, un prie-Dieu d'ébène faisait miroiter le crucifix d'argent qui le surmontait.

En face de ce lit se dressait une toilette de bois noir, plaquée d'écaille, de nacre et de cuivre incrustés, et formant une infinité de dessins d'assez mauvais goût, mais qui donnaient à tous les meubles de cette époque le « cachet » que l'on y prise encore.

Le plafond, arrondi en dôme, s'animait d'une volétée d'Amours qui déployaient une banderole sur laquelle se lisaient ces trois mots :

Je charme tout

anagramme du nom de *Marie Touchet*, qui avait abrité un

instant ses amours avec Charles IX dans ce domaine de l'île de la Loge, au sud du bois du Vésinet, au milieu d'une jolie plaine « verdoyante et bien cultivée ».

Cet anagramme, — trouvé, dit-on, par son royal amant, se reproduisait sur les tapisseries d'Aubusson fabriquées, par l'ordre de ce dernier, pour récréer les yeux et célébrer les grâces modestes de la maîtresse auprès de laquelle il trouvait momentanément l'oubli des terribles nécessités qui avaient ensanglanté son règne, de l'aversion sourde de ses frères, de la politique florentine de sa mère, et des menaçantes prédictions qui lui montraient à l'horizon l'astre des Bourbons grandissant pour remplacer celui des Valois à son déclin.

Des *cabinets*, des crédences, des dressoirs merveilleusement travaillés; des sièges cloutés, frangés et lampassés; une profusion de colifichets entassés çà et là, — verroteries, flacons, flambeaux, lustres, vases, sans compter les coupes d'or, d'argent, d'ambre ou d'agate, — prouvaient combien le fils de Catherine de Médicis s'était ingénié à faire, sous Saint-Germain, à la mie de son cœur un *buen-retiro* non moins doux, non moins gai, non moins magnifique que celui de la rue de l'Autruche, au coin de la rue Saint-Honoré, où il allait rimer, à ses genoux, des vers qui, pour œuvre de roi, ne sont cependant pas tout à fait détestables.

Mais Charles IX était mort; Marie Touchet était morte, — et le réduit de l'ancienne bourgeoise d'Orléans était resté clos, vide et morne pendant des années...

Puis une autre femme était venue le faire revivre...

Car c'est une femme que nous allons y rencontrer à l'heure nocturne où nous invitons le lecteur à y pénétrer avec nous.

Nous écrivons : *à l'heure nocturne*...

En effet, du fond de cette chambre, par une fenêtre entr'ouverte, on voyait les étoiles brocher de leurs scintillations d'argent le manteau de velours, d'un bleu sombre, du ciel.

Par cette fenêtre, pareillement, l'on sentait entrer la fraîcheur humide de l'eau profonde et l'on entendait le murmure du fleuve contre la berge toute proche.

La maison étant située à la pointe extrême de l'île, la Seine, ridée par le vent de la nuit, venait, pour ainsi dire, clapoter contre ses murailles.

La femme dont il s'agit était à demi couchée sur une pile de carreaux.

Elle s'enveloppait d'une robe d'étoffe turque, ramagée de larges fleurs bizarres, qui n'était point ajustée, mais dont le poids dessinait la perfection de ses formes.

Sa pose abandonnée avait de gracieuses paresses.

L'agrafe de sa robe, détachée, découvrait ses épaules admirables que drapait, comme une toison d'or, le trésor de sa chevelure blonde.

Son coude s'appuyait sur les coussins, et l'une de ses mains disparaissait sous les masses ondées de cette chevelure.

Son autre main tenait une feuille de papier.

Elle jouait avec celle-ci, l'élevant parfois au-dessus de sa tête pour lui darder un long regard d'ardente tendresse, et parfois la posant, la pressant sur son cœur, dont les battements venaient la caresser.

La lumière d'une lampe suspendue au plafond tombait d'aplomb sur elle et faisait rayonner son sourire.

Un sourire dont nous avons vu autrefois les roses palpiter et les perles étinceler sur les lèvres de Diamante, la reine des Grands-Scorpions.

Sur ce carré de papier, si chèrement contemplé, il y avait un petit croquis qui ne nous est point non plus absolument inconnu.

Un portrait! Celui de la belle rêveuse! La couronne de clinquant au front. Dans la main, le fouet à manche d'ébène. Au cou, le sifflet d'argent.

Ah! que de souvenirs, — doux et terribles, — dans ces menus détails, dans ces accessoires singuliers !

C'était, en ce temps-là, la mode chez les artistes de latiniser leur nom au bas de leurs œuvres.

Dans un coin du feuillet arraché aux tablettes de madame de Chevreuse, sous les quatre coups du crayon fin et hardi qui avait fixé sur le vélin les traits de l'ancienne gitane, on pouvait lire cette signature : *Iacobvs Callot*.

C'était à ce nom que Géralde de Fenestrange souriait ; c'était lui qu'elle invoquait ; c'était à lui qu'elle parlait :

— Jacques, mon ami, murmurait-elle, maintenant que je vous ai retrouvé, je me sens confiante et rassurée comme au jour où je m'appuyai pour la première fois sur votre bras loyal et vaillant...

N'est-ce pas que vous m'avez aimée ? N'est-ce pas que vous m'aimez encore ? N'est-ce pas que vous m'aimerez toujours ?...

Quand on n'aime plus, peut-on avoir de ces regards qui descendent jusqu'au fond de l'âme pour y remuer le passé ?...

Quand on n'aime plus, retrace-t-on aussi fidèlement sur le papier une image effacée du cœur ?...

Ah ! cette image est éloquente ! Eloquente comme le trouble qui l'a saisi quand il m'a vue ! Comme celui que j'ai éprouvé à son aspect !...

Elle me dit aussi haut que mon émotion a dû le lui crier, à lui, elle me dit qu'il ne m'a pas plus oubliée que je n'ai perdu son souvenir, et que Dieu ne nous a pas encore enlevé, à tous deux, toutes nos chances de bonheur...

. . . .

— Maîtresse...

A ce mot prononcé par une voix discrète, la jeune fille se retourna.

Une femme s'était glissée sans bruit dans la chambre.

Ce n'était point une camériste ordinaire.

Vous auriez retrouvé en elle la physionomie et le costume de ces Tziganes rouges de Moravie que nous avons mis en scène au début de ce récit.

Elle en avait le teint de bistre, les sourcils de jais, les yeux de feu.

Elle en avait pareillement la jupe de laine aux larges raies disparates, la chemise de toile bise bouffant aux hanches, et, autour de celles-ci, la ceinture aux franges de diverses couleurs.

Sur sa tête, une écharpe de nuance éclatante serrait ses tempes et laissait échapper la profusion de ses cheveux noirs nattés, rejetant par derrière des bouts énormes qui descendaient jusqu'à ses talons.

Elle avait aux oreilles deux anneaux de métal, grêles et ronds, soutenus en dedans par des S, et sur sa poitrine reluisait une sorte de hausse-col formé de pièces de monnaie d'or et d'argent soudées.

C'était cette Djabel, — compagne du bohémien Gorbas, — dont jadis, dans une nuit mémorable, nous avons vu le *bambino* rouler jusqu'à mi-fond de cette crevasse du *Lago-Negro*, où Jacques Callot était allé le rechercher.

. . . .

Déçu dans ses ambitieuses espérances par la mort du duc Henri II, auquel il n'avait rien moins rêvé que ramener — après en avoir fait sa femme — l'enfant enlevée par Pharam et par Mani...

Et dans ce cas, il avait tout à attendre de la reconnaissance du prince lorrain et des droits que lui créait ce mariage...

Déçu, disons-nous, dans ses projets de fortune et de grandeur, — car le décès du père de Géralde le laissait face à face avec le prince Charles de Vaudémont, époux de la princesse Nicole et, comme tel, envoyé en possession de la succession de son beau-père...

Or, il n'était point présumable que ce duc régnant accueillerait bénévolement les revendications de sa belle-sœur et qu'il s'empresserait de descendre du trône pour l'y faire monter à sa place...

Déçu, découragé, aigri, nous savons que Christian de

Sierk était arrivé à Paris ayant en poche, pour toutes ressources, une lettre de recommandation de la supérieure du couvent des Dames nobles de Cagliari pour l'ancienne connétable de Luynes devenue duchesse de Chevreuse.

A tout hasard, il avait amené Diamante avec lui. La partie n'était pas irrémédiablement perdue. Qui sait si, avec des protecteurs puissants, on ne réussirait point à la gagner?

Sous ce rapport, notre gentilhomme ne pouvait s'adresser mieux qu'à Marie de Rohan.

Celle-ci n'avait pas seulement pour vocation de donner des amants à la reine.

Intriguer, cabaler, conspirer était son divertissement, sa passion, sa vie tout entière.

Ecoutons les *Mémoires de La Rochefoucauld* :

« Elle y mettait non moins d'ardeur qu'à aimer ; elle y prenait autant de plaisir qu'à être aimée. Son occupation favorite était de s'approprier les secrets de l'Etat. Elle en connut ainsi quelques-uns dont elle tenta de se servir pour faire réussir ses desseins. »

Or, n'était-ce point un véritable secret d'Etat que celui de l'existence d'une sœur aînée de la princesse Nicole, et d'une héritière légitime de la couronne que la fille cadette du duc Henri avait illégalement transmise au prince de Vaudémont ?

En le recueillant de la bouche de M. de Sierk, l'entreprenante duchesse avait songé incontinent à le conserver par devers elle, afin de « s'en servir plus tard pour faire réussir ses desseins ».

Et vous avez pu voir précédemment quel parti elle comptait en tirer pour faire pièce à ce Richelieu, qu'elle poursuivait de toute sa haine, parce que, après l'avoir courtisée peu ou prou, il s'en était allé — sans succès cependant — offrir ses hommages à la reine.

Elle avait donc déclaré au baron qu'elle se chargeait de son avenir et de celui de « son intéressante pupille ».

Elle lui avait, en outre, conseillé, à tout hasard, de changer de nom, afin de laisser Charles IV dans l'ignorance de sa présence à la cour de Saint-Germain.

Enfin, elle l'avait installé dans le domaine de l'île de la Loge, en lui constituant un train de maison modeste, mais suffisant pour « attendre les événements ».

Christian vivait là en gentilhomme campagnard, quand, un jour, au détour d'une allée du bois du Vésinet, où il se distrayait à chasser le lapin, il avait vu se dresser devant lui deux figures cuivrées et deux échines maigres, avec des yeux d'oiseaux de proie et des allures de loup à jeun...

Celles de Yanoz et de Giseph !...

Le bon seigneur espérait bien être à jamais débarrassé des deux bohémiens, ses complices.

En s'embarquant pour Gênes, à Livourne, il avait bien été contraint de les emmener avec lui.

Le premier n'eût point consenti à se séparer de Diamante.

Et le second, qui avait acquis une certaine importance par le maître coup de *navaja*, qui avait arrêté la poursuite de Callot, n'avait aucune raison plausible pour se séparer du premier.

Mais quoi ! n'étaient-ils pas restés la proie de la tempête qui avait broyé contre les côtes de Sardaigne le bâtiment qui les portait ?

Et M. de Sierk ne s'était-il point habitué à cette idée qu'au fond d'abîmes insondables, les poissons de la Méditerranée avaient depuis longtemps fini de leur ronger les yeux ?

Aussi ne perdrons-nous pas un temps précieux à vous dépeindre sa surprise.

On s'était expliqué brièvement.

Après la disparition de Diamante, des luttes sanglantes s'étaient produites au sein de la descendance de Ptolaüm et d'Egyptus.

Chacun y briguait la succession de la jeune fille. Chacun y voulait régner en chef et sans partage. Chacun y disputait le pouvoir à son voisin.

On s'y était entre-tué — par la force ou la ruse — pour

la possession du fouet au manche d'ébène et du sifflet d'argent.

Et, chacun tirant de son côté, la tribu des Grands-Scorpions, comme l'empire de César et celui d'Alexandre, s'était éparpillée par pièces et morceaux.

Recueillis par une barque de pêcheurs sur un écueil où les avait jetés le naufrage, Yanoz et Giseph, après bien des journées de route et de détresse, étaient parvenus à rejoindre une de ces fractions de la famille composée de Gorbas, de Djabel, de leur fils Snaïm et de ce muid à deux pieds qui avait nom Gargajal.

On avait fait misère commune.

Le fils de Pharam avait pris la direction du groupe.

Le gitano n'avait qu'une idée :

Retrouver la fille adoptive de Mani !

Comment réussit-il à relever les passées de M. de Sierk, et à suivre jusqu'au gîte la piste de celui-ci ? Affaire de nez, de jarret et de temps. Les *Rômes* ont le flair du limier et la patience du sauvage.

Maintenant, le jeune homme réclamait l'exécution des promesses qui lui avaient été faites à la *trattoria del Babuino*.

Il voulait vivre auprès de Diamante.

Autrement, c'est à son poignard qu'il en appellerait de la trahison du baron.

Et, comme ce dernier lui faisait observer que l'emploi d'un tel procédé le conduirait infailliblement à la potence :

— *Basta !* avait riposté le bohémien avec une philosophie farouche, on ne pend les gens qu'une fois... Et puis, le cordon de chanvre est celui que nous trouvons dans notre berceau, nous autres dauphins du Mal et fils de la Rapine... D'ailleurs, quand ce cordon me serrerait la gorge, en quoi digéreriez-vous mieux les cinq ou six pouces de lame que j'aurais plantés dans la vôtre ?

M. de Sierk avait essayé de sourire...

Mais il grimaçait en dessous...

Et de cette grimace et de ce sourire était né un accommodement, à la suite duquel toute cette pincée de vagabonds était entrée au service du nouveau châtelain de l'île de la Loge :

Yanoz avait endossé le pourpoint du marjordome ; Giseph et Gorhas, la livrée du piqueur ; Gargajal, la souquenille du sommelier.

Le petit Snaïm avait été promu à la dignité de porte-queue de mademoiselle de Fenestrange.

Enfin, Djabel était devenue la suivante de celle-ci.

C'est en cette qualité que nous venons de la voir se présenter dans le retrait de Marie Touchet.

Au son de sa voix, Géralde avait glissé dans son corsage le papier qu'elle tenait à la main.

— Qu'est-ce ? questionna-t-elle avec impatience.

— Maîtresse, c'est un cavalier...

— Un cavalier ?

— Qui demande à vous entretenir.

— M'entretenir !... Moi ?... A cette heure ?

Depuis quelques jours, le duc d'Anjou venait, chaque soir, à l'île de la Loge.

Chaque soir, il y avait avec M. de Fenestrange de mystérieuses entrevues, à l'issue desquelles il venait faire une sorte de cour à la jeune fille.

Celle-ci crut qu'il s'agissait de lui.

Elle eut un geste de fatigue :

— Conduisez ce gentilhomme chez M. le baron... Je me sens souffrante... Qu'il m'excuse, si je ne puis le recevoir...

Mais Djabel, secouant la tête :

— Maîtresse, ce n'est pas le visiteur d'hier ni des jours précédents...

— Ah !...

— C'est une personne que mon fils Snaïm est allé quérir à la ville...

— A la ville ?... Une personne ?... Mon tuteur a envoyé chercher quelqu'un à Saint-Germain ?...

La bohémienne eut un nouveau hochement de tête négatif :

— Non point lui, maîtresse, dit-elle.
— Qui donc alors ?
— Moi.
— Vous ?

Djabel se mit à genoux sur un coussin aux pieds de la jeune fille.

— Ecoutez-moi, maîtresse, reprit-elle gravement : tout le temps que vous avez été notre reine et que vous vous êtes appelée Diamante, alors que les Grands-Scorpions allaient, unis et libres, d'une contrée dans une autre, vous vous êtes montrée bonne pour moi, pour mon enfant, — et je n'oublierai jamais l'angoisse qui se lisait sur vos traits, la nuit où la pauvre petite créature faillit périr dans ce gouffre de la montagne.

Géralde mit sa main sur son cœur :

— Ni moi non plus, murmura-t-elle, je n'oublierai jamais cette nuit.

La mère de Snaïm poursuivit :

— Plus tard, quand cette maison s'est ouverte pour nous, vous n'avez pas cessé de traiter comme des frères vos anciens sujets devenus vos serviteurs...

Et quand parfois, souvent, je vous ai vue pleurer, j'aurais voulu racheter chacune de vos larmes au prix d'une goutte de mon sang.

Car j'avais deviné le secret de votre souffrance.

Aujourd'hui, vous ne souffrez plus, vous êtes forte, vous espérez...

Vous avez retrouvé l'absent...

— Quoi ! vous savez...

— Je sais que le destin vous a remise en présence de celui qui fut un moment notre compagnon autrefois.

Celui qui a arraché mon enfant à l'abîme ! qui l'a sauvé de la mort horrible ! qui l'a rendu à mes caresses !

Celui à qui j'ai voué une reconnaissance éternelle !...

Je sais que vous brûlez de le revoir, de lui parler, de lui demander le conseil de son honnêteté avec l'appui de son courage...

Mais je sais aussi que, depuis le jour de cette rencontre, l'homme qui est votre maître — et le nôtre — vous a retenue ici, afin de vous empêcher de vous retrouver avec messire Jacques...

Je sais qu'il a fait de cette demeure une prison, dont le fleuve forme les murailles, et de tous ceux qui vous entourent ses espions et vos geôliers...

Eh bien, j'ai décidé, moi, de vous réunir à celui que vous aimez...

— Vous !... Vous avez songé... Djabel, ma chère et brave Djabel !...

La jeune fille s'était levée dans un impétueux élan.

Elle avait saisi les mains brunes de la gitane. Elle les serrait dans une étreinte de gratitude passionnée. Ses yeux humides disaient éloquemment ses remerciements et sa joie.

L'autre la regardait, non sans inquiétude et sans embarras.

— Alors, maîtresse, voici ce que j'ai fait, reprit-elle : j'ai profité de l'absence de M. le baron, qui est allé passer la nuit dehors, — à ce que j'ai appris par Gorbas, — pour dépêcher Snaïm à la ville... Snaïm a découvert messire Jacques... Il lui a parlé...

Géralde était debout. Son beau visage rayonnait de tendresse exaltée. Les larmes se séchaient sous sa paupière qui brûlait :

— Ainsi, s'écria-t-elle, il viendra !...

— Il est venu, répondit la zingare.

Elle montrait Callot sur le seuil de la porte qui venait de s'ouvrir sans bruit.

IX

LA SURPRISE

Jacques et Géralde étaient seuls :
Les années de séparation avaient encore avivé les ardeurs de leur jeune tendresse.

Ils étaient assis l'un près de l'autre, — si près que leurs cheveux se mêlaient.

Ils avaient la main dans la main.

L'ancienne reine des Grands-Scorpions connaissait trop le cœur de son amant pour redouter quoi que ce fût de ce rapprochement et de cette solitude : Callot, pour employer l'expression si belle et si démodée des vieux conteurs, était un miroir de généreuse délicatesse.

Combien de paroles pendaient à leurs lèvres !

C'était elle qui avait commencé :

— Depuis que nous nous sommes quittés, disait-elle, il y a eu dans mon existence deux choses, — rien que deux, — qui ont occupé uniquement ma pensée...

Vous revoir et retrouver ma mère...

Et je ne sais pas, en vérité, laquelle tient en moi la plus grande place...

Et si je me suis soumise à tout ce qu'a exigé de moi celui qui nous a si violemment arrachés l'un à l'autre...

Si j'ai consenti à le suivre, une fois réveillée du sommeil léthargique dans lequel il m'avait plongée pour me soustraire à votre appui...

Si ici, en France, je suis devenue l'esclave de ses mystérieuses volontés, c'est qu'il m'a engagé sa foi de gentilhomme qu'il est le dépositaire et le représentant de l'autorité de ma mère...

Mais quelle confiance puis-je avoir désormais en sa parole ?...

Des jours, des mois, des années ont passé, — et je suis encore orpheline !...

Je ne crois plus en ses mensonges...

Je ne le crois plus, je ne le comprends pas, — et j'ai peur...

J'ai peur de n'être entre ses mains que l'instrument de quelque intrigue criminelle...

Cette cour où il vient de me conduire ; ces personnes royales dont il m'a fait approcher ; l'accueil souriant de cette belle reine ; le poste que je vais occuper au milieu des plus nobles dames, moi, l'ancienne gitane des chemins poudreux, des nuits sans gîte, du carrefour et du tréteau...

Tout cela me paraît un rêve. Tout cela m'épouvante. Tout cela me donne le vertige....

Mais vous m'êtes rendu, mon ami, et la confiance, le courage, l'espoir me reviennent avec vous...

Vous êtes honnête, vous êtes vaillant, et vous m'aimez...

— De toute mon âme ! de toute ma vie ! protesta le Lorrain, dont l'accent vibrait de franchise et de sincérité.

Il se laissa tomber à deux genoux.

Les deux bras de la jeune fille se nouèrent autour de son cou.

— Eh bien, murmura-t-elle, réveille-moi, sauve-moi, emmène-moi !

Il répéta :

— T'emmener !

Elle le regarda avec étonnement :

— Hésiterais-tu à rompre le lien qui m'enchaîne à cet homme ?

Tout le temps qu'elle avait parlé, il l'avait considérée avec ravissement.

Jamais il ne l'avait adorée ainsi.

Il le sentait à ce symptôme que toute impression s'évanouissait devant la ferveur de cette adoration.

Puis, soudain, une douleur l'avait mordu au cœur.

Il s'était rappelé ce qu'il avait entendu au *Tourne-Bride*.

Son front se creusa, et un frisson le secoua par tout le corps, tandis qu'il questionnait avec effort :

— Et si cet homme ne vous avait pas trompée ?...

— Comment ?...

— Si vous étiez de haute race ? Si ce rang, que vous allez occuper à la cour de France, vous appartenait de plein droit par la naissance et par le rang ? Si cette naissance, si ce rang vous réservaient encore de plus illustres, de plus brillantes destinées ?

Elle lui mit la main sur la bouche :

— Tais-toi !

Puis, secouant la tête :

— C'est étrange... Je ne sais ce qui se passe en moi... Mais, maintenant, je ne veux plus rien savoir.

Elle ajouta avec résolution :

— Le souvenir de ma mère est ma religion, c'est vrai ; mais y aurait-il une religion contre mon amour ?... Mon amour est d'accord avec mon devoir... Nous chercherons ma mère ensemble...

Il était près de lui crier :

— Votre mère, c'était Marguerite de Gonzague ! Vous êtes la fille du duc Henri ! Vous êtes l'héritière légitime de la couronne de Lorraine !

Mais Marguerite de Gonzague était morte comme le duc Henri.

Jacques s'arrêta devant l'idée d'écraser sous la nouvelle de ce double deuil l'espoir qui soutenait, qui enflammait Géralde.

Celle-ci, du reste, ne lui laissa pas le temps de parler.

Elle lui demanda avec une sorte d'emportement :

— Veux-tu fuir tous les deux ? Au bout du monde ? Je suis prête à te suivre.

La reine de Bohême se réveillait en elle avec ses décisions promptes et ses instincts d'indépendance illimitée.

Elle appuya sa tête charmante sur l'épaule de notre artiste :

— Autrefois, reprit-elle, j'étais une enfant timide, indécise et poltronne, — et c'était toi qui m'adjurais de quitter mon peuple de bandits... Aujourd'hui, c'est moi qui te prie... Ces gens qui m'entraînent dans le tourbillon de leurs projets m'inspirent une terreur plus profonde que jadis les sujets de Mani et les compagnons de Pharam...

Sans compter que Yanoz est ici et que, pour être devenue silencieuse et humble, la passion dont il me poursuit n'en demeure pas moins capable de toutes les violences et de tous les crimes...

Le danger rôde autour de moi...

Je le sens ; je le devine ; il me semble que je n'ai qu'à étendre la main pour le toucher...

A moi, Jacques ! Mon ami ! Mon frère ! L'époux que mon cœur a choisi !...

Prends-moi dans tes bras ! Emporte-moi ! Partons !...

Le rang, la naissance, la fortune, que m'importe !... Ah ! la misère aventureuse des temps passés, pourvu que je la partage avec toi !... Géralde a cessé d'exister : c'est Diamante qui t'implore !...

— Diamante ! ma Diamante chérie !...

La raison du Lorrain fléchissait sous le poids de ces premiers aveux, de ces premières caresses...

La jeune fille s'était serrée contre lui.

Il l'enleva dans ses bras, tremblante, mais heureuse, et, pendant qu'elle balbutiait des actions de grâces :

— Je t'aime ! oh ! je t'aime !... Penses-tu que j'aie été un jour, une heure, sans porter ta pensée vivace en moi-même ?... Tiens, quand cet enfant m'a rencontré, qui m'a conduit auprès de toi, j'étais là; sur le bord de la Seine, errant, épiant, t'appelant, cherchant à t'entrevoir...

Tu es à moi, tu l'as dit, c'est tout. Le reste ne m'est rien. Vienne le danger que tu redoutes : je saurai défendre mon bonheur...

Ton sort est désormais le mien. Tout ce que l'avenir nous réserve nous sera commun à tous deux : gloire ou détresse, défaite ou triomphe ! Nous ne nous séparerons plus jamais, jamais, jamais !

— Jacques, mon bien-aimé Jacques !...

Les lèvres de Diamante touchèrent les siennes.

Ils restèrent enlacés dans une muette étreinte.

Soudain, au milieu du silence profond qui les entourait, une voix railleuse sonna :

— Bonsoir, monsieur Callot, dit-elle.

Dans la baie sombre de la porte, la silhouette élégante et fine de madame de Chevreuse se dessinait en clair sur le fond noir du corridor.

La jeune femme portait le costume de chasse dont nous l'avons vue revêtue à l'hôtellerie de Chatou.

Seulement, elle n'était pas masquée.

Elle s'avança dans la chambre en souriant.

Un sourire plus aigu que toutes les ironies et plus tragique que toutes les menaces.

Derrière elle, M. de Sierk — ou M. de Fenestrange — entra.

Celui-là souriait aussi.

Mais sa moustache se hérissait de contractions fébriles comme celle d'un tigre inquiet.

Quatre hommes armés entrèrent derrière lui et se rangèrent contre la muraille.

Marie de Rohan regarda Callot avec une expression de cruauté étrange.

Les arcs minces de ses sourcils se découpaient comme deux traits d'encre dans la mate blancheur de son visage.

Le bout de sa langue frétillait sur ses lèvres comme celle du fauve qui lèche par avance le sang qu'il va verser.

— Ah! cette fois, mon bel oiseau, reprit-elle d'un ton mordant, nous vous tenons, et vous ne vous envolerez pas par la fenêtre, comme l'autre nuit, au *Tourne-Bride*.

— Oh! madame, demanda l'artiste, est-ce que je serais, par hasard, dans la peau d'un quidam qu'on va assassiner!

La duchesse ne répondit pas.

Elle se retourna vers ses gens :

— Allez, mes braves, commanda-t-elle.

Les quatre hommes dégainèrent.

Diamante poussa un cri.

Sans se départir de son calme, Jacques l'écarta de la main gauche.

Puis, de la droite, il se mit en devoir de tirer son épée.

Mais, comme ses doigts en atteignaient la garde, la fenêtre qui était ouverte derrière lui, livra passage à un nouveau personnage qu'il ne pouvait apercevoir.

Ce personnage était Yanoz, qui avait conservé sous le pourpoint de velours noir et sous la chaîne d'or du majordome sa mine et ses allures de malandrin.

Le gitano bondit sur son ancien ennemi comme l'araignée sur la mouche.

Ses longs bras nerveux se nouèrent autour de ceux de l'artiste, qu'il *ceintura*, pour emprunter un de ses termes à l'argot des lutteurs modernes.

En même temps, il criait à Giseph et à Gorbas qui venaient de s'introduire par le même chemin :

— Aux jambes, vous autres... Aux jambes!...

Les deux zingari s'élancèrent.

Il y eut un pêle-mêle d'un moment! Attaque à outrance!

Résistance désespérée ! Bruit de coups, imprécations étouffées, gémissements de femme !

Puis assaillants et assailli roulèrent en groupe sur le parquet.

Puis encore les trois bohémiens se relevèrent.

Quant au Lorrain, il demeura inerte, — étendu sur le tapis, — les mains et les pieds liés, un solide bâillon sur la bouche...

— Vive Dieu ! s'exclama M. de Sierk, la bête était dangereuse, oui, vraiment. Mais elle ne fera plus de mal à personne, grâce à ma belle pupille qui nous a servi d'appât à mettre devant le piège. Maintenant, nous pouvons sonner *la mort* aussi haut que les piqueurs du roi en la forêt de Saint-Germain...

Ensuite, s'adressant aux bohémiens :

— Çà, qu'on me serre ce drôle en lieu sûr...

Madame de Chevreuse lui montra Géralde-Diamante, qui était tombée évanouie sur les coussins :

— Celle-ci, prononça-t-elle, en passera désormais par tout ce que nous exigerons d'elle pour racheter la vie de son amant.

Le baron demanda avec inquiétude :

— Etes-vous donc dans l'intention d'épargner ce Callot ?

La duchesse avait, en ce moment, un masque de sphinx :

— Il est certain, répondit-elle, que je promettrai tout ce qu'on voudra pour rassurer cette pauvre enfant... Nous sommes si bonnes, nous autres femmes !... Mais ce que j'aurai promis, moi, vous ne serez pas forcé de le tenir.

X

GORBAS SE SOUVIENT

Etait-ce un cachot? Etait-ce une cellule? Pourquoi y aurait-il eu celui-ci ou celle-là dans ce logis de Marie Touchet, qui n'était ni bastille, ni couvent, mais bien lieu de passe-temps amoureux et de *bel esbat* royal?

Nous pensons — tout bonnement — que c'était un cellier : *sine Baccho, friget Venus.*

Et ce qui nous induirait à le croire, c'est que l'on voyait s'arrondir dans un coin un énorme foudre, haut comme deux hommes aboutés, cerclé de fer comme une bombarde, et petit-cousin par les dimensions, — très petit-cousin, par exemple, — du fameux tonneau de Heidelberg, le plus considérable de tous les récipients connus.

Dans tous les cas, un cellier dont les quatre murailles, en carré long, étaient faites de pierres de taille épaisses et dures à défier le pic, et dont la porte de chêne était garnie, en dehors, de tout un attirail de serrures compliquées et de verrous rébarbatifs.

En somme, une véritable prison.

Mieux qu'une prison : une tombe.

Le battant de la porte se referma avec bruit ; de grosses clefs grincèrent dans les serrures ; les verrous jouèrent dans leur gaîne...

Notre ami Jacques entendit s'éloigner les pas des gens qui l'avaient apporté là...

Il demeura seul, comme un paquet, sur les dalles.

La vérité nous oblige à déclarer qu'il ne valait guère plus qu'un homme assommé d'un coup de massue.

Un abattement mortel s'était emparé de lui.

Il n'essayait point de s'expliquer comment il était tombé dans le piège.

Il ne se demandait pas si cette Djabel et ce Snaïm, qui l'avaient conduit près de Diamante, avaient été les complices ou les dupes de la duchesse et du baron.

Sa pensée tournait dans un cercle étroit comme ce caveau dont l'air épais étouffait déjà sa respiration.

Il songeait à lui-même un peu et beaucoup à celle qu'il n'avait plus le pouvoir de protéger.

A mesure que le temps passait, cependant, le pauvre garçon éprouvait plus de difficulté à respirer.

C'était un poids de plomb qu'il avait sur la poitrine.

Ses liens entraient dans sa chair, qui allait se tuméfiant.

Les ténèbres, qui l'enveloppaient s'éclairaient par moments de faisceaux d'étincelles qui jouaient, tourbillonnaient, se mêlaient autour de ses yeux éblouis.

C'était la fièvre, qui chauffait son crâne endolori, tout en faisant grelotter son corps meurtri par la lutte.

Des heures s'écoulèrent.

Sa fièvre augmenta jusqu'à rendre sa torture intolérable.

Le transport lui montait par moments au cerveau.

Il croyait voir et il croyait entendre.

Il croyait voir Diamante se débattre entre les bras d'un misérable, qui était tantôt M. de Sierk et tantôt le fils de Pharam...

Il croyait l'entendre appeler à l'aide avec des sanglots et des cris déchirants...

Puis, la torpeur le prit. Ses paupières se fermèrent. Il céda au sommeil et à l'affaissement.

Puis encore, après un certain temps, une douleur, plus aiguë que toutes celles qu'il avait éprouvées jusqu'alors, le réveilla brusquement...

Il avait soif!...

Il avait faim!...

Sa gorge, desséchée, brûlait. Sa poitrine, vide, râlait. Ses entrailles se tordaient, tenaillées...

Il se demanda s'il ne voudrait pas mieux en finir tout de suite...

Et il essaya de se mouvoir pour se briser la tête contre le granit des dalles...

Mais il était solidement lié, et l'effort qu'il tenta demeura impuissant...

La conviction de cette impuissance lui arracha un long gémissement...

Ce gémissement eut un écho :

La porte du caveau geignit en tournant sur ses gonds, et un homme entra, tenant une lanterne sourde à la main, et portant un sac de toile sous son bras.

Cet homme était le bohémien Gorbas.

Il referma la porte derrière lui et s'avança avec précaution.

Puis, arrivé auprès du prisonnier, il déposa sa lanterne sur le sol, s'agenouilla doucement et tira un long couteau de sa ceinture...

— Il va me poignarder, pensa Jacques tout haut. A la bonne heure! Mon agonie sera moins lente et moins cruelle.

Le gitano se pencha sur lui :

— Ne parlez pas! lui intima-t-il à voix basse. Et, surtout, ne bougez pas! Il faut que je commence par couper les cordes qui vous emmaillottent.

Quelques minutes plus tard, en effet, le Lorrain, à sa grande surprise, se voyait libre de toute entrave.

Gorbas demanda :

— Etes-vous capable de vous tenir debout?

Jacques se mit sur ses pieds non sans peine. Les murailles du cellier dansaient autour de lui. Des bruissements bizarres emplissaient ses oreilles. Pour ne pas tomber, il se retint à l'épaule du zingaro.

Celui-ci lui tendit un flacon :

— Buvez, reprit-il. C'est du vin d'Espagne. Je l'ai volé pour vous à l'office.

Callot saisit avidement le flacon et le vida d'un trait.

L'effet de ce tonique, ainsi absorbé à haute dose, fut immédiat et prodigieux.

Les forces de l'artiste lui revinrent tout d'un coup. Ses jambes se raffermirent. Il voulut parler...

Mais l'autre, avec un grand geste impératif et effrayé :

— Taisez-vous!

Puis, après un moment :

— Répondez par signes!

Il dirigea la lumière de sa lanterne vers la futaille monumentale qui se dressait dans un angle :

— Voyez-vous cette barrique?

— Oui, fit Jacques de la tête.

— Elle est vide.

— Bon!

— Eh bien! pouvez-vous, en grimpant sur mes épaules, vous hisser jusqu'à son orifice et vous laisser glisser ensuite à l'intérieur?

— Parbleu! dit le Lorrain de la même façon.

Le vin d'Espagne avait mis à la place de sa défaillance absolue une incompréhensible énergie.

Il se sentait galvanisé et capable de toutes les prouesses.

Gorbas continua :

— Faisons vite, alors, et sans bruit... Et, une fois là-dedans, demeurez immobile, retenez votre souffle, et, quoi que vous entendiez, quoi qui se passe ici, pas un mot, pas un mouvement!... Votre salut est à ce prix!

. . . .

Callot était tapi au fond du tonneau monstre.

Le trou, qui avait été la bonde de celui-ci, se trouvant juste à hauteur d'homme, notre artiste y colla son œil, afin de se rendre compte de ce qui allait avoir lieu de l'autre côté des douves épaisses.

Mais le bohémien avait tourné l'âme de sa lanterne vers la porte du cellier.

Si bien, que la partie de ce dernier qui confinait à la cachette du Lorrain restait plongée dans une profonde obscurité.

Au bout de quelque temps, un pas se fit entendre. Un pas léger et circonspect. Puis une voix de femme demanda :

— Pourquoi m'as-tu fait descendre ici ?

Il n'y eut aucune réponse à cette question...

Mais celle-ci fut immédiatement suivie par un cri, — un cri unique, — un cri d'agonie...

Jacques sentit ses cheveux se dresser sur son front...

Ses deux poings heurtèrent, comme pour l'enfoncer, la muraille de bois qui le séparait du meurtre...

Car il n'y avait pas à douter : on égorgeait quelqu'un près de lui...

Et le brave garçon eût voulu voler au secours de la victime...

Mais le cri s'était éteint aussitôt que jeté...

Tout était, maintenant, silence dans le caveau...

Le Lorrain essuya la sueur glacée qui lui coulait des tempes...

Dix minutes environ s'écoulèrent. Puis, de nouveaux pas s'approchèrent. Le cellier s'emplit de lumière...

Callot regarda avidement...

Il y avait là trois hommes debout devant Gorbas : Giseph, qui portait une torche ; le ventripotent Gargajal, qui soufflait comme une baleine, et le fils de Pharam, dont une joie sinistre éclairait le masque d'un bronze rougeâtre.

Ce dernier questionna :

— Où est-il ?

— Ici, répondit le père de Snaïm.

Il montrait du doigt, sur les dalles, le sac qu'il avait apporté, — le sac dûment ficelé, — sous la toile duquel se dessinaient les lignes rigides et anguleuses d'un cadavre.

La voix de Yanoz siffla, furieuse :

— *Demonio!* pourquoi ne m'as-tu pas attendu, *canaglia*? Pourquoi n'as-tu pas attendu les autres?

Gorbas repartit tranquillement :

— Pourquoi t'aurais-je attendu? Le maître m'a ordonné de frapper. Il ne m'a pas ordonné de t'attendre.

Il ajouta en haussant les épaules :

— D'ailleurs, pourquoi aurais-je partagé la récompense avec les autres, puisque j'étais capable de faire la besogne tout seul?

Le fils de Pharam mesura le sac de l'œil :

— Qu'il est petit! murmura-t-il.

— Oui, répliqua Gorbas, tu le trouves petit, parce que tu n'en as plus peur; tu le trouvais plus grand quand tu tremblais devant lui.

Yanoz poussa le sac du pied, et, apostrophant le cadavre qui refroidissait sous la toile :

— Il est constant, Lorrain, mon redouté rival, que, si tu ne m'avais pas épargné, là-bas, en Italie, alors que tu me tenais au bout de ton couteau, le jour de la *lessive rouge*, je n'aurais pas la douleur suprême de conduire ton enterrement. Du reste, comme je déteste le péché d'ingratitude, je t'ai payé en bloc aujourd'hui toutes mes dettes du passé. C'est moi qui ai conseillé au baron de ne pas te faire languir.

Ensuite, s'adressant à l'époux de Djabel :

— Ouvre cette enveloppe, bon Gorbas... Que je contemple encore une fois les traits de ce doux ami de mon cœur... *Carajo!* je veux voir sa dernière grimace.

En ce moment, la voix d'un domestique tomba du haut de l'escalier :

— On attend à l'instant M. le majordome.

Le fils de Pharam se toucha le front :

— Ah ! oui... M. le majordome, c'est moi... Ne suis-je pas toujours tenté de l'oublier ?

Puis, frappant le sol du talon :

— Au diable !... La peste étouffe ces chrétiens !... Pas moyen de manger sa vengeance tranquille.

Il ajouta entre ses dents :

— Heureusement, Diamante me reste !

Il gagna la porte lentement, — à reculons, — avec regret...

Et, du seuil, avant de remonter :

— Vous autres, vous savez ce qui vous reste à faire... Une pierre pour alourdir le sac... Et à l'eau comme un chien crevé !...

Il disparut dans l'escalier.

Gisoph passa la torche à Gargajal :

— Respectable cruche, charge-toi d'éclairer la cérémonie... Moi, je me dispense de la corvée... N'en ayant pas eu le bénéfice, il est juste que je n'en aie pas la peine.

Il suivit le fils de Pharam.

Gorbas enleva le sac et le plaça sur son épaule :

— Allons, camarade, fit-il.

Ensuite, haussant le ton à l'intention de Callot :

— Je reviendrai tout à l'heure nettoyer et fermer cette cave.

Moins de cinq minutes plus tard, en effet, il grattait aux parois du foudre :

— Messire Jacques, il faut sortir.

Le Lorrain ne se le fit pas répéter.

— Venez, reprit le bohémien.

Ils gravirent l'escalier à la suite l'un de l'autre.

Au haut de cet escalier, il y avait une fenêtre au bas de laquelle grondait la Seine.

Gorbas s'informa :

— Savez-vous nager ?

— Comme un poisson.

— Eh bien, ne perdez pas un moment. Fuyez par eau... Le jour va poindre...

Le Lorrain enjamba l'appui de la fenêtre.

Puis, sur le point de s'élancer dans le fleuve :

— Une seule question ? dit-il.

— Faites.

Jacques n'osa pas interroger :

— Qui avez-vous tué à ma place ?

Il demanda :

— Qui était tout à l'heure dans le sac ?

L'autre répondit :

— Ma femme.

L'artiste étouffa un cri :

— Votre femme ?

Le gitano repartit gravement :

— Egyptus et Ptolatim, nos pères, nous ont fait une loi de la reconnaissance. Vous aviez sauvé mon fils Snaïm, et ma femme Djabel vous avait vendu. Je vous sauve, et j'ai puni ma femme. Je vous le répète, c'est la loi.

XI

L'ENVOYÉ DE M. DE VENDOME

Cependant la réunion, annoncée par Bassompierre, dans sa lettre à M. de Vendôme, avait eu lieu à l'époque et au lieu indiqués.

Anne d'Autriche n'y assistait point.

En revanche, madame de Chevreuse avait — non sans combat — obtenu de Monsieur qu'il la présiderait en personne.

Vous auriez retrouvé là tous nos gentilshommes du rez-de-chaussée du *Tourne-Bride* et nombre de ceux que nous avons coudoyés dans les jardins du Château-Neuf à Saint-Germain.

Tous avaient sur le visage le masque de velours noir à liséré de satin blanc et sur l'épaule le nœud de ruban écarlate.

Tous, avant de monter dans la barque qui les avait transportés à l'île de la Loge avaient échangé avec Yanoz, sentinelle vigilante postée par le baron, le mot de passe : *Paris-Nancy*.

L'envoyé du duc César avait pris place au milieu d'eux.

Comme les autres, il était masqué.

Comme les autres, il portait le nœud d'épaule, signe de reconnaissance des conjurés.

En outre, pour mieux affirmer l'authenticité de sa mission, il avait exhibé au duc d'Anjou, à la duchesse et au maréchal le message adressé par ce dernier au fils naturel du Béarnais.

Une demi-heure avant l'ouverture de la séance, Marie de Rohan était entrée chez mademoiselle de Fenestrange.

Celle-ci était aux mains de deux filles de chambre qui achevaient de l'habiller.

L'éclat de la parure de rubis, qui étoilait ses cheveux et son corsage, accentuait encore la pâleur de ses traits.

Ceux-ci, qui conservaient la trace d'une violente lutte morale, semblaient reculer les bornes de la beauté humaine.

Vous eussiez dit le chef-d'œuvre de quelque Praxitèle ou de quelque Phidias ayant sculpté une statue de la Douleur.

— Eh bien, ma chère enfant, lui demanda la duchesse, êtes-vous prête à m'accompagner?

La jeune fille leva au ciel ses yeux autour desquels les larmes avaient creusé une sorte de cercle d'argent bruni.

— Madame, prononça-t-elle d'une voix sourde et brisée, vous savez à quelles conditions.

— Je le sais, reprit l'amie de la reine, et je vous répète encore une fois que celui que vous aimez n'a plus aucun danger à courir.

L'ancienne gitane étendit le bras vers le crucifix qui surmontait son prie-Dieu.

— Vous le jurez sur la sainte image du Sauveur?
— Sur mon salut, je vous le jure.

Et, de fait, Jacques Callot *n'avait plus aucun danger à courir* au fond de la Seine où Marie de Rohan le croyait enseveli, — ficelé dans son sac et lesté par sa pierre.

Diamante se dressa. Ses cheveux blonds ruisselaient autour de sa joue exsangue. Autour de sa lèvre, il y avait un amer sourire qui répondait au feu sombre de son regard.

— C'est bien, dit-elle : faites de moi ce que vous voudrez.

Quelques minutes plus tard, un page, ouvrant à deux battants la porte de la salle où se tenait « le conseil », annonçait d'une voix sonore :

— Son Altesse la princesse Géralde de Lorraine!

Monsieur alla au-devant d'elle, le chapeau à la main, et lui présenta le poing pour la conduire à un grand fauteuil, élevé de deux marches et protégé par un dais, sur le velours duquel elle se laissa tomber, tandis que toute l'assistance, découverte, s'inclinait respectueusement devant elle.

Gaston s'assit à ses côtés.

Les accordailles de l'héritière du duc Henri II et du frère de Louis XIII furent alors solennellement célébrées.

Pendant cette cérémonie, comme pendant tout ce qui suivit, la jeune fille demeura immobile.

Elle avait le calme de la fatigue.

Ses paupières se refermaient à demi, comme si elles eussent supporté un lourd poids de sommeil.

Les belles lignes de son visage se reposaient et paraissaient tranchées dans le marbre.

Si elle souffrait, c'était au plus profond du cœur.

L'assemblée, cependant, débattait une question capable de causer chez une femme — autre que madame de Chevreuse — une certaine émotion.

Il s'agissait de la mort d'un homme.

Nos conjurés ne parlaient rien moins que de se débarrasser de Richelieu.

Celui-ci, on le sait, s'était confiné à Rueil.

Le duc d'Anjou et ses amis, prétextant une partie de chasse, dirigeraient leurs pas de ce côté; ils arriveraient chez le cardinal, et, comme s'ils étaient fatigués, ils lui demanderaient l'hospitalité; enfin, cette hospitalité accordée, ils saisiraient le premier moment favorable pour envelopper Son Eminence et lui couper la gorge.

Si ces complots paraissent plus qu'étranges aujourd'hui,

nous constaterons qu'à cette époque, ils avaient des antécédents :

C'est ainsi que Visconti avait été assassiné dans la cathédrale de Milan ; Julien de Médicis, dans le chœur de Sainte-Marie-des-Fleurs, à Florence ; Henri de Guise, à Blois ; Henri III, à Saint-Cloud ; Henri IV, rue de la Ferronnerie, et le maréchal d'Ancre sur le pont du Louvre.

Or, l'*aversion* — c'est le mot du temps — inspirée par le *duc rouge* (encore un autre mot du temps) à cette jeunesse étourdie qui entourait la Reine et Monsieur ; cette aversion, répétons-nous, était si vive et si « inconsidérée » à la fois, que ce projet de meurtre avait été adopté, pour ainsi dire, sans débat, et que madame de Chevreuse ayant insisté pour que l'on fixât le jour de son exécution, il n'y avait eu qu'une voix pour répondre :

— Le plus tôt qu'il sera possible.

— Pourquoi pas demain, alors ?

— Demain, soit.

— Dans la matinée ?

— Dans la matinée.

Il est vrai que Louis XIII n'avait pas mis plus de façons pour arrêter avec de Luynes le programme de l'assassinat de Concini, assis tous les deux côte à côte sur un banc du jardin du Louvre, tandis qu'à trois pas d'eux, une pie-grièche, des *oiseaux du roi*, rongeait la cervelle d'un moineau qu'elle venait de prendre.

Sur quoi, l'on s'était séparé en se donnant rendez-vous, à la première heure, chez le duc d'Anjou, d'où partirait la sanglante expédition.

Et chacun, tirant de son côté, avait regagné la ville par une voie différente, afin de ne pas éveiller l'attention des espions que le cardinal ne cessait d'attacher aux pas des principales créatures d'Anne d'Autriche et de Gaston.

Quant à l'envoyé de M. de Vendôme, M. de Fenestrange s'était chargé de le conduire à travers la forêt jusqu'à la route de Rambouillet, d'où il gagnerait celle de Bretagne par Chartres, le Mans et Angers.

De cette façon, il éviterait de traverser Saint-Germain, où son passage pourrait être remarqué.

Les deux gentilshommes étaient donc montés à cheval, en quittant la barque qui les avait ramenés de l'île sur le continent.

Ils avaient descendu la Seine jusqu'au point où s'élève aujourd'hui le village de Carrières-sous-Bois.

Puis, ils avaient tourné à gauche pour s'engager dans la forêt.

La nuit était belle et calme; seulement l'épaisseur des voûtes de feuillage sous lesquelles ils cheminaient botte à botte dans les avenues dont les arbres joignaient leurs cimes au-dessus de leurs têtes, interceptaient la majeure partie des lueurs qui tombaient du firmament en l'absence de la lune.

Cette obscurité empêchait nos cavaliers de causer.

Ils avaient bien assez de guider leurs montures.

La forêt, en effet, n'était pas, à cette époque, unie comme elle l'est aujourd'hui :

Les pousses, jeunes et riches de sève, des cépées jaillissaient en gerbes de la souche commune, empiétaient sur les allées et croisaient leurs branches en tous sens. A chaque pas, on était arrêté par quelque bloc de roches ou quelque fondrière. La route tournait autour des souches, évitait les rocs et dévalait dans les trous.

On arriva ainsi à une sorte de clairière où les ténèbres étaient moins noires et le sol moins accidenté que dans le chemin parcouru précédemment.

Nous venons de dire que ce trajet avait été silencieux.

Ce silence pesait à M. de Fenestrange.

Il le rompit en demandant :

— Çà, à présent que nous n'avons plus de mauvaise rencontre à redouter, si nous nous débarrassions de ce morceau de velours et de carton qui nous échauffe le visage?

— Ma foi, j'allais vous le proposer, répondit l'autre courtoisement.

Le baron enleva son masque.

Son compagnon l'imita.

En ce moment, la lune se démasquait, elle aussi, de derrière un gros nuage couleur d'encre.

Christian s'était penché pour regarder.

Il se redressa soudain en poussant un grand cri :

— Callot !... Jacques Callot !... Le Lorrain !

Celui-ci salua en souriant :

— Lui-même, monsieur le baron... Jacques Callot, de Nancy en Lorraine... Votre compatriote et serviteur indigne.

Le gentilhomme était devenu livide.

Persée lui eût porté au visage la tête de Méduse avec ses yeux fascinateurs et sa grimace d'agonie qu'il n'eût pas éprouvé une stupeur pareille.

Il demeurait en selle, glacé, pétrifié, les prunelles dilatées de terreur, la bouche entr'ouverte et le gosier aride. Il ne pouvait faire un mouvement. Il n'eût pu jeter un second cri.

— Rassurez-vous, que diable ! poursuivit le Lorrain avec une bonhomie railleuse : quoique tué par vous pour la deuxième fois, je ne m'en porte pas plus mal... Non, vrai, je ne suis pas un spectre, et je vais vous le prouver tout à l'heure... C'est en vain que vous chercheriez dans ma poitrine la gaîne — béante et saignante — du poignard de votre estafier, et à mes pieds la pierre qui devait m'entraîner dans les profondeurs de la Seine...

Puis, changeant de ton et tirant un pistolet de ses fontes :

— Maintenant, veuillez mettre pied à terre et attacher votre monture à l'un de ces arbres...

La vue de l'arme, sur l'acier de laquelle venaient mourir les clartés indécises de la nuit, rendit la parole au baron...

— Allez-vous donc m'assassiner ? balbutia-t-il.

— Monsieur, répliqua notre artiste, ce sont des procédés sommaires que je laisse à Votre Seigneurie.

Il ajouta, en braquant le canon du pistolet à la hauteur du front de Christian :

— Cet argument *ad hominem* n'est là que pour vous brûler la cervelle au cas où vous auriez l'intention de me brûler la politesse.

Ensuite, avec impatience :

— Allons, voyons, décidez-vous... Je suis nerveux comme pas un... Et mon doigt n'aurait, par mégarde, qu'à appuyer sur la détente...

M. de Sierk se hâta d'obéir. Il vida les arçons. Callot en fit autant. Puis, avec le même flegme :

— Bon ! à présent, causons comme une paire d'ennemis... Seulement, causons vite... Je suis un peu pressé...

A deux reprises, vous avez tenté de m'envoyer rejoindre mes ancêtres, — et, dame ! ce n'est pas votre faute si je me suis montré réfractaire à ce voyage aux sombres bords :

Une première fois, là-bas, en Italie, sur la route de Pontedera, par le couteau de votre acolyte Giseph... Une lame catalane dont j'ai gardé le meilleur souvenir... Ici, entre les deux épaules...

La seconde fois, il y a quelques jours, chez vous, dans une cave, et par le ministère de votre laquais Gorbas : un brave coquin qui m'a prouvé qu'un bienfait n'est jamais perdu...

En outre, vous m'avez enlevé la femme qui était toute ma vie...

Et pour la jeter en pâture à vos exécrables intérêts de courtisan tantalisé par la soif de l'or et des titres, ainsi qu'aux coupables projets d'une poignée d'ambitieux sans cervelle...

Vous voyez bien, baron, qu'il faut que je vous tue !...

— Me tuer !...

— Oh ! mais comme je sais tuer, moi : loyalement, fer contre fer, jouant ma vie pour prendre la vôtre... Comme si j'avais affaire à un vrai gentilhomme !...

L'artiste se tenait debout devant son adversaire, qu'il écrasait de son calme méprisant, — le frappant de chaque mot à la joue, comme il l'eût souffleté de son gant.

L'autre essaya de surmonter son trouble :

— Ainsi, questionna-t-il, si je vous comprends bien, c'est un duel à outrance que vous me proposez ?

— Je vous fais cet honneur, monsieur, répondit Callot gravement.

Christian se rassurait peu à peu ; l'honnêteté de son adversaire lui garantissait que ce dernier ne se résoudrait pas à le charger s'il refusait de se défendre.

— Et si je déclinais cet honneur ? répliqua-t-il en cherchant à gagner du temps.

— Hein ?...

— Oui, si je trouvais l'heure et l'endroit inopportuns pour cette rencontre...

— Vous ne le pouvez pas, repartit le Lorrain.

— Je ne le puis pas ?

— Eh ! non ! continua Callot avec la même tranquillité, et c'est ce que je vais vous démontrer... Oh ! en quatre mots, par exemple... C'est simple comme le *Pater noster*...

Tenez, supposons un moment que vous soyez encore plus couard que coquin et que vous persistiez dans ce refus...

Savez-vous ce que je fais, moi ?...

Je vous conduis à Saint-Germain au bout de ce pistolet, avec lequel je vous casse la tête comme à un chien, si vous hésitez à marcher... Au besoin, je vous y traîne par le collet, je vous y transfère à bras tendu, je vous y emporte avec les dents !... Ne m'en défiez pas !... Par saint Gengoulf, qui est le patron de l'excellente ville de Toul, je puiserais dans ma colère la force que Samson avait dans ses cheveux !...

Maintenant, une fois à Saint-Germain, je vous confie aux soins de mon ami Fabert, le nouvel officier aux gardes... Encore un Lorrain, celui-là !... Et qui ne vous lâchera pas, compère !...

Non, pardieu ! qui ne vous lâchera pas avant que je sois revenu de chez le cardinal...

— Vous iriez chez le cardinal ! s'exclama M. de Sierk en frémissant.

Jacques appuya :

— J'irai *quand même*... Oui, à moins que je ne reste cloué sur ce terrain... J'irai, lorsque j'aurai terminé avec vous !...

Je ne le connais pas ce duc rouge. Il m'est indifférent. Je ne suis ni son partisan, ni son obligé, ni son serviteur. Et notre petit pays de Lorraine n'est pas le grand royaume de France...

Mais, vivant, je ne laisserai jamais égorger un chrétien comme un mouton.

J'avertirai donc Richelieu de ce qui se trame contre lui.

Après, il fera ce qu'il voudra. C'est son affaire. Peu m'importe !

Quant à vous, ce que je vous offre est votre seule chance de salut.

Acceptez donc ! Acceptez, vous dis-je ! Si je succombe dans ce combat, c'est le succès de vos complots. Poitrine traversée, bouche close...

Si j'en sors vainqueur, au contraire, vous y gagnerez encore ceci : que l'épée d'un gentilhomme vous aura épargné la honte de finir par la hache du bourreau.

. . . .

Le Lorrain était devenu farouche. Son geste était sec, sa voix nette et brève. Le geste et la voix d'un juge condamnant un coupable.

L'autre l'avait écouté en mordillant la moustache rousse qui tranchait étrangement sur le fond blafard de son visage.

Il comprenait qu'il se trouvait non pas en face d'un adversaire ordinaire, mais devant la personnification de la volonté.

Ce que l'artiste parlait de faire, il le ferait assurément. Aucune puissance humaine ne l'en détournerait. Richelieu, prévenu, se montrerait terrible...

Peut-être n'oserait-il pas toucher aux instigateurs du complot : à la femme et au frère du roi...

Mais comme sa vengeance se rabattrait sur les instruments subalternes !...

Le baron se voyait perdu, — perdu sans ressources, — perdu au moment même où il allait atteindre à la réalisation de ses rêves !...

Il suffoquait. Son cœur était pris comme dans un étau. La terreur et la rage l'étouffaient...

Il fit un mouvement pour déboutonner son pourpoint...

Puis, soudain, quand sa main effleura sa poitrine, quelque chose comme une espérance sembla poindre dans son œil hagard et effaré...

Jacques n'aperçut point cette lueur, qui couvait plutôt qu'elle ne brillait dans la prunelle atone de Christian...

Il enfonça son honnête regard dans le regard faux et fuyant de ce dernier:

— Avez-vous choisi ? reprit-il. Il faut me tuer ou mourir.

M. de Sierk tira son épée.

XII

COMMENCEMENT DE DÉNOUEMENT

En sortant de la Seine, ruisselant comme un triton, notre ami Jacques avait pris terre — non loin de l'endroit où se trouve aujourd'hui le pont du Pecq, — en face de l'auberge de l'*Orme de Sully*.

Celle-ci tirait ce nom du gros arbre qui s'élevait à quelque distance — il existe encore à présent — et à l'ombre duquel le célèbre ministre de Henri IV aimait à venir se reposer pendant le séjour de la cour au Château-Neuf de Saint-Germain.

C'était — nous l'avons dit ailleurs — une grande maison qui s'appuyait sur de larges piliers, comme on en rencontrait à Paris, il n'y a pas si longtemps, dans une certaine partie du quartier des Halles.

Son toit débordait assez pour mettre à couvert une galerie extérieure à balustres, qui, comme dans les chalets suisses, circulait autour de l'étage supérieur.

A l'intérieur, au fond de la salle commune, s'ouvrait une cheminée immense, dont le manteau eût pu abriter une demi-douzaine de clients, et sur les murs de cette salle —

aux tables et aux chaises de chêne luisant neuf — s'alignait une batterie de cuisine du plus appétissant aspect.

Le Lorrain éprouvait l'impérieux besoin de se restaurer et de se sécher.

Partant, il s'empressa d'entrer dans ce logis hospitalier.

Comme il en franchissait le seuil, une voix de femme le salua de ces phrases hachées par la surprise:

— Ah! *santissima madonna !*... Eh bien, en voilà une rencontre !... Comment, messire Jacques, c'est vous !

Callot considéra — non sans étonnement à son tour — celle qui l'interpellait ainsi avec un accent italien prononcé.

C'était une commère, jeune et brune, douée d'un respectable embonpoint et parée trois fois plus qu'une châsse.

Elle poursuivit avec un tic-tac de moulin :

— Ah çà ! vous ne me remettez donc pas ?... Francisquine, la signorina Francisquine, de la *trattoria del Babuino*, à la foire *dell' Impruneta*... Celle qu'au Palais-Vieux de Florence, chez le duc Cosme de Médicis, on avait mise sous les rideaux du prince Charles, pour remplacer la bohémienne...

Elle prit à peine le temps de souffler :

— Vous savez, cette sauterelle d'Égypte, qui avait l'air de vous tenir à cœur... Une blonde fade comme de la tisane... Avec une couronne de paillon...

Moi, tous mes bijoux ont le poinçon...

Car j'ai prospéré, *mio caro !*... Les pistoles de ce bon M. de Vaudémont ont fait des petits dans mes poches... Et puis, la vertu est toujours récompensée...

Bref, je suis venue m'établir en France, ici, près de Saint-Germain et de la cour où j'ai acheté cette hôtellerie....

— Madame...

C'était notre artiste aux abois qui essayait d'endiguer ce flot de paroles.

Nonobstant, elle reprit en le dévisageant:

— Savez-vous que vous êtes encore plus joli homme qu'autrefois ?... Et cette mine fière sous vos habits de cavalier... Moi je n'ai pas changé, n'est-ce pas ?...

J'ai peut-être un peu engraissé...

Oui, tout cela est à moi... Et le reste aussi... On peut tâter...

— Madame, interrompit Callot résolument, je suis transi et je meurs de faim...

Elle joignit les mains avec commisération :

— C'est juste... Je n'avais pas remarqué... Mais d'où sortez-vous, *povero* ?

— Je sors de la rivière, parbleu !

— De la rivière ?

Elle se frappa le front :

— J'y suis... Je devine !... Une aventure d'amour... Un rendez-vous dans une maison riveraine... Le mari qui survient... Fuite et plongeon par la fenêtre...

Puis, cherchant :

— Attendez donc ! attendez donc !... Est-ce qu'on ne m'a pas raconté que cette fleur de vagabondage, dont vous étiez féru jadis, est devenue une grande dame, et qu'elle habite non loin d'ici en compagnie d'un gentilhomme qui se fait passer pour son tuteur...

Le gentilhomme, qui, à Florence, vous a si bien joués sous jambe, vous et votre enragé de prince Charles...

A preuve que j'ai cru voir rôder aux environs ce moricaud manqué de Yanoz déguisé en honnête homme...

— De grâce, insista le Lorrain, faites-moi allumer du feu et servir quelque chose à boire et à manger.

— Tout de suite, messire, tout de suite !... Holà ! Tartaglia !... Mon oncle !

Elle ajouta en confidence :

— Mon départ l'avait ruiné... Ma foi, je ne suis pas une ingrate... Je l'ai mandé auprès de moi, et j'en ai fait mon premier garçon.

L'ancien hôte de la *trattoria del Babuino* se hâtait d'accourir.

La signora commanda :

— Un fagot dans l'âtre ! Un couvert près du feu ! Le meilleur vin de la cave !

Quelques minutes plus tard, un vrai bûcher de bois sec pétillait dans la cheminée, et, sous le manteau de celle-ci, notre artiste était assis devant une petite table chargée de victuailles et de flacons.

En le servant avec une prévenante dévotion, Francisquine allait répétant :

— Je ne suis pas encore mariée... Se sacrifier à un seul homme me paraît le comble de l'égoïsme... Cependant si je trouvais un parti convenable...

Ensuite, se rengorgeant :

— On gagne de l'or en barre dans cet établissement... Sans compter d'autres bénéfices... Je travaille dans la politique avec M. de Rochefort...

Le Lorrain ne l'écoutait pas.

Dans le bien-être de la chaleur, des vins généreux et de l'appétit satisfait, il s'était peu à peu assoupi, en se demandant de quelle façon il arriverait à tirer Géralde-Diamante des griffes du baron de Fenestrange et de la duchesse de Chevreuse.

Le bruit d'une violente altercation le réveilla au bout de deux heures.

Deux consommateurs, qui s'étaient installés dans la salle pendant son sommeil, venaient d'achever une partie de cartes.

L'un jurait d'une voix à faire trembler les vitres :

— Ventre d'hippopotame ! Cornes de rhinocéros ! Ecailles de crocodile !...

L'autre ergotait sur le mode glapissant :

— Distinguons, confrère, distinguons...

— Ouais ! se dit Callot, voilà des façons de parler qui ne me sont pas étrangères...

L'organe en fausset reprenait :

— Prends... Tu as gagné... C'est ton droit...

Le timbre en bourdon ripostait :

— Prendre?... Ah! mais non!... Je m'y refuse!...

— Comment, est-ce que, dans toutes les parties, ce n'est pas celui qui gagne qui ramasse l'enjeu?...

— Dans toutes les parties ordinaires, c'est possible... Mais dans celle-ci... Une partie extraordinaire...

— Décidément, murmura Jacques, ce sont mes deux gaillards... Les deux braves garçons qui m'ont accompagné, aux dépens de leur train de derrière, quand je donnais la chasse à ce damné baron... Sur mon âme, je suis enchanté que les pistolets de celui-ci ne les aient pas boulés comme une paire de lièvres...

La querelle continuait :

— Tu as triché!...

— Et toi aussi!...

— Je t'ai vu écarter des atouts pour perdre...

— Et toi, tu as commis exprès faute sur faute pour me faire gagner...

Jacques les examinait de sa place :

— Voilà une singulière dispute... Cet assaut de délicatesse... Quel peut bien être cet enjeu qu'ils prétendent ainsi se repasser l'un à l'autre ?

Il allongea le cou hors du manteau de la cheminée.

Sur la table, entre les deux joueurs, il y avait un masque de velours et un nœud de ruban.

Ces deux objets paraissaient être la cause du différend, lequel, du reste, allait s'enflant dans d'homériques proportions :

— Distinguons! distinguons! Voulez-vous que je vous dise? Eh bien, vous n'êtes qu'un poltron!...

— Et vous, vous n'êtes qu'un Normand!...

— Monsieur Ange-Bénigne Caudebec!...

— Monsieur Trophime Mirassou!...

— Un pareil outrage!...

— Une semblable injure!...

Tous deux firent mine de mettre flamberge au vent :

— Je ne sais ce qui me retient...

— J'ignore ce qui m'empêche...
— Si je n'écoutais que ma colère...
— Si je n'écoutais la raison...
— Mais je méprise votre opinion...
— Et moi, je dédaigne vos mépris...

Le Lorrain jugea à propos d'intervenir :

— La paix, au nom du ciel, mes maîtres !... Allez-vous donc vous égorger ?... Deux camarades, deux amis, deux frères !

Les deux adversaires le regardèrent.

Ensuite, un double cri partit, — un cri de surprise et de joie :

— Messire Callot !
— Monsieur Jacques !

Et ce furent des effusions d'allégresse et de cordialité ! Des poignées de main ! Des accolades ! On se félicita réciproquement de se retrouver de cette façon inattendue. On entreprit de se raconter ce que l'on était devenu pendant les années de séparation :

— Ah çà ! demanda Jacques, les pistolets de M. de Sierk vous avaient donc manqués tous deux ?... Pourtant, je vous ai vus tomber... Et vous ne vous êtes pas relevés...

— Ah ! voilà : c'est l'explosion...
— C'est le sifflement de la balle...
— Qui m'a fait mordre la poussière...
— Qui m'a jeté ur le carreau...
— Je me croyais blessé...
— Je me croyais mort...
— Quand je revins à moi, je m'aperçus que je n'avais pas été touché...
— Et moi que j'étais sain et sauf...

— A merveille ! approuva Callot : tout est pour le mieux, mes enfants... Mais comme vous voilà proprets, et bien nippés... Meshuy ! vous avez fait fortune...

— Humph ! pas précisément, repartit Mirassou ; mais il est des métiers lucratifs... Nous sommes... Nous sommes...

7

Il s'arrêta, embarrassé, et chagrina sa moustache.

Son compagnon lui vint en aide :

— Nous sommes dans la diplomatie...

— En vérité... Mes compliments... Dans la diplomatie active ?...

— Dans la diplomatie... d'observation : nous éclairons Son Eminence le cardinal de Richelieu... Et c'est ce qui fait le sujet de notre controverse... Tenez, jugez-en, messire Jacques...

Et le Normand se mit à raconter comment Richelieu avait chargé l'un d'eux de jouer le rôle d'un envoyé de M. de Vendôme dans une réunion de conspirateurs qui devait avoir lieu dans l'île de la Loge.

A ceci, Callot eut un ressaut.

L'autre donna tous les détails : le message intercepté par Rochefort, le mot de passe, les signes de reconnaissance et de ralliement.

Quand il eut terminé :

— C'est fort bien, s'informa le Lorrain, on a chargé l'un de vous ; mais lequel ?

— C'est ce que nous avons eu l'honneur de demander à Son Eminence...

— Et voici ce qu'Elle nous a fait l'honneur de nous répondre :

« — Arrangez la chose entre vous. Mais, si vous ne me fournissez pas un rapport précis et complet sur tout ce qui se décidera dans ce conciliabule, vous recevrez les étrivières tous les deux : histoire que l'un ne soit pas jaloux de l'autre. »

— Et, comme, si l'on est reconnu pour appartenir au duc rouge par quelqu'un de ces enragés du parti de l'*Aversion*, on court risque de passer un fort mauvais quart d'heure...

— Je comprends : vous jouiez à qui, nouveau Curtius, se dévouerait pour épargner à son ami ce quart d'heure désagréable...

— Distinguons, monsieur, distinguons : nous jouions à qui n'irait pas se jeter dans la gueule du loup...

— On tient au fils de son père, écailles d'hippopotame, ventre de rhinocéros, cornes de crocodile !

— Mon pauvre Mirassou, déclara Callot avec compassion, le trouble que détermine chez vous la perspective de cette visite à l'île de la Loge vous fait brouiller toutes les lois de la nature et attribuer à de certains animaux des qualités physiques dont ils se montrent totalement dépourvus. Vous vous exposez à des réclamations. Que sera-ce, du reste, quand vous saurez que le baron de Fenestrange et le baron de Sierk ne font qu'un ?

— Oh !

— Est-il possible !

— Je vous expliquerai cela plus tard. Allons au plus pressé. Je connais un moyen de vous mettre d'accord et de vous tirer d'embarras...

— Lequel ?

— Dites, oh ! dites vite !

— Remettez-moi ce masque et ce nœud de ruban : j'irai là-bas à votre place.

. . . .
. . . .

En voyant le baron mettre l'épée au poing, Jacques jeta derrière lui le pistolet dont il menaçait celui-ci.

Puis, il dégaina à son tour.

Alors une chose singulière se produisit :

M. de Sierk, qui, tout à l'heure, semblait si peu pressé de se battre, n'attendit pas, pour engager le combat, que son adversaire fût en garde....

Il bondit en avant, avec un cri sauvage, et se fendit sur un coup droit...

Mais une épée, dans certaines mains, est comme un être vivant qui a l'instinct de défense.

Celle de Callot para et flamboya, décrivant ce cercle rapide que donne la riposte de *prime*.

La poitrine de Christian rendit un son métallique. C'était un homme de précaution. Il portait une cotte de mailles sous son pourpoint.

La rapière du Lorrain se brisa comme verre contre ce plastron d'acier.

Christian eut un rire convulsif.

Il se rua, comme une bête fauve, sur son adversaire désarmé.

Celui-ci fit un saut en arrière.

Oui, mais son pied glissa sur une touffe d'herbe.

Il tomba...

Cette chute lui évita le choc déloyal du baron, qui passa outre dans son élan.

En même temps, sa main droite, qu'il appuya sur le sol pour essayer de se relever, rencontra là — gisant tout armé — le pistolet dont il s'était débarrassé, un instant auparavant...

Christian, effrayant de joie féroce, revenait sur lui pour le traverser d'un coup de pointe...

L'artiste leva machinalement le bras et fit feu sans viser...

Il y eut un éclair et une détonation...

Le baron tournoya sur lui-même et s'abattit comme une masse...

La balle lui était entrée sous le menton et était sortie par le crâne.

XIII

RICHELIEU

Richelieu avait l'habitude de se lever à l'aube crevant.

Mais l'on se fût trompé étrangement si l'on eût cru que c'était pour s'occuper plus tôt des affaires du royaume.

— A quoi pensez-vous que je prenne le plus de plaisir? demanda-t-il brusquement, un jour, à son confident Desmarets.

— Selon toute probabilité, répondit celui-ci, c'est à faire le bonheur de la France.

— Vous vous trompez, répliqua le ministre: c'est à faire des vers.

Donc, ce matin-là, à Rueil, le cardinal travaillait à sa tragédie de *Mirame*.

Et, satisfait de son œuvre, il allait et venait, dans le cabinet où nous vous l'avons présenté, tenant à la main son manuscrit, dont il se récitait à lui-même des passages qu'il assaisonnait entre temps de compliments à sa propre adresse:

— Oui, l'entendait-on murmurer, quand cette pièce sera représentée, j'obtiendrai un double triomphe... Triomphe de poésie et triomphe de vengeance... Car comment ne pas reconnaître Anne d'Autriche, ses menées, ses amours coupables, lorsqu'un de mes personnages s'écriera, par exemple :

> Celle qui vous paraît un céleste flambeau,
> Est un flambeau funeste à toute ma famille
> Et peut-être à l'État. . . . .

Et, plus tard, quand le Roi dira en dévoilant ses peines secrètes :

> Acaste, il est trop vrai, par différents efforts
> On sape mon pouvoir et dedans et dehors,
> On corrompt mes sujets, on conspire ma perte,
> Tantôt couvertement, tantôt à force ouverte.

Ces vers ne retracent-ils pas ce qui se passe en ce moment... Cette réunion d'hier à l'île de la Loge, dont j'aurai sans nul doute des nouvelles ce matin... Ces machinations de Monsieur, de la Chevreuse et des Vendôme...

Et cet aveu de mon héroïne, dans un moment d'abandon, n'est-ce pas la reine confessant ses relations avec Buckingham :

> Je me sens criminelle, aimant un étranger,
> Qui met par mon amour ma patrie en danger.

Ces allusions seront couvertes de bravos... Oui, l'on applaudira... Je veux qu'on applaudisse... Au besoin, je saurai, pour ce faire, ressusciter ces mercenaires de l'enthousiasme que Néron inventa pour acclamer ses œuvres...

Et ce pédagogue de l'Étoile qui a eu hier l'impertinence de m'objecter que, parmi les vers dont je lui ai donné lecture, il en avait remarqué un qui se trouvait avoir un pied de trop...

Par la morbleu ! il me plaît ainsi, à moi, et je le ferai

bien passer, ce vers défectueux, qu'il ait un pied de trop ou qu'il ait un pied de moins[1].

. . . .

En ce moment, on gratta à la porte.

Le cardinal s'en fut ouvrir avec impatience :

— Qu'y a-t-il, Chéret ?... Que réclame-t-on ?... On ne peut donc pas être une minute en repos ?...

— Monseigneur, c'est M. Callot...

Richelieu eut un mouvement de surprise :

— Quel Callot ?... Serait-ce, par hasard, ce graveur que Sa Majesté a mandé de Lorraine ?... Sur ma foi, le drôle ne manquerait point d'effronterie, de venir ainsi me déranger à une heure aussi matinale...

— Il désire, dit-il, entretenir Votre Eminence d'affaires qui ne souffrent aucun retard.

Le ministre haussa les épaules :

— Bon ! la belle malice ! Quelque requête à me présenter !... Ces artistes ont toujours quelque chose à quémander. Plus tard, Chéret, plus tard !

— Votre Grandeur entend donc que je le congédie ?

— Oui, qu'il sollicite une audience... Qu'il expose le but de sa visite... Alors, je verrai, j'aviserai...

Puis, d'un ton et avec un geste qui ne souffraient aucune réplique :

— Ce matin, je n'y suis que pour le chevalier de Caudebec et pour le chevalier Mirassou.

— Bien, monseigneur.

Le secrétaire salua et sortit.

Le cardinal reprit en consultant un papier :

— Voyons, maintenant, le devis de ma future salle de spectacle... Trois cent mille écus... Peste ! c'est un joli denier !... A ce prix-là, c'est bien le moins que j'aie le droit d'y faire jouer mes pièces !

---

[1]. Rigoureusement historique. Toutefois, malgré la prédiction du grand ministre, comme il n'en est pas ainsi des vers que des lois, le vers ne passa point.

Puis, se retournant avec colère vers Chéret qui revenait :
— Hein ?... Quoi ?... Encore un importun ?...
— Monseigneur, c'est toujours le même...
— Ce Callot ?...
— Il refuse de s'en aller...
— Oh !...
— Il affirme avoir à communiquer à Votre Eminence des choses qui intéressent la sûreté de l'Etat...
— Stratagème !... Prétexte !... Mensonge !... Qu'on le jette dehors s'il insiste davantage !...
— A l'instant, monseigneur.

Le secrétaire fit quelques pas pour se retirer.
Ensuite, du seuil de la porte :
— Pardon, reprit-il, c'est que ce Lorrain ajoute que ce qu'il a à vous apprendre concerne, en même temps, la vie de Votre Eminence.

Celle-ci fit un soubresaut :
— Ma vie, à moi ? Ah ! diable ! voilà qui change la thèse... Attendez, Chéret, attendez ! Ceci mérite réflexion...

Puis, mettant sa tête dans ses mains :
— Si cet homme disait vrai, pourtant ?... Il y a autour de moi tant de pièges invisibles... Il y a tant de gens qui ont juré ma perte...

Puis encore après un silence :
— Je consens à le recevoir... Vous allez l'introduire, Chéret... Après quoi, vous vous tiendrez dans l'antichambre avec Bournais et les laquais.

Callot entra.
Richelieu était assis devant sa grande table de travail.
Le manuscrit de *Mirame* avait disparu sous des papiers amoncelés.
Le ministre avait le sourcil froncé, l'œil sévère, la lèvre boudeuse. Ce fut à peine s'il répondit au salut, à la fois plein de respect et d'aisance, de l'artiste. Ensuite, interpellant celui-ci d'une voix brève :

— C'est vous, dit-il, qui avez demandé à me parler?
— Oui, monseigneur, repartit Jacques sans se montrer désarçonné par la froideur de cet accueil.

Le cardinal l'examinait à la dérobée.

— Le front intelligent, le regard franc, la bouche sincère... Cette figure ne doit pas tromper... A moins qu'elle ne soit un masque...

Puis, brusquement :

— Que voulez-vous ?

— Oh ! mon Dieu, rien que de fort simple : je veux vous sauver, voilà tout.

Richelieu se leva à demi :

— Me sauver ?... Vous dites que vous voulez me sauver !... Quelle est cette mauvaise plaisanterie ?

— Monseigneur, je suis très sérieux... Le ciel me garde de plaisanter sur des sujets de cette importance... Non plus qu'avec un homme d'Etat de votre mérite...

Mérite parut faible au prélat. *Génie* lui eût mieux convenu. Sa physionomie devint encore plus dure et plus maussade.

— Soit, reprit-il ironiquement. Vous venez me sauver. De qui ?

— D'une bande de malheureux, qui, dans cette matinée, envahira votre logis pour vous saigner comme un poulet.

Le ministre appuya ses deux mains sur les deux bras de son fauteuil et se pencha en avant pour mieux étudier les traits de celui qui lui tenait ce langage.

Jacques sourit.

— Oh ! répliqua-t-il, ce sont ceux qu'il a la volonté de perdre que le Seigneur frappe de démence... Moi, j'ai toute ma raison... Oui, toute : aussi vrai que je viens de tuer un homme...

Cette fois, Richelieu se leva tout à fait.

— Vous venez de tuer un homme ?...

— Le moins digne de pitié de vos futurs assassins : un certain baron de Fenestrange...

— Celui chez qui s'est tenue, cette nuit, la réunion...

— Dans laquelle vous avez été condamné, oui, monseigneur : j'étais au nombre de ceux qui ont voté votre mort.

— Vous !...

— Dame ! puisque j'étais censé y représenter M. de Vendôme, lequel n'est guère de vos cousins, je suppose...

— Est-il possible !...

— Tenez, voici le masque de velours à liséré blanc que j'avais sur le visage... Voici le nœud de ruban écarlate que je portais sur l'épaule... Voici le mot de passe : *Paris-Nancy* qui m'a ouvert les portes de cet antre de conspirateurs... Voici le message de Bassompierre au duc César qui m'a accrédité près d'eux...

Le cardinal saisit le poignet de l'artiste, comme s'il avait peur que celui-ci ne se dérobât aux éclaircissements qu'exigeait impérieusement un tel langage :

— Monsieur, vous allez vous expliquer, n'est-ce pas ?

Jacques ne parut intimidé ni du regard, ni du geste qui soulignaient cet ordre donné d'une voix sourde et irritée :

— Hé ! Votre Grandeur, répliqua-t-il, je ne suis ici que pour cela... Mais un moment encore, de grâce !... Veuillez, auparavant, appeler votre valet de chambre.

— Mon valet de chambre ?...

— Tout de suite... Je vous en prie... C'est urgent...

Richelieu frappa deux coups sur un timbre.

Nous savons que Bournais n'était pas loin.

Quand il se présenta :

— Mon ami, lui dit le Lorrain, votre maître doit s'habiller en cavalier à l'occasion... Apportez-lui donc sur-le-champ un habit de cheval complet, — avec le manteau et l'épée, — et aidez-le à s'en revêtir... En même temps, vous avertirez aux écuries que l'on nous tienne prêts les deux meilleurs coureurs...

Il poussa dehors le domestique ahuri :

— Allez !... Allez vite !... Ça chauffe !...

Ensuite, se retournant vers le ministre :

— A présent, monseigneur, me voilà à vos ordres...

Et il déroula rapidement devant son auditeur attentif les différentes scènes qui ont passé déjà sous les yeux de nos lecteurs : son aventure et ce qu'il avait entendu à l'auberge du *Tourne-Bride*; le guet-apens dont il avait failli être victime dans le domaine de l'île de la Loge; comment il était retourné chez M. de Fenestrange en se substituant à Ange-Bénigne Caudebec et à Trophime Mirassou dans la mission dont ceux-ci étaient chargés; les résolutions extrêmes qui avaient été adoptées par les conjurés réunis; enfin, l'espèce de jugement de Dieu dans lequel M. de Sierk avait trouvé la mort...

Un récit, qui, dans sa brièveté, eut toute la saillie de trait, tout le fini de détail, toute la vie en belle humeur dont débordent, dans leurs dimensions restreintes, les inimitables compositions de ce burin original et de cet esprit observateur.

Richelieu l'écouta sans qu'aucun muscle tressaillît sur sa face, dont les lignes semblaient figées dans une impassibilité hautaine, et sans qu'il y apparût aucun des sentiments que devaient éveiller en lui ces menaçantes révélations.

Puis, quand, en manière de conclusion, le narrateur eut prononcé ces mots :

— Bref, monseigneur, ils vont venir.

— Eh bien, qu'ils viennent, répondit-il froidement.

Et il s'en fut, avec une majesté tranquille, reprendre place dans son fauteuil.

— Que faites-vous ? s'exclama Jacques.

— Vous le voyez : j'attends mes assassins.

— Oh !

— Qu'ils viennent ! poursuivit le prélat : nous verrons s'ils osent frapper un prince de l'Eglise, le représentant de Dieu et du roi sur cette terre, le gardien de l'honneur national et le dépositaire des destinées de la France...

Qu'ils viennent ! Nous verrons encore qui d'eux ou de moi tremblera davantage, au moment de porter ou de recevoir leurs coups...

Qu'ils viennent! Qu'ils viennent! Contre leurs poignards je ne me cuirasserai que de mon mépris de la mort, et je n'opposerai à leurs armes que le calme de ma conscience, la grandeur de mon but, l'éloquence de mon silence et les foudres de mon regard...

Oh! moyens de défense illusoires, je le sais, contre le déchaînement des passions mesquines, contre la révolte de l'incapacité et de l'orgueil, contre la coalition des intérêts et des rancunes...

Ces gens seront sans pitié comme ils sont sans scrupules...

Ils me tueront?... C'est une besogne qu'ils m'épargneront à moi-même... Je gagnerai le repos à leur crime...

Ce repos auquel j'aspire depuis que je pousse d'ahan à la roue de ce char de l'État qui écrase parfois, en reculant, ceux qui s'épuisent à le faire sortir de l'ornière...

Si vous saviez comme je suis las de ce labeur formidable qui ne fait que commencer : l'abaissement de la maison d'Autriche rêvé par le grand Henri et le nivellement des têtes seigneuriales entrepris par Louis XI !...

Si vous saviez que de fois j'ai souhaité la disgrâce comme une faveur du ciel! Que de fois j'ai ambitionné la tombe comme le seul lit où je puisse dormir tout mon soûl! Ah le proverbe arabe, le proverbe arabe : *Mieux vaut être assis que debout, couché qu'assis, mort que couché !*

Regardez-moi, monsieur Callot...

Regardez ma taille qui se courbe, mes cheveux blanchis par la fièvre du travail, mes yeux creux, mon front raviné de rides...

Je n'ai pas encore quarante ans et j'ai l'apparence d'un vieillard...

L'ardeur de mon métier me ronge et m'exténue...

Je n'aurais pas rendu mon poste. On me l'arrache avec la vie. Merci à mes libérateurs. Encore une fois, qu'ils viennent. Je ne ferai pas un pas pour leur échapper, et non seulement je les attends, mais encore je les désire, je les appelle et je les bénis. Je n'étais qu'un homme : ils vont faire de moi un martyr.

. . . .

Cette lassitude, cette résignation, cette faiblesse et ce détachement étaient-ils bien réels ?

Il est permis d'en douter, si l'on songe que le pape Paul V, fort renommé pour sa pénétration, avait dit, en 1607, à l'ambassadeur de France Malaincourt, en lui montrant le jeune Armand Duplessis, qui était venu se faire sacrer évêque à Rome :

— Voilà un adolescent qui sera un grand fourbe ! (*Questo giovine sara un gran furbo !*)

Toujours est-il qu'en parlant de la sorte le cardinal affectait, s'il ne ressentait effectivement, une sérénité souveraine, et qu'une âme inaccessible à la peur apparaissait sur son visage superbement mélancolique.

L'artiste s'inclina devant lui :

— Monseigneur, dit-il, je vous admire.

Puis, avec sa rondeur habituelle :

— Je vous admire, — mais je ne vous approuve pas...

— Hein ?...

— Oui, ce que vous voulez faire est sublime, — et stupide...

— Monsieur !...

— Oh ! stupide, je ne m'en dédis pas... Je ne suis pas un courtisan, moi... Ma sincérité est l'excuse et la sauvegarde de ma hardiesse...

Je vous ai laissé tout à l'heure défiler votre chapelet...

A mon tour d'égrener le mien...

Vous n'avez pas le droit d'agir comme vous en avez l'intention...

Vos jours ne vous appartiennent pas. Ils appartiennent à ce monarque dont votre bras puissant soutient la démarche incertaine. Ils appartiennent à ce pays qui attend de votre politique sa prospérité et sa gloire...

Il n'y a qu'un mauvais ouvrier pour se reposer avant que

sa tâche soit entièrement terminée. Achevez la vôtre. Mourir, parfois, c'est déserter...

Et c'est au nom de ce monarque, c'est au nom de ce pays qui ne sont pas les miens; c'est au nom de la grandeur de ce but, invoquée par vous comme une règle de conduite, que moi, un étranger, dont vos vues mystérieuses menacent peut-être la patrie, je vous défends d'aventurer à la merci d'une poignée de fous un sang si précieux pour la France...

D'ailleurs, je ne le permettrai pas...

— Comment?...

— Je suis venu pour vous sauver, — et je vous sauverai de par tous les diables!...

— Malgré moi?...

Le Lorrain appuya :

— *Malgré vous...* Oh! vous ne me connaissez pas!... Je suis un gars de poil joyeux; mais quand j'ai une idée chevillée entre les deux sourcils...

Tenez, je déclarais, cette nuit, à ce chenapan de baron que s'il se rebellait contre ma volonté, j'allais le happer avec les cinq doigts que voici et le traîner devant ses juges...

Que Votre Eminence y prenne garde: si elle refuse de me suivre...

— Eh bien?...

— Eh bien, je l'enlève : voilà!

— De force?...

— Avec cela, que ce sera bien difficile de vous planter sur un bon cheval et de vous y maintenir jusqu'à Saint-Germain!... Tâtez-moi donc ces muscles-là!... Quand vous, vous n'avez que le souffle... A ce que vous prétendez, du moins... Vous crierez bien un peu : tant pis!... L'histoire m'absoudra de cette violence.

Pui, regardant son interlocuteur entre les deux yeux :

— Je suis certain, du reste, ajouta notre artiste, que vous m'en remercierez plus tard.

La flèche, qui jaillit de la prunelle du cardinal sembla

vouloir pénétrer jusqu'au cœur de la pensée du brave garçon.

Celui-ci, sous cette inquisition muette, conserva son air à la fois *bon enfant* et fin.

En ce moment, le valet de chambre rentra, apportant ce qui lui avait été demandé.

— Bournais, fit le Lorrain, habillez votre maître. A son corps défendant, s'il le faut. Au besoin, je vous prêterai main forte.

Le serviteur, tout indécis et tout pantois, interrogea Richelieu de l'œil.

Le ministre eut un gros soupir et un grand geste de soumission affectée.

— Obéissez, Bournais, dit-il. Aussi bien, il paraît que je ne suis plus rien ici. C'est M. Callot qui commande.

XIV

LA FIN D'UNE CONSPIRATION

Pour gagner Saint-Germain sans mauvaise rencontre, les deux cavaliers avaient pris par Louveciennes, Marly, Mareil et Fourqueux.

Ce détour leur permettait d'éviter le duc d'Anjou et ses compagnons au cas où ceux-ci se seraient dirigés sur Rueil par la route ordinaire.

En remontant la côte de Marly, et, pendant que les chevaux soufflaient :

— Monsieur Callot, questionna le cardinal, de quelle façon m'est-il permis de m'acquitter envers vous ?

L'artiste hésita un moment.

Puis, se décidant :

— Si Votre Eminence a daigné me prêter quelque attention, elle sait qu'il est une personne que j'aime plus que tout au monde...

— Ah! oui : cette bohémienne... La pupille de ce Fesnestrange... L'épouse destinée à Monsieur... La prétendue Géralde de Lorraine...

— La fille aînée du feu duc Henri II, monseigneur, affirma Jacques fermement.

— Vous le pensez?

— J'en suis certain.

— Alors, reprit Richelieu avec une sorte de compassion, j'en suis fâché, et je vous plains, mon cher sauveur; car il va vous falloir renoncer à l'espoir d'en faire jamais votre femme...

— Comment?...

— Je crois que vous êtes un grand artiste; je crois que vous êtes bon gentilhomme; je suis garant, l'ayant éprouvé, que vous possédez le cœur le plus vaillant qui soit...

Mais croyez-vous, à votre tour, que tout cela soit suffisant pour épouser l'héritière du trône sur lequel votre prince Charles de Vaudémont est assis à l'heure présente?...

Croyez-vous qu'un pareil mariage puisse s'accomplir sans le consentement des familles régnantes auxquelles la princesse est alliée et sans l'intervention de la raison d'État?

— Mon Dieu!...

L'artiste avait baissé la tête en poussant ce gémissement.

Le ministre poursuivit en pesant sur les mots:

— Si, au contraire, elle vous aime assez pour vous sacrifier son nom, son rang, ses espérances de fortune; si elle se résigne à n'être que la modeste ménagère d'un garçon d'honneur et de talent; si elle abdique des droits que jusqu'à plus ample informé, je persiste à regarder comme fort éventuels...

Des droits qu'elle ne fera point reconnaître sans de formidables difficultés, sans l'appui intéressé de quelque puissance européenne, sans une guerre sanglante peut-être...

Si, dis-je, elle se résout à prendre cette sage détermination, personne n'a plus rien à voir dans sa conduite...

Et vous allez vivre tous deux dans le silence de l'amour partagé et dans l'obscurité du bonheur commun...

— Monseigneur, repartit Callot non sans tristesse, c'est à elle qu'il appartient de décider...

— Eh bien, consultez-la sans retard... Consultez-la aujourd'hui même... Le plus tôt sera le meilleur...

Cette prétendante serait entre mes mains une arme terrible contre votre duc Charles IV...

Je vous abandonne cette arme...

Ne me laissez pas le temps de réfléchir qu'en agissant ainsi je fais du sentiment — et non de la bonne politique.

. . . .

On gravissait maintenant les rampes de Saint-Germain. Les chevaux avaient pris le pas. Richelieu songeait. Il y avait de l'ombre sur ses traits. A un moment, levant la tête :

— Vous avez oublié une chose, reprit-il.
— Laquelle ?
— De me donner les noms...
— Quels noms ?
— Les noms de ceux qui ont assisté à cette réunion de l'île de la Loge, de ceux qui vont venir tout à l'heure à Rueil.
— Pourquoi faire ?
— Pour vous croire d'abord.

Jacques arrêta sa monture en répétant :
— Me croire ?
— Qui me prouve, continua le ministre soupçonneux, que c'est bien ma mort qu'on a tramée là-bas, dans ce conciliabule, et que vous n'avez pas exagéré les résolutions qui y ont été prises, afin de vous créer plus de titres à mes faveurs, en m'avertissant d'un péril imaginaire ?

Le Lorrain l'interrompit brusquement :
— Assez, monseigneur. Plus un mot. Retournons à Rueil.
— A Rueil.
— Et faites-moi donner une épée. La mienne s'est brisée cette nuit. Que je me fasse tuer en vous couvrant de mon corps.

Le cardinal poussa son cheval dans la direction de Saint-Germain :

— C'est bien, monsieur Callot, suivez-moi. J'ai eu tort de douter de votre bonne foi. Mais vous devez comprendre que j'ai besoin de ces noms...

— Et Votre Eminence doit comprendre pareillement que je persiste à les lui refuser.

Oh ! qu'elle n'insiste pas ! On ne tirera rien de moi. Ma résolution s'est changée en statue...

Quoi ! vous me reconnaissez quelque fierté dans l'âme, et vous me demandez des têtes pour l'échafaud !...

Voilà une étrange façon de me payer d'un service rendu !

Vrai de vrai ! si vous n'étiez pas le ministre de Dieu, en même temps que celui du roi, je vous sommerais de me faire raison d'un tel affront...

— Là ! là ! tout beau, vaillant champion ! repartit le prélat en le menaçant du doigt affectueusement. Eteignez cette vive flamme. Je n'entends exiger de vous aucune complaisance honteuse. Gardez ces noms, si bon vous semble : aussi bien, j'en connais plus de la moitié, — et quand j'aurai tous les coupables sous la main...

— C'est ce jour-là, répliqua l'artiste, que je viendrai vous demander mon salaire : leur grâce...

— Monsieur, riposta sèchement le cardinal, le droit de grâce n'appartient qu'à Sa Majesté, et ce n'est certes pas quand le salut de l'Etat réclame toutes les énergies, que j'irai conseiller la faiblesse...

Le Lorrain hocha le front :

— Ma foi, déclara-t-il, le génie que Votre Eminence tient du ciel est bien grand. Bien grande aussi est son œuvre. Mais à celle-ci comme à celui-là il manque une vertu suprême...

— Et laquelle, monsieur ?

— La clémence.

. . . .

A Saint-Germain, dans une des cours du Château-Neuf, sous les fenêtres du corps de logis occupé par Monsieur, une trentaine de gentilshommes, bottés et éperonnés, se tenaient debout auprès de leurs chevaux tout sellés.

Ils étaient en tenue d'expédition cynégétique : le fouet au poing, le couteau de chasse au flanc, la trompe en sautoir : mais tous, affirment les *Mémoires de Richelieu*, avaient des pistolets dans leurs fontes et des poignards dans leurs poches.

On attendait le duc d'Anjou.

Or, celui-ci ne venait point.

Il était encore couché, disait-on, et ne se pressait pas de se lever.

On s'impatientait de son absence. On commençait à s'inquiéter. On échangeait des mots et des regards anxieux. D'aucuns parlaient de quitter la place. D'autres — c'est toujours le cardinal qui le prétend — ne demandaient *qu'à aller de l'avant*.

Dans l'aile des bâtiments qui faisait face à celle où se trouvaient les « quartiers » de Gaston, il y avait un petit perron, — élevé de deux ou trois marches, — auquel aboutissait un escalier de service qui conduisait aux appartements du Roi.

Nos chasseurs, qui regardaient les fenêtres de Monsieur, tournaient le dos à ce perron.

Soudain une voix tomba du haut de celui-ci :

— Dieu vous garde, messieurs !

Tout le monde se retourna, — et il y eut une grande rumeur...

Un homme se dressait, comme une statue, sur la dernière marche de ce perron, qui lui servait, en quelque sorte de piédestal...

Et cet homme, c'était le duc rouge !...

Tous les visages pâlirent. Tous les yeux s'allumèrent. Il y eut des mains qui allèrent chercher les armes cachées sous les vêtements...

Oui, mais la figure mâle et résolue de Fabert venait d'apparaître derrière celle du cardinal...

Le nouveau lieutenant, en tenue de campagne, avait la main sur le pommeau de son épée...

Et, derrière lui, dans la pénombre de l'escalier reluisaient les mousquets, les morions et les cuirasses des gardes.

En même temps, par les baies des arcades qui ouvraient sur les jardins, on voyait les suisses relever dans tous les postes les mousquetaires, les chevau-légers et les gendarmes, parmi lesquels il était permis de supposer que les conjurés comptaient des complices, des alliés ou des amis.

Ces impassibles soldats, — nous parlons des suisses, — reconnaissables à leur singulier uniforme mi-partie bleu, blanc et rouge, — étaient la troupe habituelle des exécutions sommaires.

Aussi Chalais murmura-t-il à l'oreille de Bassompierre :

— Nous sommes perdus, maréchal.

— Harnibieu ! repartit celui-ci, je crois que vous avez raison, comte, et que nous sommes dans la souricière.

— Alors, reprit l'autre, il n'y a plus qu'à nous laisser croquer sans faire la grimace, puisque les vieux rats comme vous avouent leur impuissance à nous tirer de peine.

Cependant Richelieu avait descendu les degrés du perron.

Il se dirigeait vers les appartements de Monsieur en distribuant à droite et à gauche, du bout des doigts et du bout des lèvres, de légers saluts protecteurs :

— Bonjour, messieurs, bonjour !... Bonjour, monsieur de Marcillac ! Bonjour, monsieur de Chaudebonne ! Bonjour, monsieur de Gondi !... Toujours mauvaise tête et bretteur !

Il ajouta d'un ton sévère :

— Prenez-y garde, messieurs les raffinés d'honneur, il nous répugne de voir le meilleur sang de la France couler sur le pavé de la place Royale pour de futiles et sottes querelles, — et le jour est proche où nous obtiendrons de Sa Majesté des édits qui appliqueront aux duellistes les mêmes peines qu'aux meurtriers...

— Eh ! monseigneur, répliqua fièrement le petit abbé,

nous autres gentilshommes, nous ne nous regarderons jamais comme déshonorés de finir en Grève pour avoir tiré l'épée : ce qui déshonore, c'est d'éviter son ennemi, et non de rencontrer le bourreau.

Le ministre n'eut pas l'air d'entendre cette verte riposte, et, avisant M. de Chalais :

— Comte, je suis votre serviteur. Comment va notre belle duchesse ?

— Madame de Chevreuse ? Votre Eminence la comble... J'aime à penser qu'elle est en excellente santé.

Richelieu hocha le front :

— Vous vous trompez, monsieur...

— Comment ?

— Cette pauvre duchesse est plus malade qu'elle ne paraît. Vous qui êtes de ses amis, donnez-lui le conseil d'aller se retremper quelque part en province. L'air de Saint-Germain ne lui vaut rien en ce moment.

Ensuite, s'adressant à Bassompierre :

— Maréchal, vous rajeunissez... Vous avez une mine superbe... A propos, quand vous écrirez à M. de Vendôme, assurez-le que je lui suis tout acquis.

Il pivota sur les talons tandis que le vieux seigneur sacrait intérieurement tous les jurons de Crillon et du Béarnais.

— Ah ! tous mes compliments, monsieur de Beaufort... Cet habit couleur de musc est du dernier galant... Mais préparez vos équipages de campagne : nous partons dans trois jours pour Blois ; nous nous rendons de là à Nantes, et, avant la fin du présent mois, nous serons, s'il plaît à Dieu, sous les murs de la Rochelle.

— Votre Eminence a donc quitté Rueil ? questionna le duc hardiment.

— Oui, Sa Majesté m'a mandé, ce matin, pour m'informer qu'elle m'accordait — sans que je la lui aie demandée, — une garde de deux cents arquebusiers chargés de prémunir ma personne contre les dangers que celle-ci pourrait courir.

Le ministre ajouta en haussant les épaules :

— Comme si j'avais besoin de cette véritable armée pour défendre ma vie au milieu de cette chevaleresque noblesse de France, dans les rangs de laquelle je puis compter des ennemis, mais où je défie qu'on rencontre un assassin !

Il regardait les gentilshommes en face.

Quelques-uns rougirent.

D'autres baissèrent la tête.

Aucun n'osa affronter l'ironie sanglante de ses yeux.

Le cardinal continua :

— Je vais, de ce pas, chez Son Altesse... Oui : une mauvaise nouvelle à lui annoncer... Le baron de Fenestrange, récemment attaché à sa maison, *a dû* être trouvé mort dans une clairière de la forêt...

La phrase était non moins étrange que la nouvelle.

Il y eut un frémissement parmi les auditeurs.

Richelieu ne sembla point le remarquer.

Mais, paraissant s'apercevoir que ceux à qui il s'adressait étaient en costume de chasse :

— Mais vous vous disposiez, je crois, à forcer quelque gros gibier... Allez, messieurs, allez : que je ne vous retienne pas... Bonne réussite et bon plaisir.

Il entra chez Monsieur.

L'histoire nous apprend par le menu ce qui se passa entre eux.

Gaston venait de donner l'ordre qu'on l'habillât.

Tout à coup, la porte de sa chambre à coucher s'ouvrit, et un page annonça :

— Son Eminence.

Avant que le valet de chambre de service eût eu le temps de répondre que son maître n'était pas visible, le ministre était déjà devant le lit du prince.

Le trouble avec lequel celui-ci reçut l'illustre visiteur prouva à ce dernier que Callot ne l'avait pas trompé.

Richelieu ne lui laissa pas le loisir de se reconnaître :

— En vérité, monseigneur, lui dit-il, j'ai quelque raison d'être fâché contre vous.

— Contre moi ! fâché ! vous ! s'exclama Gaston tout démonté ; pourquoi cela, monsieur le duc ?

— Parce que vous ne m'avez pas prévenu de la visite que vous aviez l'intention de me faire, ce matin, vous et vos amis... Averti, je serais demeuré à Rueil, afin d'avoir l'honneur de vous y recevoir. Au reste, en l'absence du maître, la maison et les serviteurs sont à votre disposition, et Votre Altesse Royale est libre d'en user selon ses désirs.

« Sur quoi, ajoutent les récits du temps, le cardinal, tenant à prouver au duc d'Anjou qu'il était son très humble serviteur, prit la chemise des mains du valet de chambre, et, presque de force, la passa au prince : ensuite, il se retira en lui souhaitant toute sorte de chances et de prospérités.

» Gaston comprit que le complot était éventé : il se plaignit d'une indisposition subite et se remit au lit incontinent.

» Il va sans dire que la partie de chasse fut renvoyée à un autre jour. »

XV

DIAMANTE

En quittant le ministre au seuil du Château-Neuf, Callot était rentré, pour prendre un peu de repos, chez Israël Henriet, son compatriote et ami, au logis duquel nous savons qu'il était descendu pendant son séjour à Saint-Germain.

Il y avait donné rendez-vous à Ange-Bénigne Caudebec et à Trophime Mirassou.

Nous vous laissons à penser si ceux-ci se montrèrent heureux de l'y retrouver sur pied après les dramatiques événements de la nuit.

On avait déjeuné de compagnie.

Ensuite, Jacques s'était levé.

— Monsieur sort? avait questionné le Normand.

Son compagnon avait appuyé :

— Nous est-il permis de demander à monsieur où il va?

— Je retourne à l'île de la Loge.

Notre artiste, en effet, n'avait qu'une idée : revoir l'ex-reine des Grands-Scorpions, être rassuré sur son sort, la rassurer sur le sien, et apprendre enfin de sa bouche si elle persistait dans les résolutions qu'elle lui avait si nettement déclarées lors de leur entretien dans le retrait de Marie Touchet.

C'était son avenir qui allait se décider sur une parole de la jeune fille.

Et, partagé entre la crainte et l'espérance, le digne garçon sentait sa poitrine se dilater et se serrer alternativement sous ce spasme de confiance et de doute qui, tour à tour, caresse et torture le cœur des amants.

— Vous nous emmenez, n'est-ce pas ? interrogea derechef l'ancien Fritellino.

Et son camarade appuya :

— Au cas où il y aurait des corps à donner ou à recevoir.

Callot les regarda en riant :

— Ah çà ! s'informa-t-il, vous êtes donc devenus braves ?

— Distinguons, messire Jacques, distinguons : nous ne sommes pas devenus braves ; seulement nous n'avons plus peur...

— Parce que, voyez-vous, cornes de rhinocéros ! nous en avons tellement dépensé depuis quelque temps, de cette peur, que nous en avons épuisé notre provision ordinaire...

— Eh bien, reprit gaiement le Lorrain, je vous engage à ne pas la renouveler.

Puis, après une pause :

— D'ailleurs, il n'y a plus là-bas grand danger à courir, le baron ayant rendu sa vilaine âme au diable...

— Distinguons, distinguons, interrompit de nouveau Ange-Bénigne avec vivacité : il y a le moricaud...

— Les deux moricauds, rectifia Trophime : le Yanoz et le Giseph...

— Deux visages sombres comme la nuit.

— Et pleins de chausse-trapes comme elle.

— Vous avez peut-être raison, opina l'artiste.

Et il envoya le valet d'Henriet emprunter de sa part une épée à Fabert.

Ensuite, ils se mirent en route tous les trois.

On arriva sur le bord de la Seine.

Il était environ midi.

Une lumière crue, uniforme, monotone, tombait du ciel bleu sur le fleuve avec de silencieux éblouissements.

Pas un souffle d'air n'agitait le feuillage des arbres riverains, dont les branches trempaient dans le courant.

On eût dit qu'on était à cent lieues d'une ville.

A cette heure de la méridiane, ce coin de la banlieue parisienne avait la mélancolie décourageante et l'éclat aveuglant, — morne à force de splendeur, — d'un paysage espagnol chauffé à blanc par un implacable soleil.

Mais pour notre ami Jacques tous les aspects revêtaient une forme heureuse, toutes les idées avaient un sourire : n'allait-il pas retrouver la femme aimée ?

— Çà, demanda-t-il à ses compagnons, comment nous procurerons-nous un batelier et un bateau ?

— Ventre d'hippopotame ! rien n'est plus facile : nous connaissons un pêcheur par ici...

— Vous pouvez voir sa barque amarrée à ces saules, là-bas, près de cet orme...

— Et sa maison est cachée dans cette oseraie...

— Nous le trouverons en train de manger la soupe...

— Allons-y donc ! dit le Lorrain.

Et, faisant aux deux autres signe de l'accompagner, il piqua rapidement vers le bouquet d'arbres qu'on lui indiquait et frappa à la porte de la cabane désignée.

La femme du pêcheur vint ouvrir.

Le mari était à table, comme l'avait présumé Mirassou.

— Prends tes avirons et suis-moi, lui dit Jacques ; il y a un écu à gagner.

Le paysan se leva avec une précipitation qui témoignait de la générosité de l'aubaine.

— Où faut-il conduire Votre Seigneurie ? questionna-t-il en ôtant son bonnet.

— Nous allons à l'île de la Loge.

— Tout de suite, mon gentilhomme.

On se dirigea vers le bateau. Callot sauta dedans. Ses compagnons aussi. Le pêcheur détacha son amarre, plongea sa longue gaffe dans les herbes, et l'embarcation se mit en mouvement...

Or, à mesure que celle-ci s'éloignait de la rive, — coupant à travers le courant, — quelque chose d'inexplicable se manifestait chez le Lorrain :

Sa gaieté s'éteignait peu à peu...

Le ciel et l'eau lui paraissaient noirs...

Le soleil lui semblait pâlir...

On eût dit que sa poitrine se rétrécissait et que son cœur battait lentement, lentement...

Un frisson glacé l'envahissait de la plante des pieds à la racine des cheveux...

L'île vers laquelle on s'avançait s'enveloppait à ses yeux d'un brouillard qui était comme un crêpe de deuil...

— Mon Dieu ! murmura-t-il à part lui, est-ce donc à un malheur que je vais aborder ?

A ce moment, et comme pour répondre à ce pressentiment funèbre, un grand cri traversa l'espace...

Un cri terrible, désespéré, suprême !...

Un cri de femme !...

Le cri d'une créature humaine devant la mort inévitable.

. . . .
. . . .

A l'issue de ses fiançailles avec M. le duc d'Anjou, la princesse Géralde de Lorraine avait été reconduite dans son appartement.

De tout ce qui s'était agité autour d'elle, la pauvre fille n'avait compris qu'une seule chose : c'est qu'elle venait d'aliéner sa vie pour sauver celle de l'élu de son cœur.

Cette pensée donnait à sa beauté un caractère tragique.

Elle était sortie de l'assemblée des *Aversionnaires* l'œil fixe et les sourcils contractés.

Mais le désespoir l'accablait d'un poids trop lourd.

Une fois seule, sa force fléchit : elle se jeta sur ses coussins et se roula en étouffant ses gémissements.

Des coussins, elle glissa sur le carreau. Des convulsions la secouèrent. Elle se tordait, et son corps charmant bondissait sous l'effort d'une angoisse sans nom.

Puis, tout d'un coup, sa tête se renversa, perdue dans les masses de ses cheveux.

Elle ne bougea plus.

Elle était comme morte.

Les heures de la nuit s'écoulèrent, — le matin vint, — la journée s'avança...

Elle demeurait toujours immobile. Ses traits gardaient les traces de son martyre. Figurez-vous le chef-d'œuvre d'un pinceau sublime qui aurait jeté sur la toile la Vierge transpercée par les glaives des sept douleurs.

Elle n'était pas seule à souffrir.

Dans l'origine, on s'en souvient, Yanoz avait pu accepter que M. de Sierk devînt l'époux de l'ex-reine des Grands-Scorpions.

Un époux *pour rire*, comme avait dit le gentilhomme lui-même, à la *trattoria del Babuino*, le soir où le fils de Pharam avait consenti à prêter la main à l'enlèvement de la zingare...

Plus tard, quand, au lieu d'en faire sa femme, le baron s'était contenté de traiter Diamante comme sa pupille, l'espoir avait ressaisi le gitano...

Un espoir chimérique, stupide, monstrueux, que la jeune fille lui appartiendrait quelque jour...

Par quel prodige, par quel cataclysme, par quel crime ?...

Il l'ignorait absolument.

Mais il comptait sur l'avenir comme sur un complice...

Son ancienne sœur adoptive avait beau ne perdre aucune occasion de lui témoigner son aversion et son mépris...

Il s'en consolait en pensant que, si elle n'était pas à lui, elle n'était ni au baron, ni à personne...

Et voici qu'un rival surgissait des événements imprévus, — un rival cent fois plus redoutable que le Lorrain, lequel n'était, d'ailleurs, plus guère à redouter...

Voici qu'on annonçait le prochain mariage de la princesse Géralde de Lorraine avec S. A. R. Mgr le duc d'Anjou, — un prince du sang, — le frère cadet de Louis XIII !...

Un bohémien ne lutte pas avec un fils de France. Gaston emmènerait sa jeune femme à la cour. Yanoz la perdrait à jamais. Sa folle passion ne se nourrirait plus d'un frôlement de robe, d'un parfum tombé des cheveux, d'un coin d'épaule entrevu par hasard, d'un regard égaré sur lui à l'aventure, — ce regard fût-il de glace comme l'indifférence ou de fer rouge comme la haine et le dédain !

La valetaille a eu, de tout temps, le privilège d'entendre à travers le panneau des portes et de voir par le trou des serrures : ceci est une grâce d'état.

Les laquais de M. de Fenestrange ne parlaient, depuis le matin, que de « l'exécution » du cardinal, de l'avénement au pouvoir des partisans d'Anne d'Autriche et de Monsieur, et des fiançailles de ce dernier avec la pupille du baron.

On continuait à en parler à l'office, où, en l'absence du maître, une demi-douzaine de fainéants arrosaient le repas de midi avec les meilleurs crus de la cave.

Yanoz, au haut bout de la table, place ordinaire du majordome, ne mangeait ni ne soufflait mot.

— Qu'est-ce que tu as ? demanda Gorbas.

— J'ai soif, répondit le gitano.

Gargajal caressa son nez épanoui en bulbe :

— Une maladie chronique à laquelle je suis sujet depuis que j'ai quitté le biberon de ma nourrice. Par bonheur, il y a des remèdes, — et tu n'as qu'à choisir dans toute cette pharmacie.

— Donne.

On lui passa une bouteille de malvoisie.

Il la décapita d'un revers de sa *navaja* et en mit avidement le goulot entre ses dents, au risque de se déchirer la bouche.

Puis, quand il l'eut vidée jusqu'à la dernière goutte, il la jeta sur le carreau, où elle se brisa avec fracas.

Puis encore, étendant la main :

— Une autre ! fit-il impérieusement.

— *Caramba !* ricana Giseph, à qui les jurons espagnols revenaient volontiers, on dirait que tu as envie de noyer tes chagrins.

— Hélas ! les miens savent nager ! soupira Gargajal avec mélancolie.

Le fils du Pharaon frappa du poing sur la table :

— Silence et buvez !... Buvez tous !... Bois surtout, toi, Giseph !... Bois, Gorbas !... J'aurai besoin de vous tout à l'heure.

Les deux bohémiens obéirent avec conscience. Au bout de dix minutes, ils étaient ivres à souhait. Mais ils n'avaient perdu que la raison : l'aplomb et la force du corps leur restaient.

Le fils de Pharam se leva. Ses prunelles brillaient comme des tisons dans son masque couleur de cendre. Seulement, ses lèvres étaient blanches :

— Venez ! dit-il brusquement.

Ils le suivirent.

Le gitano se dirigea vers le retrait de Marie Touchet.

Arrivé dans le corridor qui précédait celui-ci :

— Tenez-vous là, commanda-t-il à ses deux compagnons. Vous avez vos couteaux, n'est-ce pas ? Ouvrez-les, et piquez quiconque tenterait de forcer le passage.

. . . .

Géralde de Lorraine avait conservé l'oreille éveillée de la bohémienne.

Si lentement, si doucement que la chose se fît, elle entendit sa porte s'entr'ouvrir.

Une rougeur fugitive remonta à sa joue. Ses paupières se relevèrent. Elle jeta autour d'elle ce regard stupéfait des gens qui reviennent à la vie.

Ce regard rencontra Yanoz qui s'avançait avec précaution.

Son beau visage s'enflamma. Ses grands yeux brillèrent sous la ligne hardie de ses sourcils. Sa taille se dressa dans toute sa hauteur. Sa pose était celle d'une reine.

— Que me voulez-vous ? demanda-t-elle.

— Je ne te veux rien : je te veux, répondit le fils de Pharam.

Et sans ajouter une parole, il essaya de l'enlacer.

La jeune fille n'avait plus son poignard de gitane.

Mais les traverses de son adolescence lui avaient donné la force et l'agilité d'un homme.

Ce ne fut qu'un jeu pour elle de se débarrasser de l'étreinte du sauvage et de sauter par-dessus le grand lit qui se trouvait derrière elle.

Yanoz fit le tour du lit.

De ce côté, Diamante n'avait pas d'issue...

Elle bondit une seconde fois...

Mais le bohémien la ressaisit — au vol pour ainsi dire — par sa robe qui craqua sans se déchirer.

Seulement, les agrafes de son corsage, arrachées toutes à la fois, découvrirent ses épaules qu'inonda le flot de ses cheveux dénoués.

Le fils du Pharaon poussa un râle de faune...

Ses yeux s'injectèrent de sang. Sa brutale passion s'exalta jusqu'au délire. Il se rua sur sa victime...

Ce fut en cet instant que celle-ci poussa cet appel de détresse qui vint frapper l'oreille de Jacques dans le bateau...

Elle était tombée à genoux dans une pose qui la faisait splendide à voir :

— Grâce ! murmura-t-elle. Laissez-moi !... J'ai été votre sœur, Yanoz... Pitié, au nom de votre mère !

— Tu es trop belle ! gronda le bandit.

Les deux mains de la jeune fille étaient déjà prisonnières. Elle ne pouvait plus se débattre. Elle resta sans mouvement, — et la bête sauvage rugit cette exclamation de barbare triomphe :

— Je suis le maître !

En ce moment, le tumulte d'une course furieuse éclata dans le logis en rumeur.

Il y eut dans le corridor un bruit de lutte sourde et de jurons étouffés.

Puis, la porte, enfoncée, tomba.

Puis encore, Diamante, qui faisait face à cette porte, se releva, par un effort surhumain, avec ce grand cri :

— Jacques, à moi !

. . . .

Dans le corridor, Giseph et Gorbas étaient étendus côte à côte.

Ce n'était point Callot qui les avait touchés.

Et, si vous aviez demandé à Ange-Bénigne Caudebec et à Trophime Mirassou qui avait mis en si piteux état ces membres de la descendance de Ptolaüm et d'Égyptus :

— Distinguons, monsieur, distinguons, vous eût-il été répondu ; ces scélérats nous menaçaient de leurs couteaux...

— Ma foi, nous avons eu si peur, ventre d'hippopotame, cornes de rhinocéros, écailles de crocodile !...

— Que moi, j'ai étranglé celui-ci !

— Et que moi, j'ai assommé celui-là !

. . . .

— Me voici ! avait répondu le Lorrain.

Au son de cette voix, Yanoz fit volte-face et lâcha la jeune fille.

Celle-ci s'élança vers Callot qui l'enveloppa de ses bras.

Le gitano demeura une minute immobile, comme foudroyé par cette résurrection inattendue.

Ces mots s'étranglaient dans sa gorge :

— Lui !... Lui vivant !... Allons donc !... Impossible !...

Puis, avec un éclat de rire féroce :

— Au reste, nous allons bien voir !...

Il ouvrit rapidement sa *navaja* et se précipita sur l'artiste...

Mais, par un mouvement plus rapide encore, se dégageant

de l'étreinte du Lorrain, Diamante fit un pas en avant et présenta sa poitrine au coup qui menaçait son amant...

Ce coup était lancé. Yanoz ne put le retenir. La lame de l'arme espagnole disparut tout entière sous la gorge de la reine des Grands-Scorpions...

Celle-ci se renversa sur Jacques...

Et cet adieu : *Je t'aime !* sortit de ses lèvres avec son âme, en même temps qu'un flot de sang jaillissait de l'affreuse blessure.

Jacques, qui la serrait sur son cœur, menaça l'assassin de l'œil et de la voix :

— Oh ! misérable, je t'écraserai sur ton crime !

Le bohémien eut un geste d'insouciance farouche :

— Eh bien, après ? répliqua-t-il. C'était juré. J'avais dit : Si elle ne m'aime pas, je la tue !

Ensuite, répondant à l'arrêt de mort que prononçaient le regard et l'accent du Lorrain :

— Est-ce que tu crois que j'ai besoin de toi pour aller la rejoindre ?

La lame de son couteau était rouge jusqu'au manche.

Jusqu'au manche, il se la planta sous le sein gauche — et tomba.

ÉPILOGUE

Transportons-nous dans la bonne ville de Nancy le soir du 25 mars 1635.

Entrons dans ce logis de la Grand-Rue, — à la façade un peu hautaine, ornementée à la porte et aux croisées de sculptures rouillées par la pluie ou rongées par la lune, — où nous a fait déjà pénétrer certain rêve de notre héros.

Traversons ce rez-de-chaussée où, dans le calme, gris de ton, d'un intérieur patriarcal, nous avons entrevu la silhouette rigide de messire Jean Callot, l'ancien héraut d'armes du duc Charles III, et le profil de matrone bourgeoise de dame Renée son épouse.

Montons au premier étage et introduisons-nous dans une sorte de pignon en lanterne, qui semble — aujourd'hui encore — accroché à l'angle de la maison, et dont les fenêtres avaient vue alors sur la vaste place, entourée de barrières, où les nobles Lorrains aimaient à s'exercer au maniement du cheval, de la lance et de l'épée.

Dans cette véritable logette, il n'y avait qu'un fauteuil et un bureau.

Sur le bureau, on remarquait, au milieu des instruments

et des acides en usage pour la gravure, un exemplaire de la *Divine Comédie*, ouvert auprès d'une *Tentation de saint Antoine*, — une composition qui rappelle l'Arioste et le Dante.

Sans doute l'artiste s'était-il inspiré du grand poète italien pour créer ce poème sur cuivre digne de l'autre poème par la fougue, la force et le délire, « poème étrange, a dit un écrivain moderne, qui sent bien son enfer et qui ferait peur au diable lui-même. »

Dans le fauteuil de cuir à larges oreillettes, un homme était affaissé, échoué bien plutôt qu'assis.

Vous auriez eu peine, dans ce vieillard précoce, à reconnaître notre ami Jacques.

Il n'avait guère plus de quarante-deux ans.

Et, cependant, sa moustache, qui avait conservé un tour cavalier, et ses cheveux touffus étaient devenus d'un blanc de neige.

Son costume de velours noir accentuait encore la pâleur de cire de ses traits.

Ses lèvres blêmes, entr'ouvertes péniblement, semblaient chercher le souffle qui allait fuyant.

Ses joues, creuses et hâves, s'estompaient de bistre autour des paupières. Son corps gardait une immobilité morne.

Il ne dormait pas, pourtant, car, de temps à autre, un tressaillement brusque agitait le coin de sa bouche et plissait les rides de ses tempes.

C'était quand une compagnie de soldats français — à pied ou à cheval — défilait sous ses fenêtres, tambour battant, clairon sonnant, enseignes déployées.

En effet, les prédictions faites autrefois par la reine des Grands-Scorpions au prince Charles de Vaudémont étaient en train de s'accomplir.

Sous le règne du successeur de Henri II, Nancy avait tout perdu, fors l'honneur.

Devenu veuf de mademoiselle de Montpensier, le duc d'Anjou, que ce mariage avait fait duc d'Orléans, et qui n'avait jamais perdu l'idée d'une alliance avec la maison de Lorraine, avait demandé — et obtenu — la main d'une sœur de Charles IV.

Sur quoi, colère de Richelieu, partagée par le roi. Invasion du duché par les troupes françaises. Siège mis devant Nancy par Louis XIII en personne. Piège tendu par l'Eminence rouge au prince lorrain. Ordre arraché à celui-ci d'ouvrir les portes de la place. Enfin entrée quasi-triomphale dans la capitale de la Lorraine, vaincue sans combat, de Sa Majesté Très Chrétienne, avec ses chevau-légers, ses mousquetaires, ses gardes du corps et ses gendarmes.

« Après le train du monarque venait celui du cardinal, qui était peut-être plus magnifique que celui de son maître.

» Il avait en tête trente gentilshommes ; deux écuyers suivaient, menant un de ses grands chevaux de bataille ; puis sept pages conduisant d'autres chevaux de prix.

» Le ministre était dans son carrosse, escorté de ses *carabins* — fantassins armés de carabines — et de ses mousquetaires particuliers. »

Callot s'était enfermé dans son cabinet pour ne pas heurter ses yeux à ce cortège. Il y pleurait de rage en entendant les fanfares des vainqueurs étouffer les sanglots des vaincus. Un ordre de Richelieu vint l'y chercher et l'appela auprès du roi :

— Maître, lui dit celui-ci, nous n'avons pas oublié que vous avez retracé pour les siècles futurs la prise de l'île de Ré et le siège de la Rochelle ; aujourd'hui, vous allez représenter le siège et la prise de Nancy.

Jacques releva fièrement le front comme jadis devant le cardinal.

— Sire, répondit-il, je suis Lorrain : *Je me couperais plutôt le pouce.*

A cette audacieuse riposte, toute la salle fut en rumeur. Les courtisans se récrièrent. Des épées furent tirées. D'un autre côté, les nobles lorrains, restés fidèles à leur pays, firent cercle autour de l'artiste, décidés à le protéger et à le défendre, quand Louis XIII, qui avait çà et là l'âme d'un roi et d'un homme, calma toute cette tempête en murmurant :

— Le duc Charles est heureux d'avoir de tels sujets.

. . . .

La perte de Diamante avait été la ruine des espérances de Callot, et le retrait de Marie Touchet, le tombeau du plus beau temps de sa vie, des songes enivrants de son imagination exaltée, du printemps de son cœur.

Quand il eut mis en terre la pauvre reine des Grands-Scorpions, il lui sembla qu'il quittait sans retour toutes les joies de la jeunesse, la gloire qui rayonne et l'amour qui chante, la coupe enchantée où il avait à peine mouillé ses lèvres, le palais qu'il avait bâti sur un sable d'or.

La décadence de sa « nation » — le mot se trouve dans les écrits contemporains — mit le comble à sa tristesse.

Il eut beau se réfugier dans le travail et la religion...

Un travail où il désertait la satire de la société de son époque, — grands seigneurs et gueux, saltimbanques et soldats, la gamme ascendante et descendante de l'humanité, — pour ne plus s'occuper que du ciel et de l'enfer, entre la messe du matin et la prière du soir...

Une langueur sans cause apparente s'empara de lui.

Il n'eut plus d'ardeur à rien, sinon à s'agenouiller devant Dieu.

Il n'était pas mort, et il n'était déjà plus de ce monde. C'en était fait de sa santé. Il porta plus d'une année le deuil de lui-même.

Au moment où notre récit touche à sa fin, le mal était arrivé à son dernier période.

— Catherine !...

A cet appel formulé par le moribond d'une voix faible et lente, une femme, qui devait écouter à la porte, s'empressa d'entrer dans le réduit.

Cette femme pouvait avoir une trentaine d'années.

Elle était grande et maigre, et sa taille manquait de souplesse et de proportion.

Elle portait une robe de laine brune coupée *à la religieuse* avec de larges manches et un corsage montant.

Son béguin, garni de dentelle de Mirecourt, qui lui ceignait étroitement le front, laissait à peine apercevoir deux crochets de cheveux d'un blond fade.

Ses sourcils presque imperceptibles et ses yeux d'un gris pâle augmentaient encore l'expression sérieuse de sa physionomie.

C'était l'épouse légitime de notre artiste.

Car celui-ci s'était marié, après la mort de ses parents, pour ne pas être seul au monde.

Il avait épousé une de ses cousines, Catherine Kuttinger, une veuve, dont il aimait à voir la fillette, âgée d'une dizaine d'années, folâtrer dans son intérieur de Nancy et dans sa maison de campagne de Villers.

Mariage de raison, s'il en fut.

Cette ménagère-modèle ne fut jamais pour lui une autre Diamante.

— Que voulez-vous, mon cher époux? demanda-t-elle en s'efforçant d'adoucir le timbre ordinairement revêche de son organe.

— Ouvrez la fenêtre, je vous prie.

La bourgeoise joignit les mains :

— Ouvrir la fenêtre, doux Jésus !... Quand la fraîcheur du soir peut vous être fatale !... Et quand le médecin vous a expressément défendu de vous exposer au moindre froid !...

— Ouvrez la fenêtre, reprit Jacques. Il me semble que j'entends une musique étrange. Il doit se passer quelque chose d'extraordinaire sur la place...

La bonne dame haussa les épaules :

— Humph ! maugréa-t-elle, sans doute quelque montreur d'ours, quelque racleur de rebec ou quelque chanteur de complaintes qui ameutent les imbéciles.

— Il n'importe : ouvrez la fenêtre.

— Comment! quand vous savez que ce mois de mars est pernicieux pour les malades avec ses revenez-y d'hiver...

Et puis, ce soir, à souper, arrivera la même antienne :

« Dame Catherine, je suis transi. Dame Catherine, je n'ai plus de force. Dame Catherine, je ne me sens aucun appétit... »

Et ce sera un maigre bouillon aux herbes que vous entamerez à peine, au lieu de vous restaurer d'une copieuse assiettée de soupe grasse, d'une cuisse de chapon au gros sel ou d'une carpe à l'étuvée, — arrosées de deux ou trois verres de vin de Bar, de Pagny ou de Thiaucourt, — comme il convient à tout chrétien pour entretenir en lui l'œuvre de la Providence et aussi utiliser ce qu'elle a fait pour l'homme.

— Encore une fois, ouvrez la fenêtre.

La pauvre voix de l'artiste tremblait d'impatience.

Il ajouta avec autorité :

— Je le veux.

La ménagère obéit en rechignant.

Le soleil couchant frappait de flammes obliques la façade des maisons qui bordaient la Carrière — c'est aujourd'hui le nom de cette place — et la figure des badauds assemblés.

Car il y avait force badauds autour d'un groupe d'aspect et d'attitudes bizarres.

A la vue de ce groupe, Jacques eut une sourde exclamation.

Il en reconnaissait les personnages.

Vous les auriez reconnus, vous aussi.

Vous auriez reconnu ces visages et ces guenilles hyperboliques :

Le Docteur, toujours loquace et emphatique dans sa défroque de savant à laquelle l'âge avait ajouté autant de nouvelles lézardes qu'il avait mis de nouveaux coups de hachoir dans le parchemin de son front...

Horeb, plus pointu qu'un de nos paratonnerres modernes

dans son vêtement écarlate qui semblait, maintenant, fait de taches et de trous...

Wiarda et Baïssa, ruines branlantes de vétusté, sœurs de l'Eternité, mères du Temps à la barbe blanche :

Celle-ci, avec son calumet.

Celle-là, avec ses lunettes.

Pipe et bésicles immortelles, comme leur laideur vieillie de quinze ans, comme leur taille courbée en deux, comme la moustache de leurs verrues, comme la mousse de leur menton et comme leur bouche avalée par les gencives !

C'était tout ce qui restait de la tribu des Grands-Scorpions.

Jacques savait où étaient passés les autres : Pharam, Polgar, Giseph, Gorbas...

Sans compter Djabel, Yanoz et Diamante...

Mais quoi ! Diamante n'était pas morte !...

Elle était là !...

Il la voyait !...

Pendant que le Docteur grattait de la guitare, que Horeb soufflait dans un fifre et que les deux vieilles chantonnaient un refrain bizarre et macabre, Diamante, au milieu du cercle bruyant, dansait sur le même tapis qu'autrefois...

Elle avait les mêmes oripeaux, le même diadème de clinquant, la même agilité, la même souplesse gracieuse...

Les sonnettes du même tambour de basque babillaient sous ses doigts, au bout de ses bras arrondis au-dessus de sa tête...

Callot s'était levé avec peine...

Il avait marché vers la fenêtre en chancelant...

Accroché, pour se soutenir, à l'appui de cette fenêtre, il se penchait avidement au dehors...

Son œil s'était ranimé. La rougeur, la chaleur du sang étaient remontées à ses pommettes saillantes. Son cœur battait. Il se sentait revivre.

Il tendit ses mains suppliantes vers la charmante apparition...

Et ce nom sortit de son âme non moins que de ses lèvres, trois fois répété dans un cri d'amour :

— Diamante !... Diamante !... Diamante !...

La danseuse entendit.

Elle s'arrêta, aperçut ce gentilhomme et accourut sous le balcon.

Hélas ! ce n'était point la fille adoptive de Pharam et de Mani.

Ce n'était point l'héritière du duc Henri et de Marguerite de Gonzague.

Elle n'avait que le costume et l'âge de l'ancienne reine des Grands-Scorpions.

Son teint de métisse, sa chevelure de laine noire, ses prunelles de jais, le bourrelet de ses lèvres et ses dents d'ogrichonne, — non moins que son air hardi, rusé et libertin, — tout en elle indiquait la créature de pure race égyptiaque, sans croisement.

Elle tendit son tambour de basque :

— Seigneur, fit-elle, je m'appelle Midji. La Diamante dont vous parlez nous a quittés voici beau temps. Les anciens disent qu'elle en est morte.

Vous vous souvenez que, là-bas, dans l'Apennin, la nuit où notre artiste avait été reçu membre de la grande famille des *Rômes*, on lui avait fait embrasser la plus jeune de la tribu. Une fillette encore dans les langes. Cette fillette, c'était Midji.

Callot retomba dans son fauteuil.

Le sentiment de l'illusion dont il venait de frissonner avait achevé de le briser.

Le regret de quelque chose d'irrémédiable pleurait en lui.

Il ferma ses paupières appesanties dans l'anéantissement d'un sommeil de plomb.

La nuit tombait. L'air glacé s'engouffrait par la fenêtre ouverte. Tout se faisait noir dans la logette...

Parfois un hoquet de toux secouait le moribond, sans que celui-ci se réveillât...

Sa tête avait roulé sur sa poitrine...

Ses bras pendaient de chaque côté de son siège...

Puis, cette toux se changea en une sorte de sifflement...

Puis, ce sifflement s'éteignit à son tour...

Catherine Kuttinger entra, une lampe à la main :

— Mon ami, le souper est servi.

Son mari ne lui répondit pas...

Elle se pencha et poussa un cri...

La lampe s'échappa de ses mains et se brisa sur le parquet.

Jacques Callot avait cessé de vivre.

FIN

LES
MASQUES DE SUIE

LES
MASQUES DE SUIE

PROLOGUE

I

LA NUIT DU 16 MARS 1796

Le décadi, 28 ventôse an V de la République française, — une et indivisible, comme on disait alors, — autrement, selon le calendrier grégorien, le dimanche 16 mars 1796, trois métayers de Villecerf se rendaient à Moret, pour fêter le jour du repos établi par la Convention. C'étaient les citoyens Pierrin, Robert et Fournier. Villecerf et Moret, dans Seine-et-Marne, appartiennent à l'arrondissement de Fontainebleau.

Il était environ cinq heures du matin. Une brume laiteuse écrasait la campagne d'une sorte de rideau de ouate si dense et si opaque, que les trois compagnons, serrés l'un contre l'autre dans la carriole de Pierrin, apercevaient à peine la tête du cheval dont le trot allongé martelait la terre sèche.

Tout à coup l'animal s'arrêta brusquement.

— Hue donc, *Ci-devant!* cria Pierrin.

Pierrin, qui avait servi sous Hoche et Pichegru, — sur le Rhin, — avait appelé son cheval *Ci-devant*, en souvenir de ses anciens adversaires de l'armée de Condé.

Ci-devant demeura immobile. Son maître répéta l'injonction, en l'appuyant d'un vigoureux coup de fouet. Le cheval ne bougea pas davantage.

— Oh! oh! murmura le métayer, la bête flaire quelque chose qui n'est pas naturel sur la route ou dans le vent.

— Bah! fit Fournier, une pierre, un trou, peut-être un arbre ou bien un poteau renversé par la tempête.

Pierrin se pencha en avant.

— Camarades, dit-il, Ci-devant n'est pas un poltron. Or, Ci-devant tremble; il a les oreilles toutes droites; tenez, le voilà qui hennit à présent. Pour sûr, nous allons nous butter dans un malheur.

— Il faudrait voir, reprirent les deux autres.

Robert sauta à bas de la carriole. Presque aussitôt on l'entendit crier :

— Eh! les amis, il y a un homme!

Fournier et Pierrin descendirent à leur tour.

— C'est, ma foi, vrai, dit le premier. Il est là, étendu sous les pieds du cheval. Un homme soûl...

— Un homme mort! dit le second.

— Oh! firent ses compagnons avec terreur.

— Regardez-moi ce sang et cette grimace!... *Meshuy!* le pauvre diable est bien *ad patres*, allez!... Et il y a longtemps encore! Il est tout bleu, tout raide et tout glacé!...

— Oui, opina Fournier, c'est un particulier qui aura trop levé le coude hier, au marché de Moret. Le froid l'aura pincé en route, et il se sera cassé quelque chose contre un caillou en tombant.

— Un fichu accident! appuya Robert.

Pierrin secoua la tête :

— Ça n'est pas un accident; c'est un assassinat.

— Un assassinat !

— Le sang vient de la poitrine. Voyez-vous, là, à gauche, cette boutonnière ? C'est un coup de couteau, mes compères, un maître coup qui a dû aller droit au cœur. En fait de saignées, je m'y connais. J'en ai pratiqué plus d'une aux kayserlicks.

Les trois métayers se considérèrent un instant en silence. Puis Robert et Fournier demandèrent :

— Qu'est-ce que nous allons faire ?

— Eh ! parbleu ! répondit Pierrin, c'est bien simple : nous allons charger le corps sur la carriole à notre place et nous le voiturerons jusqu'à Moret, où nous le remettrons aux gendarmes. Nous ferons ensuite notre déposition, et la justice s'arrangera comme elle voudra.

Ainsi fut fait. Le cadavre — hissé — fut attaché avec des cordes sur le banc qu'occupaient les trois compagnons, et, aucun d'eux n'ayant osé monter auprès de lui, Pierrin prit Ci-devant en bride, tandis que les deux autres marchaient à ses côtés.

L'aube s'était levée, refoulant le brouillard. Les fermes — échelonnées le long de la route — s'éveillaient et s'ouvraient. Sur le passage de la voiture et de son lugubre fardeau, ce n'étaient qu'exclamations de surprise, de pitié et d'effroi. Plus de cinquante personnes lui firent escorte. Il y en eut qui coururent devant porter la nouvelle à la ville.

Le faubourg de Moret était pavé et muré de visages curieux et de voix glapissantes. Toute la population s'était ruée à la rencontre du véhicule. Celui-ci s'avançait lentement dans la foule qui s'écroulait derrière lui et le suivait en bourdonnant. La banquette étant trop étroite pour y coucher le corps tout de son long, en travers, les métayers avaient été obligés de le lier debout au dossier ; et c'était un spectacle étrange, en vérité, que celui de ce mort, pétrifié par la gelée, et se tenant sur ses pieds, solide et immobile, la tête toute blanche de givre, la poitrine toute rouge de sang !

Sur le pont qui précède la poterne à donjon, à créneaux, à barbacane et à mâchicoulis par laquelle Moret se recommande à l'attention du voyageur, il devint — à cause de l'affluence — impossible d'aller plus loin. La voiture s'arrêta, — et le cadavre fut descendu.

C'était le corps d'un homme d'une cinquantaine d'années, — de haute taille, d'apparence robuste et d'une figure énergique, vêtu, à la façon des citadins du temps, d'une carmagnole de gros drap brun assez usé, d'un gilet de même étoffe et d'une culotte de velours vert côtelé, sur laquelle se bouclaient des guêtres de cuir encroûtées de boue. Il n'avait ni cravate ni chapeau. Son gilet déboutonné laissait voir sa chemise de toile fine, toute plastronnée et toute rigide de sang. Le froid de la nuit lui avait, en le momifiant pour ainsi dire, conservé l'attitude et l'expression qu'il avait au moment où son assassin s'était précipité sur lui pour le frapper : sa tête violemment rejetée en arrière, ses paupières dilatées, le bouleversement de ses traits, tout indiquait l'épouvante suprême du malheureux qui voit la mort s'abattre sur son front, — impitoyable et foudroyante !...

On le posa, toujours debout, contre le parapet. Le givre, qui avait accroché à ses sourcils une peluche étincelante, se mit à fondre sous un rayon de soleil. On eût dit qu'un ruisseau de larmes descendait de ses yeux fixes sur ses joues pâles et glacées.

Une clameur s'éleva dans la foule :

— C'est Pierre Lombard, le colporteur ! Pierre Lombard, le marchand de biens ! Pierre Lombard, l'*honnête homme* !...

Pierre Lombard était, en effet, bien connu à Moret et dans les environs. Depuis plus de dix ans, on le voyait sillonner le canton en toute saison, par tous les temps, sous le soleil et sous la neige, à travers vent et pluie, dans la poussière de juillet et dans le brouillard de novembre.

Il avait commencé par faire du petit commerce, de bourg en bourg, de village en village, de hameau en hameau, de métairie en métairie. Aux ménagères, il vendait des aiguilles, du fil, des ciseaux, toute sorte de menue mercerie ; aux fillettes, des rubans, des miroirs, des chaînes en jaseron et des mouchoirs de Chollet aux couleurs éclatantes ; aux hommes, de la poudre de chasse, du plomb, des rasoirs, des boucles de souliers, des pipes, des tabatières et des eustaches. Plus tard, ses affaires ayant prospéré, il avait débité des draps, des toiles, de la bijouterie de toilette et de l'argenterie de table. Plus tard encore, il s'était mis à avancer des sommes modiques à des cultivateurs obérés, moyennant un intérêt raisonnable. Enfin, la Révolution arrivée, il avait fait sur une vaste échelle le courtage des grains et des propriétés, le prêt sur hypothèque et l'achat des biens nationaux. Tout cela, sans rien changer à ses façons de porte-balle et à son extérieur de camelot !

Le surnom sous lequel il était devenu populaire témoignait de la loyauté qu'il apportait dans ses opérations.

Pierre Lombard avait passé à Moret toute la journée de la veille. C'était marché. Selon son habitude, le marchand de biens avait tenu son audience à l'auberge de l'*Ecu*, réglant ses comptes avec les uns, écoutant les propositions des autres, trafiquant sur les terres et les récoltes, accueillant les emprunteurs, gourmandant les débiteurs. Il était parti, sur le soir, avec un compagnon.

Ce compagnon, la foule le désigna d'une façon terrible aux investigations de la justice. En effet, à cette clameur :

— C'est Pierre Lombard, l'honnête homme ! répondit un cri général :

— C'est François Breton, le joli meunier de Nemours, qui a fait le coup !

II

L'ENQUÊTE

Le juge de paix et le maire, — suivis d'un médecin et du brigadier, — arrivèrent sur cette explosion.

— Que pensez-vous de cette accusation, citoyen? demanda le juge de paix.

— Hum! opina le maire, ce François Breton est un gars d'une méchante réputation.

— *Vox populi, vox Dei,* — je veux dire: de *l'Etre Suprême*, appuya le docteur en humant une prise.

Quant au brigadier Beaupoil, il se contenta de chiffonner sa moustache en affirmant;

— Si j'étais aussi sûr de passer maréchal des logis demain matin que le joli meunier de Nemours est pour quelque chose là-dedans, je ferais coudre ce soir deux galons d'argent sur ma manche.

— Il faut nous partager la besogne, dit le juge de paix au maire. Rendez-vous sans perdre un instant, accompagné du brigadier et d'un de ces hommes, — il désignait les trois métayers de Villecerf, — à l'endroit où le corps a été ramassé, et livrez-vous sur ce point, ainsi qu'aux environs, à toutes les recherches qui pourront vous lancer sur la trace du coupable. Moi, je vais m'installer à la mairie et recueillir les témoignages, les renseignements et les indices. Pendant ce temps, le docteur procédera à l'autopsie. A votre retour, nous déciderons des mesures à prendre et du rapport à envoyer au citoyen directeur du jury de Melun.

Le maire, le brigadier et Pierrin montèrent dans la carriole de ce dernier, laquelle reprit promptement le chemin de Villecerf.

En même temps, le cadavre était transporté à la mairie.
Il résulta de l'autopsie :

Que Pierre Lombard avait succombé à un coup de couteau porté de haut en bas dans la région du cœur par une main ferme et habile, la profondeur de la blessure dénotant chez l'assassin une vigueur peu commune, et la lame de l'arme ayant, avant de pénétrer dans la poitrine, traversé le gilet et la chemise de la victime, ainsi qu'une sorte de scapulaire qu'elle portait pendu au cou. Dans ce scapulaire, il y avait deux mèches de cheveux : l'une assez longue, d'un blond roux, avec quelques fils argentés, semblait avoir appartenu à une femme d'un certain âge ; l'autre, d'un blond clair et ambré, frisée, fine, soyeuse, était, évidemment, une boucle coupée de la chevelure d'un enfant.

On découvrit aussi, dans une des poches du défunt, un carnet de maroquin rouge, estampé et agrafé d'or, dont l'élégance contrastait singulièrement avec le vêtement commun au fond duquel on le trouva. Ce carnet renfermait :

Une miniature — d'un travail précieux — représentant, sur émail monté en argent, une femme d'un très grand air, en costume de l'ancienne cour ;

Un bouquet de violettes, aplati et desséché ;

Une carte de sûreté et un permis de circulation sur le territoire de la République, signés du ministre de la police Fouché ;

Un certificat de civisme délivré au citoyen Pierre Lombart, 11, quai de la Tournelle, à Paris, par le citoyen Hullin, « président de la commission des Vainqueurs de la Bastille, séant à l'Arsenal, en l'hôtel du ci-devant patriote Sully. »

Enfin, deux lettres, dont le juge de paix prit immédiatement connaissance.

La première était ainsi conçue :

Paris, 20 pluviôse, an V.

« Mon vieil ami,

» Je pars dans deux heures pour la Bretagne. Le général Hoche ayant demandé au gouvernement un agent actif et hardi pour sonder les populations du Morbihan à l'endroit d'une descente présumée du comte de Provence, c'est sur moi que Fouché a jeté les yeux pour mener à bien cette mission. Avant trois jours je serai à Rennes. Après, à la grâce de Dieu.

» Tu comprendras que je n'ai pas voulu quitter Paris sans aller embrasser notre chère petite Christiane, que j'aime tant, parce que c'est ta fille, c'est-à-dire la fille de l'homme le plus loyal et le plus généreux que je connaisse, et aussi celle de ta pauvre Hélène que j'ai tant aimée !

» Je me suis donc rendu au pensionnat qui est derrière l'église paroissiale de Chaillot. Il était une heure de l'après-midi environ. Le dîner venait de finir, et, dans la partie du jardin dévolue aux récréations, on entendait le gai tapage des fillettes.

» La tienne songeait à l'écart, sur un vieux banc de granit ombragé par d'épais feuillages.

» Quand elle m'a aperçu, elle est venue d'un bond se suspendre à mon cou !

» Elle a douze ans, sais-tu ? C'est une grande demoiselle. Son front pense déjà.

» Nous nous sommes enfoncés — bras desssus bras dessous — dans l'allée de tilleuls qui descend vers la Seine, et nous avons parlé de toi.

» Où est-il ? — Que fait-il ? — Quand reviendra-t-il ?...

— On pense à lui, on l'adore, on grille de l'embrasser... Heureux père !

» Lorsque je lui ai appris mon départ, la chérie a fondu en larmes. Puis, comme j'ajoutais que j'allais t'écrire pour te prévenir de mon voyage, elle a voulu tout absolument te tracer un bout de billet sur une page de mes tablettes. Je te l'envoie à Fontainebleau, où tu dois être, avec le bouquet de violettes qu'elle portait à sa ceinture. Elle me l'avait donné pour moi, mais je ne suis pas égoïste.

» L'heure me pressait; j'ai serré Christiane dans mes bras et je me suis éloigné bien triste, — triste comme si un malheur planait sur notre tête, triste comme si l'un de nous trois allait mourir.

» Quand te reverrai-je? Je ne sais. Les Chouans ont le flair des Peaux-Rouges. S'ils m'éventent, je suis un homme perdu. Bah ! chacun sa profession ! — J'aime la mienne *quand même*. Advienne que pourra !

» Je te serre fraternellement la main.

» VAUDRILLAN. »

La seconde lettre, — un billet plutôt, — contenait ces quelques lignes griffonnées au crayon :

« Monsieur mon cher papa,

» Je ne suis pas contente de vous. Oh ! mais pas du tout, du tout, du tout !... Vous êtes toujours sur les chemins. Certes c'est bien bon de gagner de l'argent ; mais c'est meilleur d'embrasser sa petite Christiane !

» Avec qui vais-je causer de vous, à présent que voilà mon ami Vaudrillan parti ? Dépêchez-vous de terminer vos affaires. Il y a tout plein de gros baisers qui vous attendent.

» Ma maîtresse de pension est fort contente de moi. Je joue déjà pas mal d'ariettes sur mon clavecin. Le citoyen Méhul, qui m'a entendue l'autre jour, m'a prédit que je deviendrais une virtuose.

» Encore une fois, revenez vite, — avec floréal, — avec le soleil, la joie, le printemps...

» CHRISTIANE. »

Le juge de paix mit de côté ces documents pour les annexer à son rapport. Il interrogea ensuite tous ceux des habitants de Moret et des paysans d'alentour qui pouvaient apporter quelque clarté dans cette lugubre affaire. Il y en avait beaucoup.

A midi, le maire et le brigadier étaient de retour. Ils avaient opéré avec la plus scrupuleuse minutie. Après qu'ils eurent communiqué leur procès-verbal au juge de paix :

— Décidément, dit celui-ci, le doute n'est plus permis, et il faut s'assurer sans retard de la personne de François Breton.

— Hé ! fit le maire, le meunier n'est pas assez bête pour nous attendre à son moulin. Il aura filé sur Paris, par la forêt de Fontainebleau, ou par la route de Montargis...

— Savoir ! répliqua Beaupoil. François Breton a à Nemours une particulière qui lui tient au cœur ; du diable s'il se sera donné de l'air sans chercher à la revoir, à l'emmener peut-être ! M'est avis, qu'en se dépêchant, on pincera le lièvre au gîte.

Puis, s'adressant à un des hommes de sa brigade :

— Flageolet, cours seller mon poulet d'Inde, charge mes pistolets et mets-les dans les fontes.

III

LE RAPPORT

Quelques instants plus tard, le brigadier Beaupoil montait à cheval au milieu des groupes pleins de rumeurs qui stationnaient devant la mairie et s'élançait à fond de train dans la direction de Nemours. A peu près au même moment, le juge de paix commençait à dicter à son greffier son rapport au directeur du jury de Melun.

Faisons remarquer qu'à cette époque, relativement à la poursuite des crimes et à la mise en accusation de ceux qui en étaient soupçonnés, le directeur du jury était en quelque sorte à la fois agent de police judiciaire, procureur général, juge d'instruction et cour d'appel. Seulement, sa procédure et son acte d'accusation étaient soumis au visa d'un commissaire du pouvoir exécutif et à l'appréciation de huit citoyens auxquels il exposait les faits de son instruction, qui entendaient les témoins, les accusés, et qui prononçaient un premier verdict dit d'accusation. Les jurés d'accusation n'étaient pas les mêmes que ceux qui, près le tribunal criminel, étaient chargés de décider de la culpabilité des accusés. Ceux-là se nommaient jurés de jugement. Le code

Napoléon supprima cet ordre de choses, qui, avec de légères différences, existe encore en Angleterre.

Après avoir raconté au magistrat comment le cadavre de Pierre Lombard avait été ramené à Moret par Pierrin, Robert et Fournier, le juge de paix ajoutait, en résumant le sentiment universel :

« L'opinion n'a jamais cessé de désigner le défunt comme un bon citoyen et un excellent patriote. Il était sobre et laborieux, infatigable et irréprochable. Peut-être affectait-il des façons un peu rudes ; mais, sous cette apparente brusquerie se cachait un esprit d'humanité dont la contrée a plus d'une fois éprouvé les effets. »

Après avoir rendu hommage au caractère du marchand de biens, le juge de paix poursuivait :

« Je regrette, citoyen directeur, de ne point avoir une appréciation aussi favorable à émettre sur le compte du nommé François Breton, l'auteur présumé de ce détestable forfait.

» Les antécédents, la conduite, les passions de ce jeune homme l'indiquent à l'examen de l'autorité non moins que l'ensemble de preuves écrasantes et de témoignages accablants que je vais avoir l'honneur de placer sous les yeux du jury d'accusation :

» François Breton a vingt-cinq ans ; il est connu sous le sobriquet du Joli Meunier, à cause de sa figure agréable, de ses manières, de son langage de citadin et de la recherche de sa mise. Ses parents, propriétaires du moulin à huile dont il a hérité dans la banlieue de Nemours, n'auraient rien tant voulu que le voir entrer dans les ordres et lui ont fait donner une excellente éducation. Il a été élevé au collège des ci-devant jésuites de Sens, d'où il s'est fait chasser, vers 1790, pour avoir essayé d'y mettre le feu par vengeance d'une punition de deux jours de cellule, que son arrogance lui avait fait infliger.

» De retour à Nemours, il est devenu promptement le scandale du pays et la honte de sa famille par ses mœurs dissolues et ses actes d'improbité.

» Ses parents ayant succombé aux chagrins dont il abreuvait leur vieillesse, le meunier a mis la bride sur le cou à ses goûts de paresse, de plaisir, de toilette et de dissipation. Tout son patrimoine y a passé. Il en a aliéné les dernières épaves pour séduire la fille d'un de ses voisins, — la couturière Jeanne Liégeart, — qui n'a pas hésité à abandonner le domicile paternel pour le suivre dans son moulin.

» Au su de tout le monde, François-Breton était le débiteur de Pierre Lombard. Il lui avait souscrit, pour une somme assez forte, des billets qu'il ne payait point, et dont le marchand de biens poursuivait le recouvrement avec une certaine insistance.

» Hier, en arrivant au marché, le meunier s'informa près de plusieurs personnes si son créancier était à l'Ecu. Sur leur réponse affirmative, il entra dans l'auberge et s'assit à la table de Pierre Lombard. Tous deux se mirent à causer avec animation, à voix basse d'abord, puis sur un ton plus élevé, de sorte que leur discussion fut entendue de toute la salle. Pierre Lombard disait :

« — T'accorder du temps, mon garçon, serait te rendre
» un mauvais service. Tu ne seras pas plus en mesure dans
» un mois qu'à présent, et nous aurons perdu tous deux
» quatre semaines à baguenauder.

» — Ah çà ! vous êtes donc impitoyable ?

» — Oui, certes, pour les gens de mauvaise volonté et
» de mauvaise vie. Quand on a de l'argent pour courir les
» cabarets, les tripots et les filles, on n'en doit pas manquer
» pour désintéresser un honnête homme qui a eu confiance.
» Prouve-moi ton bon vouloir. Prive-toi, sèvre-toi, donne-
» moi un acompte. Autrement j'envoie, dès demain, les
» huissiers à ton moulin.

» — Vous voulez me ruiner ?

» — Hé ! il y a belle lurette que tu t'es ruiné toi-même
» avec tes fredaines et tes vices.

» — Qu'est-ce que je deviendrai quand vous aurez fait
» vendre tout ce que je possède ?

» — Tu te feras soldat, parbleu ! La République a besoin
» d'hommes. Ou bien tu travailleras. Tu es jeune, vigou-
» reux, intelligent, instruit, que diable ! Les gens de ton
» calibre ne sont pas uniquement bâtis pour courtiser les
» cartes, les donzelles et les pots. »

» François Breton sortit furieux. Toute la journée il erra de cabaret en cabaret. Le soir, il revint à la charge. Au moment où Pierre Lombard allait se mettre en route, on l'entendit lui demander :

» — Où allez-vous, compère ?

» — A Nemours mon garçon.

» — J'y retourne aussi. Si vous voulez, nous réglerons
» nos comptes en cheminant. »

» Pierre Lombard frappa sur la poche qui contenait son portefeuille :

» — Tes billets sont là. Ils n'en sortiront que contre écus
» ou assignats. Epargne-toi les phrases... Nonobstant, j'ac-
» cepte ta compagnie ; je ne te crois pas encore assez co-
» quin pour craindre qu'il m'en advienne mal. »

» Ils partirent. Il était environ huit heures du soir. Vingt témoins les virent passer sous la porte, traverser le pont et s'enfoncer dans le faubourg.

» Un berger, dont la cabane se trouvait dans un champ voisin du point de la route sur lequel le cadavre a été découvert, a déclaré qu'à une heure de la nuit, qu'il ne saurait préciser, il avait été réveillé par un cri perçant de détresse. »

Le juge de paix conjecturait, d'après la position du corps et le rapport du médecin, que Pierre avait été poignardé au moment où, pour parer une attaque qui menaçait sa tête, il rejetait celle-ci en arrière et couvrait son front de ses bras, laissant ainsi à découvert son buste, — mouvement prévu par l'assassin, lequel avait pu choisir alors la place où enfoncer son arme librement.

« La mort a dû être instantannée, ajoutait-il, et le vol a certainement suivi l'assassinat. La victime a été fouillée ; la ceinture dans laquelle elle portait son argent, et qu'on lui avait vue dans la journée, à l'Ecu, a disparu ; on a ramassé dans le fossé son chapeau, sa cravate et son portefeuille ; celui-ci était vide. Les valeurs en assignats et les billets de François Breton qu'il devait contenir avaient été enlevés.

» Nulle trace de lutte sur le terrain. Les pas des deux voyageurs se côtoyaient jusqu'à l'endroit fatal. Au delà, un seul avait continué sa route, en se pressant. Les empreintes de sa marche indiquaient un petit pied et une chaussure légère. Or un témoin a dit :

» — Le joli meunier est si faraud de ses pattes qu'il ne se
» trimballe qu'en escarpins. »

» En conséquence de ces graves présomptions, je me suis empressé, citoyen directeur, d'ordonner l'arrestation de François Breton, lequel sera tenu à votre disposition pour être, à votre diligence, traduit devant les citoyens jurés ».

Comme le juge de paix venait de conclure ainsi, le gendarme Flageolet entra, et, portant la main à son tricorne :

— Pardon, excuse, citoyen magistrat. J'aurais deux mots de conséquence supérieure à te communiquer avec respect.

— Parle, mon brave.

— Voilà la chose : Pour lors, est-ce que tu crois militairement urgent que nous restions là tous les quatre à veiller comme des pleureuses le paroissien qui a tourné l'œil ? Ou bien, est-ce que tu as une besogne quelconque à nous donner pour la soirée ?

— Un de vous va monter à cheval pour porter mon rapport à Melun ; un autre restera pour garder le cadavre ; le reste de la brigade est libre.

— Vive la nation, alors ! Picard sera de planton auprès du refroidi, Gaucher te servira d'estafette, et je piquerai sur Nemours, avec Brossard, pour rejoindre le brigadier.

— Rejoindre le brigadier ?

— Mon magistrat, je vais t'expliquer : Beaupoil est le

brave des braves, c'est connu ; nous avons sabré les Prussiens ensemble à Valmy, à Fleurus, à Jemmapes ; mais le meunier est un lapin qui n'a pas d'engelures aux paupières, malgré son encolure de marquis de Quinze-Onces ; il ne se laissera pas empoigner sans regimber.

— Ce garçon a raison, dit le maire. François Breton est hardi, alerte, robuste, sous des apparences de faiblesse, qu'il exagère hypocritement ; je le crois décidé à tout. Il se peut que le brigadier ait à batailler avec lui.

— Le citoyen maire parle comme un représentant, s'écria Flageolet. Ah ! s'il ne s'agissait que de se colleter d'homme à homme franchement, vaillamment, comme une paire d'amis, quand même votre scélérat serait agile comme un houlan, féroce comme un Croate et terrible comme un pandour, j'offrirais de parier un écu de six livres contre un assignat de cent francs que Beaupoil nous le rapportera avant dîner, ficelé sur l'arçon de sa selle ainsi qu'une carotte de tabac à chiquer. Mais ce muscadin de meunier a dans son sac plus de ruses, de manigances et de trahisons qu'un chouan...

— Beaupoil peut requérir la brigade de Nemours, fit observer le juge.

— Ah ! ouiche ! et la gloriole ! riposta Flageolet. Beaupoil, tombé dans le Loing, se laisserait manger à menues bouchées par les poissons plutôt que de crier au secours.

— Allez donc, dit le magistrat, après avoir réfléchi.

— Merci, citoyen.

Et, se précipitant au dehors, le gendarme héla son camarade :

— Le pied à l'étrier, Brossard ! J'ai le tympan qui me carillonne comme si j'avais le bourdon de Notre-Dame en guise de boucle d'oreille. Ça signifie que le brigadier a besoin de nous.

Les gendarmes partirent à franc étrier.

Il ne faut pas oublier que le brigadier Beaupoil avait deux bonnes heures d'avance sur eux.

Il était nuit close quand les cavaliers arrivèrent en vue de Nemours. Ils se dirigeaient rapidement vers le moulin de François Breton, quand un cri déchirant, terrible, suprême, arriva jusqu'à eux.

— Tonnerre! s'écria Flageolet, c'est le brigadier qu'on égorge!...

IV

LE MOULIN

Nemours est une gentille petite ville de trois à quatre mille habitants, assise au bord du Loing, sur les côtes de l'Ile-de-France. La route du Bourbonnais la transperce de part en part. C'est entre la rivière et la partie méridionale de cette route, — celle qui court vers Montargis, — qu'était situé le moulin à huile de François Breton.

L'établissement du Joli Meunier se composait d'un grand corps de logis à deux étages, coiffé d'un toit en poivrière à la pointe duquel grinçait une girouette. François Breton faisait ses affaires — d'aucuns ajoutaient ses orgies — au rez-de-chaussée. Il avait installé dans les chambres du haut, celles qu'occupaient autrefois ses parents, Jeanne Liégeart, cette fille qui avait déserté le foyer paternel pour devenir servante-maîtresse au moulin — ce qui n'avait pas peu contribué à faire crier le populaire au scandale, à l'effronterie et à la profanation.

Le reste de la portion supérieure de l'habitation était absorbé par des greniers servant de magasins — le plus souvent vides alors.

La façade qui regardait la route était précédée d'une cour assez spacieuse, qu'encadraient des murailles à pic et que fermait une porte charretière solide, massive et ferrée à soutenir un siège. L'autre côté plongeait, pour ainsi dire, dans le Loing, qui écumait et bouillonnait contre la roue destinée à mettre en mouvement les machines de l'exploitation.

Comme il eût été trop pénible et trop long pour les voitures qui arrivaient du nord, chargées de matières à moudre, de traverser la ville pour rencontrer un pont, le père Breton avait fait jeter une passerelle sur la rivière, très encaissée, très rapide et très profonde en cet endroit. Cette passerelle donnait accès par une baie-fenêtre dans la salle basse du moulin : c'était le chemin — un peu étroit — par où entraient les sacs et sortaient les tonneaux.

Il faut le dire, sous le règne du vieux meunier, le moulin avait un air actif, propret, honnête, qui réjouissait l'âme et souriait aux yeux. Mais depuis que le fils y avait introduit ses détestables penchants, les chauves-souris de la misère et de l'abandon semblaient l'avoir touché de leur aile sinistre. La toiture s'effondrait par places; la mousse poussait drue et humide dans la cour; la girouette rouillée résistait et pleurait au vent; les volets des croisées pendaient comme des oreilles déchirées. Il y avait longtemps que les voitures n'arrivaient plus du nord ni du midi, et que les garçons meuniers, leur fardeau sur l'épaule, avaient cessé de s'engager, d'un pied ferme et familier, sur la passerelle, dont il ne restait qu'une planche.

La roue seule, qu'on avait oubliée d'arrêter, virait et tournait, tournait, tournait toujours dans le remous, — galvanisant les meules qui n'avaient plus rien à broyer.

Six heures du soir sonnaient à l'église de Nemours. Le jour baissait; le temps avait changé; au froid vif du matin avaient succédé des bourrasques de grêle et de pluie.

Dans la salle basse du moulin, — salle qui servait de cuisine et dans laquelle la baie-fenêtre de la passerelle faisait vis-à-vis à la porte de la cour, — un homme achevait de remplir une valise. Cet homme, de taille moyenne, assez mince, leste d'allures et de mouvements, les cheveux coupés à la Titus et le bas du visage perdu dans une barbe brune, courte et frisée, qui mettait en relief la pâleur de son teint, la blancheur de ses dents et l'éclat de ses yeux, portait une veste de drap gris à larges boutons d'os, un pantalon de même étoffe dit à *charivari*, et une chemise de flanelle rouge fermée au cou par une agrafe d'argent, représentant une petite guillotine. Ce bijou accusait, chez son possesseur, la prétention de suivre la mode pas à pas. Il y avait alors des muscadins au village comme au palais Egalité, et le Joli Meunier de Nemours était de ceux-là. Parfois, il s'interrompait de son travail pour tendre vers la porte une oreille inquiète. Parfois aussi, il trempait ses lèvres dans un verre d'eau-de-vie.

Autour de lui, sur le carreau, étaient épars du linge, des hardes, des papiers. François Breton prenait çà et là, sans regarder, et entassait dans sa valise tout ce qui tombait sous sa main. Cette précipitation éperdue semblait épouvanter, non moins que surprendre une femme qui se tenait assise sous le manteau de la cheminée.

— C'est un beau brin de fille, disaient les paysans en parlant de Jeanne Liégart.

Cet éloge robuste, la servante-maîtresse du Joli Meunier ne l'avait pas volé. Elle portait fièrement ses vingt ans écrits en traits de flammes dans son regard énergique et hardi, dans sa chevelure rousse tordue en câble sous ses coiffes *à la luronne,* dans le duvet qui ombrageait sa bouche et dans les lignes âpres et un peu viriles de sa physionomie. Sa gorge aurait brisé trois corsets de marquise. Jeanne était la plus forte et la mieux tournée de toutes les républicaines du canton. Aussi, l'année d'avant, la municipalité de Nemours l'avait-elle choisie pour représenter la déesse de l'Agriculture, Cérès aux mamelles fécondes, lors de la fête civique, fraternelle et champêtre des moissons.

Pour le moment, la Liégeart tisonnait en silence. Breton lui avait défendu d'allumer la lampe.

— Je ne veux pas, avait-il dit, que le moulin donne signe de vie ce soir.

Un furieux coup de vent fit crier la maison; le meunier sursauta.

— N'as-tu pas entendu un bruit de chevaux sur la route? demanda-t-il avec anxiété.

— C'est la rafale qui cogne aux vitres, répondit Jeanne.

François Breton lampa une gorgée d'eau-de-vie.

— Bah! fit-il en cherchant à se rassurer lui-même, la porte de la cour est fermée au pène, aux verrous et à la barre, et je l'ai barricadée avec un camion rempli de pierres et de futailles pleines de moellons; il faudrait du canon pour l'entamer. Quant aux murs, c'est une autre histoire : à moins pourtant que l'on n'ajoute deux échelles bout à bout...

Il acheva de vider son verre et poursuivit :

— Hé! Jeannette, on dirait que tu n'es qu'à moitié contente de partir pour Paris cette nuit avec moi! Songe donc! Paris, c'est la fortune; Paris, c'est la bombance; Paris, c'est la liberté. Plus de créanciers qui nous tracassent, plus de famille qui nous gêne, plus de voisins, d'espions et d'imbéciles qui nous écrasent de leur curiosité, de leur jalousie et de leur morale. A Paris, vois-tu, mignonne, on fait ce qu'on veut, on s'amuse tant qu'on veut. Si ça me fait plaisir, je t'achèterai des panaches, un casaquin de soie et un chapeau à la *Ça ira*.

François Breton parlait avec une volubilité fiévreuse. Il s'efforçait, évidemment, de s'étourdir.

— J'ai peur, murmura Jeanne Liégeart.

— Peur de quoi? De l'avenir? Paris est une ville de ressources; tous métiers y sont bons; il ne s'agit que de savoir saisir ou de pouvoir attendre l'occasion. Or, je saurai saisir, et nous pouvons attendre. J'ai de l'argent : six mille livres en or, en bon or, sonnant et trébuchant, à l'effigie des anciens tyrans !... Cornes du diable ! en ce temps d'assignats, il y aurait presque là de quoi marchander le Louvre !

Et le meunier frappa sur une ceinture de cuir qui lui sanglait les reins.

La jeune fille secoua la tête :

— Ce n'est pas de l'avenir que j'ai peur, dit-elle, c'est du passé et du présent.

— Oh ! oh ! interrogea Breton d'un ton qui tremblait de colère, est-ce que par hasard tu te repentirais de m'avoir suivi au moulin ? Est-ce que tu ne m'aimerais plus ? Est-ce que tu voudrais me quitter ?

La Liégeart haussa les épaules.

— Tu deviens fou, dit-elle. Est-ce que quelque chose me forçait à te suivre, si j'avais dû te quitter jamais ? Est-ce que tout le monde ne m'a pas crié quand j'étais au bord de la faute : « Prenez garde ! Cet homme est sur une pente fatale ; il vous entraînera dans sa chute et vous finirez mal tous deux ! » Est-ce que je n'ai pas vu la douleur et la honte entrer dans la maison de mon père par la porte que j'ai laissée ouverte en m'enfuyant ? Le vieillard m'a maudite ; ma mère s'est mise au lit de chagrin...

Jeanne s'arrêta un instant, puis avec des larmes :

— Ma pauvre mère, ça l'achèvera quand elle saura que j'ai abandonné le pays.

Elle s'essuya les yeux d'un geste brusque :

— Eh bien, ce n'est pas à elle que je pense, ce n'est pas sur elle que je pleure, ce n'est pas pour elle que je crains !...

C'était une de ces natures que leur propre parole exalte jusqu'au lyrisme.

— A Nemours, poursuivit-elle, on me montre du doigt comme une fille perdue. On a raison, sais-tu, François ? Les gens peuvent bien me mépriser : je me méprise assez moi-même. Tu m'as tout pris : l'honneur, la volonté, la conscience ; Dieu me pardonne, je crois que je t'aime assez pour devenir ta complice si tu avais commis un crime !

Le meunier l'écoutait avec une sorte de joie orgueilleuse

qui avait momentanément remplacé sur sa physionomie l'inquiétude qu'on pouvait y lire depuis le commencement de la soirée. Au dernier mot de Jeanne, il tressaillit violemment.

— Calme-toi, ma fille, dit-il. Le temps nous presse. Il faut monter à ta chambre et faire ton paquet.

— Pas avant de savoir, prononça-t-elle lentement.

— Qu'est-ce que tu veux savoir ? demanda Breton en retombant dans ses terreurs.

Jeanne se leva... Elle marcha vers la table sur laquelle le meunier était en train de boucler la valise... Elle s'assit en face de lui, et, le regardant dans les yeux :

— Je veux savoir, d'abord, pourquoi, parti hier sans un liard pour le marché de Moret, tu es revenu ce matin avec cette fortune qui gonfle ta ceinture ; pourquoi il y avait du sang sur tes habits, sur tes mains, sur ton visage, quoique tu n'aies aucune blessure ; pourquoi tu as brûlé là, tout à l'heure, devant moi, les billets pour lesquels Pierre Lombard, le marchand de biens, te menaçait de faire vendre le moulin. Je veux savoir pourquoi tu as employé ta journée à des besognes étranges et mystérieuses ; pourquoi les précautions prises, la porte close, les tonneaux d'huile défoncés dans la cave, les bourrées sèches amassées au grenier ; pourquoi l'incendie préparé ? — Oui, l'incendie qu'une étincelle allumerait, et qui dévorerait la maison comme une torche de paille ! — Je veux savoir enfin pourquoi tu as peur... Car tu as peur... Tu ne m'écoutes pas, tu ne m'entends pas, tu es tout aux bruits du dehors... On croirait que tu épies si la vengeance divine ou la justice humaine ne s'avancent pas dans la tourmente.

Le meunier épiait en effet. A sa tête penchée en avant, à ses paupières écarquillées, à son front humide de sueur, on devinait les efforts auxquels se livrait son oreille pour saisir la nature des différentes rumeurs qui fouettaient le bâtiment : cliquetis de la grêle et de la pluie, soupirs du vent, murmure de la ville lointaine.

Il étendit le bras, prit la bouteille d'eau-de-vie et but un coup à même. Un peu de rouge monta à sa joue. Puis répondant à une idée qui s'agitait dans son cerveau :

— Impossible, murmura-t-il. La passerelle est là et nous fuirons par la passerelle.

Jeanne faisait face à la baie-fenêtre.

La jeune fille poussa un cri.

François Breton se retourna brusquement et sa main laissa échapper sa bouteille, qui se brisa avec fracas sur le carreau.

La baie-fenêtre venait de s'ouvrir, et le brigadier Beaupoil était apparu sur le seuil.

V

LA PASSERELLE

— Salut et fraternité ! fit le brigadier d'une voix sonore.
Il s'avança dans la cuisine, se secouant sous son manteau mouillé et balançant son chapeau dont les cornes ressemblaient à ces gargouilles qui dégorgent l'eau de la pluie au coin du toit des vieilles maisons.

— Bonnes gens, excusez-moi si j'entre chez vous comme un fleuve, une giboulée ou un coup de vent ; mais sacrebleu ! il fait un temps à ne pas laisser un fantassin dehors.

François Breton et Jeanne Liégeart demeuraient immobiles et muets.

— Ah çà ! Joli Meunier, poursuivit Beaupoil, ah çà, belle meunière, m'est avis que vous me recevez comme Brunswick en Champagne. Qu'est-ce que vous faisiez là tous les deux, sans lumière, sous le manteau de la cheminée ? Vous jabotiez d'amour, pas vrai, mes tourtereaux, et je vous ai dérangés ?

— Vous ne nous avez pas dérangés, brigadier, balbutia a jeune fille ; vous nous avez surpris...

— Ah ! oui, je comprends : en arrivant par la passerelle.

Mais, que voulez-vous, mes enfants ? quand on a chevauché toute la sainte journée, on ne tient pas à rallonger sa route.

— Vous ne venez donc pas de Moret ? demanda le meunier.

— Non, ma foi, j'y retourne.

Breton respira :

— Vous y retournez ?

— J'en étais parti hier un peu avant la fin du marché, pour porter la correspondance du district de Melun aux citoyens maires de Montigny, de Bourron et de Saint-Pierre touchant la prochaine réquisition. Encore de fameux cadets, les citoyens maires de Saint-Pierre, de Bourron et de Montigny ! Ils ne m'ont pas seulement offert un chanteau de pain et une chopine de piquette ! De sorte que si l'extérieur est trempé comme une soupe, l'intérieur est sec comme une pierre à fusil et vide comme les coffres de la République.

Puis s'interrompant brusquement :

— Ah çà ! interrogea Beaupoil, je t'y ai laissé, toi, hier, citoyen meunier, au marché de Moret ; est-ce qu'il s'y serait passé quelque chose d'extraordinaire après mon départ ?

— Je ne crois pas... Je n'ai rien vu... On n'a rien entendu dire.

Le brigadier reprit le fil de son discours, sans avoir l'air de prendre garde à la détresse de son interlocuteur :

— Pour lors, je me suis dit en sortant de Nemours : Le Joli Meunier est un gai luron, un franc buveur, un gaillard qui sait vivre ; il ne refusera pas un verre de pichenet à un brave garçon qui ne l'a jamais molesté et qui a encore cinq lieues à trimer pour réintégrer le casernement. Là-dessus, j'ai coupé au milieu des champs, pour ne pas rebrousser à travers la ville ; j'ai attaché Almanzor — c'est mon Bucéphale — à un saule sur le bord de la rivière ; j'ai enfilé la passerelle, j'ai poussé la porte-fenêtre, et me voilà... A propos, faudrait pourtant voir à la faire réparer la passerelle : elle branle comme une dent de vieille femme, et j'ai failli tomber avec elle dans le Loing tout à l'heure. C'est moi qui n'aurais pas été content de mettre de l'eau dans mon vin avant de le boire.

Beaupoil parlait d'un ton si naturel et si jovial que la contenance et la voix de François Breton se raffermissaient de plus en plus.

— Soyez le bienvenu, brigadier, dit-il.

Puis, à la jeune fille :

— Fais-nous de la clarté, Jeannette, et donne-nous une bouteille.

La Liégeart obéit...

— Maintenant, va te coucher, mignonne.

Et, tandis que Beaupoil faisait sécher ses bottes devant le foyer, le meunier se pencha à l'oreille de la paysanne :

— Tiens-toi prête, nous décampons aussitôt que ce vilain oiseau aura pris sa volée.

Jeanne lui répondit par un clignement d'yeux d'intelligence, et monta lestement l'escalier qui conduisait à sa chambre, après avoir placé sur la table une chandelle allumée, des verres et un flacon.

— A la bonne heure ! s'écria en se relevant Beaupoil, qui s'était un instant penché vers le feu comme pour se chauffer les mains, à la bonne heure ! Vive la lumière ! J'aime à voir avec qui je bois.

— Et moi aussi, ajouta le meunier.

Les deux hommes se regardèrent. Le gendarme souriait à la bouteille. Le paysan avait fait des efforts surhumains pour paraître calme, et il y était parvenu.

— Tiens, reprit le premier, tu vas en voyage, mon hôte?

— Pourquoi cela ?

— Dame ! puisque tu fais ton sac.

Le brigadier désignait la valise.

— C'est vrai, je vais demain à Montargis acheter une meule.

Ce disant, Breton déboucha la bouteille et remplit les verres.

— Goûtez-moi ça, mon camarade, c'est du chenu, du vieux de derrière les fagots.

Beaupoil ne bougea pas.

— Eh bien ! demanda le meunier qui venait de choquer son verre contre celui de son convive ; eh bien ! vous ne trinquez pas ?

Une inquiétude soupçonneuse pesa sur sa physionomie.

— Je ne saurais boire sans manger, repartit tranquillement son interlocuteur. Y a-t-il moyen d'envoyer une bouchée de pain en avant-garde ?

— Qu'à cela ne tienne : voilà la miche.

— Merci. Passe-moi donc un couteau à présent. Je ne puis pas me tailler une mouillette avec mon sabre.

Puis comme François Breton se dirigeait vers le buffet :

— Eh ! compère, ce n'est pas la peine de déranger ton argenterie ! Tu dois avoir ton eustache sur toi ?

Le meunier fit un mouvement pour se fouiller. Soudain sa figure se contracta violemment.

— Tu ne trouves pas ton couteau ? interrogea Beaupoil.

— Je ne sais pas... Je l'ai perdu... Je l'aurai laissé tomber.

Le brigadier allongea l'index :

— C'est, ma foi, vrai. N'est-ce pas celui que j'aperçois là-bas, dans les cendres, près de l'âtre ?

Un soupir de soulagement rauque, comme un hoquet de soufflet de forge, souleva la poitrine du paysan. Il se baissa avec une sorte de rage et ramassa le couteau. Mais il le conserva entre ses doigts crispés et le couvant du regard :

— Oui, murmura-t-il, c'est mon couteau... mon couteau... mon couteau...

Beaupoil haussa les épaules :

— Un bimbelot qui vaut bien six sous ! Nonobstant, je comprends ta joie. On tient à ses affaires.

Puis, tendant la main :

— Maintenant que l'identité de l'objet est bien et dûment constatée, donne.

François Breton recula comme s'il sentait le froid d'une vipère à ses pieds.

— Pas celui-là, dit-il ; un autre.

— Pourquoi ? demanda Beaupoil. Est-ce à cause du sang qu'il y a sur le manche ?

— Du sang !

— Hé ! oui, poursuivit le gendarme impassible, le sang de Pierre Lombard, le marchand de biens, que tu as assassiné cette nuit.

Le Joli Meunier de Nemours chancela et tomba sur une chaise. Le brigadier s'était levé et le dominait de toute sa hauteur.

— Ouvre-le, ce couteau, si tu l'oses, et tu verras les taches rouges... Moi, je l'ai ramassé, ce tantôt, près du cadavre de la victime.

Breton essaya un geste de dénégation. Beaupoil continua :

— Ne nie pas. On a toutes les preuves. Tu viens de reconnaître toi-même l'outil qui t'a servi pour cette méchante besogne. Allons, va ! ton compte est bon. C'est comme si tu avais la tête dans la lunette.

Le paysan semblait écrasé par la foudre.

— Tu savais bien qu'on ne s'y tromperait pas, et tu avais pris tes mesures : la justice, arrivant chez toi par la grande route, aurait trouvé la porte cadenassée, barrée, fortifiée comme une redoute, et pendant qu'on aurait perdu un temps précieux à l'enfoncer, tu filais ton nœud par la passerelle... Les halliers de Fontainebleau ne sont pas loin, et au delà, les halliers de Paris, la forêt des hommes... Ah! mais minute ! Beaupoil est un malin, un malin et un brave, qui monterait dans la lune avec armes et bagages pour mettre le grappin sur le collet d'un scélérat.

Pour conclure, le brigadier étendit la main.

— Par ainsi, citoyen François Breton, au nom de la loi, je t'arrête.

Lorsque les doigts du gendarme s'accrochèrent à son épaule, le meunier redressa la tête. Sa prunelle rendit une fauve lueur.

— Oh! oh! gronda-t-il sourdement, vous êtes venu comme cela tout seul pour m'arrêter, citoyen brigadier?

— Tout seul... avec la loi, répliqua Beaupoil avec une simplicité qui ne manquait pas de grandeur.

Les regards des deux hommes se choquèrent. Breton se ramassa sur ses jarrets comme s'il allait bondir. Il fit un mouvement comme pour ouvrir le couteau qu'il avait encore à la main...

Le brigadier ajouta avec une bonhomie goguenarde :

— Tout seul avec la loi, d'abord, et puis aussi avec ceci.

Il leva le bras et pointa le canon d'un pistolet entre les deux yeux de son interlocuteur.

— Ecoute bien, citoyen assassin : si tu fais un pas pour t'enfuir, si tu as l'air de combiner quelque ruse, quelque manigance, quelque traîtrise pour m'échapper, que je ne passe jamais maréchal des logis si je ne te tue pas comme un chien.

L'œil de François Breton restait rivé sur le couteau.

— Je vois ce que c'est, poursuivit le gendarme; tu voudrais me fourrer ce joujou-là dans le ventre, n'est-ce pas, imbécile? Tiens, ouvre-le, ton couteau, je te le permets, et mets-toi-le dans la poitrine jusqu'au manche ; ce sera autant de besogne épargnée au bourreau.

Le Joli Meunier ne bougea pas.

— Voilà, fit Beaupoil avec une ironie aiguë comme le couperet de la guillotine, tu as peur de te faire du mal; tous les coquins sont lâches. M'est avis que tu feras une vilaine grimace devant Charlot sur la plate-forme de l'abbaye de Monte-à-Regret.

Puis d'un ton de commandement :

— En route, mauvaise troupe! Almanzor s'enrhume. Partons !

— Où me conduisez-vous ?

— A la geôle de Nemours d'abord, où je ne te perdrai pas de vue ; à Moret demain, pour te confronter avec le cadavre ; à Melun ensuite, devant le jury, et plus tard à la guillotine.

François Breton faisait peine à voir : ses dents claquaient ; la sueur découlait par rigoles de son front dans sa barbe sombre ; un tremblement convulsif agitait tout son corps. Le brigadier le considéra un instant avec une pitié pleine de mépris. Après quoi, il le poussa vers la baie-fenêtre.

— Marche devant, ordonna-t-il, et pas de bêtises, ou je te brûle la cervelle !

Le Joli Meunier s'engagea sur la passerelle, chancelant, effaré, éperdu. Le brigadier le suivit, le pistolet au poing.

En ce moment, Jeanne Liégeart descendit doucement l'escalier, au haut duquel, blottie derrière la rampe, elle avait entendu tout ce qui venait de se passer. Elle avait les pieds nus et retenait son souffle.

Elle se glissa sur les pas des deux hommes. Ceux-ci étaient arrivés au milieu du petit pont vermoulu. La belle fille se baissa, saisit des deux mains l'une des deux poutrelles qui reposaient sur le bord de la baie-fenêtre et supportaient les planches qui formaient la passerelle. Elle raidit ses bras nerveux. La poutrelle, déchaussée de son alvéole de pierre, glissa dans le vide, entraînant avec elle le reste de la construction. Hommes et planches, tout s'abîma dans le Loing avec un bruit horrible. . . . .
. . . .

Moins de vingt minutes plus tard, le tintement lugubre du tocsin réveillait les habitants de Nemours et les précipitait dans la rue encore tout emplumaillés de l'oreiller. Le moulin de François Breton flamboyait comme une torche dans la nuit et sous la rafale.

La foule courut vers l'incendie avec de grands cris de terreur. Mais tous ses efforts pour porter secours vinrent se briser, ainsi que le meunier l'avait prévu, contre la porte inexpugnable.

Déjà, depuis un certain temps, les deux gendarmes Flageolet et Brossard rivalisaient à qui forcerait cette porte.

Tandis qu'ils s'acharnaient à cette besogne sans résultat, quelque chose comme un feu follet avait monté et descendu dans toutes les chambres du moulin. Puis les fenêtres s'étaient allumées d'un rouge reflet. Puis contre les vitres avaient éclaté des pétillements secs et drus, et la flamme avait allongé sa langue au dehors, léchant les murs, se tordant et sifflant autour de la bâtisse, l'étreignant, la mordant, la trouant avec rage.

Quand la foule arriva sur le lieu du sinistre, il n'était plus moyen de vaincre le fléau. Les matières combustibles accumulées à l'intérieur du moulin accomplissaient leur œuvre de destruction avec une rapidité foudroyante. Toute une tempête de fumée rousse tourbillonnait au-dessus du toit. Ce toit avait l'air d'un brûlot. Il s'échevelait et ondoyait sous le vent. La petite ville, la campagne et le Loing se teignaient de pourpre, selon les différentes directions que la tourmente imprimait à ses oscillations.

Des voix s'élevèrent dans le tumulte :

— Escaladons les murs ! Aux échelles ! Aux échelles !

Mais en ce moment un craquement horrible retentit. Les poutres s'effondraient. La toiture croula dans le cratère du volcan. Et il ne resta plus de l'héritage du Joli Meunier de Nemours que quatre murailles noircies, brûlantes et calcinées qui se penchaient sur un brasier !

Or, à l'instant où, dans sa dernière convulsion, l'incendie lançait jusqu'au ciel une formidable colonne de flammes qui faisait pour ainsi dire reculer la nuit, ceux des spectateurs qui se tenaient massés sur la rive opposée du Loing aperçurent une chose singulière.

La roue du moulin n'avait pas cessé de tourner. Tout à coup, un homme cramponné à cette roue sortit lentement du remous, pâle, les yeux fermés, les cheveux collés sur les tempes. Cet homme était le brigadier de gendarmerie Beaupoil !

Le lendemain, le juge de paix de Moret terminait ainsi son rapport au directeur du jury de Melun :

« On a sauvé le brigadier. Je recommande instamment à
» ses chefs cet énergique soldat du devoir et de la justice.

» Quant à François Breton et à Jeanne Liégeart, que tout
» désigne comme les auteurs du double crime qui allait
» vous être déféré, ils ont échappé par une mort volontaire
» au châtiment qu'ils méritaient.

» Les cadavres de ces deux individus ont disparu, soit
» que la rivière les recèle, soit que l'incendie les ait dé-
» vorés. »

V

LE RAVIN DE FALKENSHORST

Quelque chose comme un an après cet événement, deux étrangers, un Français et une Française, arrivaient à Prague, en Bohême : le chevalier Francis et la comédienne Johanna. Le chevalier avait, à ce qu'il affirmait, servi avec honneur dans l'armée de Condé ; puis, dégoûté de la guerre, des princes et d'une cause perdue, il était venu manger, loin du champ de bataille, les restes d'une fortune jadis considérable. La comédienne et lui s'étaient connus à Coblentz. La Johanna était fort belle. C'étaient des époux assortis, un ménage modèle, un intérieur complet ; moins le sacrement du mariage !

Il y avait à Prague une douzaine d'émigrés pauvres qui gagnaient juste de quoi mourir de faim à donner aux gens du pays des leçons de mathématiques, d'escrime, de belles-lettres et de maintien. Le chevalier leur ouvrit son cœur. La comédienne leur ouvrit sa bourse. Les gentilshommes présentèrent, en revanche, leurs compatriotes à la jeunesse, à la noblesse de l'endroit.

Or, jeunesse et noblesse ne s'amusaient point follement.

Le chevalier Francis était d'un caractère hardi, enjoué et communicatif. Peut-être ne possédait-il qu'à une dose fort médiocre cette fine fleur d'élégance, d'esprit et de courtoisie dont le parfum délicat, exquis et souverain, était en France le privilège de quiconque avait su se frotter à la cour. Mais quoi ! on n'y regardait pas de si près à deux cents lieues de l'Œil-de-Bœuf, de Marly et de Trianon ! Notre homme mettait, du reste, infiniment de bonne grâce et de franchise à avouer qu'il n'était guère qu'un hobereau. Quant à sa belle humeur sans falbalas, elle devait certainement marcher bras dessus bras dessous avec la gaieté cavalière, bruyante et un peu triviale des magnats et des madgyars. On l'adopta. Bientôt, il n'y eut pas sans lui de parties de chasse, de cheval, de beuverie et de brelan !...

Par réciprocité, la Johanna recevait. Dans son salon on jouait un jeu d'enfer. Mais le chevalier était prudent; jamais ses gains ne dépassaient les bornes d'une veine discrète.

Les Hongrois sont étourdis, amoureux et magnifiques. Le ménage prospéra, entouré d'une considération raisonnable.

Sur ces entrefaites, la petite colonie française s'augmenta d'un nouvel hôte. Celui-ci se nommait le marquis Hector de Valleroy. C'était un jeune homme studieux, doux, savant et poli. Circonstance singulière, quoiqu'il confinât à la trentaine, il n'avait fait que traverser la France; vers l'âge de douze ans, étant né à l'étranger pendant un voyage de sa famille, et n'ayant pas cessé de parcourir le monde jusqu'au moment de la Révolution.

Le marquis ne devait séjourner qu'une semaine à Prague. Les grands yeux de la Johanna l'y retinrent près de deux années. Il s'était lié avec le chevalier, — et les habitués des soirées de la comédienne s'étaient accoutumés peu à peu à le considérer comme le second maître de la maison.

Tout a un terme : même le bonheur à trois ! M. de Valleroy, qui connaissait l'Europe entière, ignorait la France et Paris. Un irrésistible désir de fouler le sol de la patrie s'emp para de lui tout à coup. Il sollicita du gouvernement de la République sa radiation de la liste des émigrés. Cette faveur lui fut accordée au mois de novembre 1799. Le marquis informa aussitôt ses amis de son prochain départ.

— Je ne saurais, lui dit la comédienne, vous en vouloir de cette décision. La terre natale attire. Quittez-nous donc, mon cher Hector. Peut-être tenterions-nous de vous retenir si nous ne conservions l'espoir de nous retrouver tous trois un jour, là-bas, dans notre Paris adoré, lorsque les passions qui l'agitent se seront enfin apaisées et qu'une amnistie sans conditions aura permis à ceux qui ont tiré l'épée contre les institutions républicaines de reprendre leur place au foyer paternel...

. . . .

La route, étroite et sinueuse, trébuchait et boitait entre les mamelons échelonnés de ces montagnes, sœurs cadettes de nos Alpes, qui vont grimpant jusqu'aux sommets du Tyrol. Le jour tombait avec rapidité. Le ciel, froid, mais bleu, était parsemé çà et là d'étoiles pâles et mélancoliques. Des flocons de vapeur blanchâtre couraient à la surface du sol et s'accrochaient aux buissons.

Deux cavaliers s'avançaient au pas dans ce paysage tourmenté. Ils avaient enfoncé jusqu'aux oreilles leur feutre de voyage, et leur long manteau de drap vert couvrait la croupe robuste de leurs bidets de poste. L'un d'eux avait bouclé à l'arrière de sa selle une valise d'un ventre respectable. Aucune parole ne sortait de leurs lèvres, que fouettait une bise âpre et glaciale.

Tout à coup, à un coude du chemin, une colline, plus haute que les autres et toute noire de sapins, planta son cône sombre à la droite des chevaucheurs. Une sorte de château ébréché en couronnait le front et semblait pendre dans l'espace. Une ravine profonde en sillonnait le flanc, et venait, en serpentant à travers les broussailles, mourir sous les pieds des passants.

Le cavalier à la valise arrêta sa monture :

— Voilà le ravin de Falkenshorst, dit-il.

— Déjà! murmura l'autre en imitant le mouvement de son compagnon.

Celui-ci poursuivit :

— Il est temps de nous séparer. La nuit vient, le brouillard se lève, je veux être au relais de Saatm avant huit heures. Je suis transi, il gèle, je vais faire un temps de galop.

— Il gèle! répéta son interlocuteur. Croyez-vous? Moi je brûle.

Il rejeta sur ses épaules la partie du manteau qui lui drapait les bras et le buste. Puis, il souleva son chapeau et passa son mouchoir sur son front humide de sueur.

— Voyons, reprit celui qui avait entamé l'entretien, vous avez voulu m'acompagner et être le dernier à me serrer la main; c'est d'un bon camarade, et je vous en remercie; mais j'ai promis à Johanna de ne pas vous retenir plus loin que le Falkenhorst.

— Soit, dit l'autre; mais avant que je tourne bride, buvons le coup de l'étrier.

— Je ne demanderais pas mieux, mais où diable trouver un cabaret dans cette steppe?

— Qu'à cela ne tienne, j'ai une cantine sur moi.

Ce disant, le second cavalier sortit de ses fontes une gourde habillée d'osier et un petit gobelet d'argent.

— Voilà du brandwein excellent.

— Du brandwein ?

— Pardieu! ne faites pas la grimace, compagnon. Un rayon de soleil distillé : l'été mis en bouteille par Johanna! Voici le brouillard, dites-vous... Buvez, et vous passerez à travers le brouillard comme les flèches d'or de midi!

Il versa quelques gouttes de liqueur dans le gobelet.

— A vous d'abord. Vous avez froid. Vous allez être réchauffé.

Il tendit le gobelet en détournant la tête. Le voyageur à la valise le prit et l'éleva :

— A notre mère commune ! A la patrie ! A la France !

Le gobelet effleura ses lèvres. Un rideau de vapeur compacte enveloppa le groupe...

Au bout d'un instant, un cheval sans cavalier déchira ces blanches ténèbres et partit en avant à fond de train.

Le lendemain, on eût pu voir, sous les broussailles, dans la ravine, une sorte de renflement que recouvrait une pierre grise. Des corbeaux affamés tournoyaient au-dessus avec des croassements sinistres.

PREMIÈRE PARTIE

LA RECHERCHE DE L'INCONNU

―――

I

BONAPARTE ET FOUCHÉ

Enjambons un espace de quatre ans.
Le Directoire avait fait place au Consulat ; la République allait faire place à l'Empire. Les nouveaux gouvernants venaient de s'installer aux Tuileries.
Au premier étage du pavillon de l'Horloge, — dans l'ancien cabinet de Louis XVI, — un homme se tenait debout le long d'une fenêtre, et, le front appuyé contre la vitre, semblait regarder dans le jardin, avec une attention pleine de rêverie. Que regardait-il? Peut-être cet arbre de la Terrasse du Bord de l'Eau contre lequel un jeune officier du régiment de la Fère-Artillerie s'était adossé — quelque chose comme huit années auparavant, — pour assister à toutes les scènes du drame terrible du 10 août!

Au bruit que fit un aide de camp en entrant, notre songeur se retourna. C'était un personnage qui confinait à la trentaine, et dont les cheveux noirs, séparés au-dessus des sourcils, tombaient des tempes jusqu'aux épaules, — plats et lustrés comme deux ailes de corbeau. Il avait le teint mordoré des gens cuits et confits par le triple hâle du soleil, de la fatigue et de la pensée, — les lèvres minces, le nez droit, les dents blanches, le menton modelé avec une rare perfection, et ces yeux d'aigle qui sont au simple mortel ce que la lumière, l'éclair et la foudre sont à Dieu. Son uniforme de général en chef des armées de la République, — l'habit bleu aux revers chargés de broderies, la culotte de peau de daim et les bottes à retroussis éperonnées d'argent, — mettait en relief sa nerveuse et élégante maigreur. Une ceinture de soie tricolore faisait deux ou trois fois le tour de sa taille. Sur un fauteuil, à portée de sa main, on voyait un magnifique sabre turc à fourreau de velours cramoisi, à poignée incrustée de pierreries, — un chapeau pavoisé de plumes, une cravache, une petite lorgnette d'écaille, une tabatière et des gants.

Cet homme, c'était Bonaparte, — c'était le premier consul, — c'était Octave en train de devenir Auguste.

Il fit à l'aide de camp signe d'attendre un peu. Puis, s'adressant à un secrétaire qui travaillait à un bureau :

— Y êtes-vous, Bourrienne ? demanda-t-il.

— Oui, général, j'ai rempli l'en-tête :

« Au citoyen chef de brigade (colonel) du 10ᵉ dragons, à Fontainebleau. Palais des Tuileries, ce 11 floréal an VIII, — vieux style : 1ᵉʳ mars 1800 ».

— Ecrivez alors :

« Citoyen,

» Aussitôt la présente reçue, vous choisirez parmi vos cavaliers cinquante des plus braves et des mieux montés, et vous les enverrez à Montereau, où ils devront se mettre à la disposition des autorités locales et judiciaires pour donner la chasse aux brigands qui désolent le pays.

» Je désire que cette expédition soit menée avec la plus grande énergie.

» En conséquence, vous en confierez le commandement au lieutenant Maurice Desgranges, dont j'ai pu apprécier, en Italie et en Égypte, l'intelligence, le courage et l'activité. »

— Voilà qui est fait, dit Bourrienne au bout d'un instant.

Bonaparte s'approcha du bureau.

— Donnez, que je signe, et expédiez sur-le-champ.

Il se tourna vers l'aide-de-camp :

— Eh bien ! Rapp, quelles nouvelles ?

— Général, le citoyen Fouché demande à vous présenter ses devoirs.

— Le ministre de la police ! Ah ! ma foi, il arrive à propos pour se faire laver la tête. Introduisez, introduisez, et qu'on vienne m'avertir aussitôt que les troupes seront en ligne, dans la cour, pour la revue.

Rapp sortit, et le premier consul se mit à se promener, d'un pas saccadé, les mains derrière le dos, la tête penchée sur la poitrine, comme si elle eût été lourde à porter, et l'épaule droite soulevée, entre temps, par un mouvement convulsif, comme si un frissonnement aigu l'eût traversée. Un froncement disgracieux de la lèvre inférieure accompagnait ce mouvement. C'était un tic qui indiquait chez Bonaparte de vifs sujets de préoccupation ou d'irritation.

En marchant, le général fredonnait, d'une voix non moins fausse que celle de Louis XV, l'air favori des grenadiers à cheval de la garde consulaire :

La victoire est à nous !...

Fouché, qui entrait, remarqua les soubresauts de l'épaule, les contractions de la lèvre et entendit la chanson.

— Diable! pensa-t-il, l'affaire sera chaude!

Bonaparte prit l'offensive, sans interrompre sa promenade :

— Je ne suis pas content de vous, citoyen Fouché, dit-il. Que le Directoire ait fait de la police un ministère spécial, c'est que, probablement, la police rendait, sinon au Directoire, du moins aux Directeurs, des services particuliers dont il ne me convient d'apprécier ni la nature, ni l'étendue. Moi, je trouve que, sous mon administration, elle se néglige, elle s'endort, elle baisse...

— Me sera-t-il permis, interrogea Fouché, de demander au citoyen général en quoi j'ai pu mériter ce reproche?

Sans répondre à cette question, Bonaparte suivit le courant des idées qui faisaient sourdre sa colère :

— Depuis dix ans, la France est un coupe-gorge. Hier c'étaient les Chouans, les Chauffeurs, les *Compagnons de Jéhu*; aujourd'hui, c'est Marche-à-Terre, dans le Maine; c'est Jean l'Ecorcheur, sur la Meuse; c'est la bande des *Masques de Suie*, entre Fontainebleau, Sens et Orléans. Les criminels ont changé; les crimes sont demeurés les mêmes; la vie et la fortune des citoyens ne sont pas plus sauvegardées que sous l'ancien régime et sous la Terreur. Apprenez, citoyen ministre, que la tranquillité de la République m'est aussi chère que sa gloire. A quoi me sert d'avoir balayé loin des frontières les armées menaçantes de l'étranger, si un paysan de la Brie ne peut aller vendre en paix son grain sur le marché de Meaux ou de Melun?

Fouché se garda bien de souffler un mot. Quand le premier consul était une fois lancé, il ne fallait point essayer de l'enrayer.

— Passe pour Marche-à-Terre! Passe encore pour Jean l'Ecorcheur! Le brigandage dans le Maine est une queue de la Vendée, et la vallée de la Meuse est une terre trop fraîchement conquise pour que nous ayons eu le temps d'en déraciner les abus. D'ailleurs j'enverrai Brune à Marche-à-Terre, et Bon-Saint-André à l'Ecorcheur... Mais quoi! une poignée de bandits me fait la guerre à moi, chez moi, à ma porte, à vingt-cinq lieues de ma capitale, sur la lisière d'une forêt où la ci-devant royauté n'avait maille à partir qu'avec les lièvres et les lapins! Voilà qui est plaisant, en vérité! Vous verrez qu'un de ces jours, quand il me prendra fantaisie d'aller inspecter mon camp de Dijon, le capitaine des *Masques de Suie* arrêtera au passage le général d'Arcole, de Rivoli, des Pyramides, et lui fera payer rançon !

Bonaparte s'était jeté dans un fauteuil, et, ayant pris un canif sur le bureau de Bourrienne, tailladait avec rage un des bras de ce siège. C'était son habitude dans ces bourrasques de mauvaise humeur. Fouché voulut ouvrir la bouche. Son prolixe interlocuteur la lui ferma d'un geste impérieux :

— Ne parlez pas, fit-il, car voici quelque chose qui parlerait plus haut que vous.

Il lui montra un papier sur le bureau.

— Ceci, continua-t-il, est une supplique signée des maires et des notables de quarante communes de l'Yonne, de Seine-et-Marne et du Loiret. Ces pauvres gens sont aux abois. Une troupe de malfaiteurs, — les *Masques de Suie*, — on les appelle ainsi parce qu'ils ont la précaution de se barbouiller le visage pour leurs sanglantes expéditions, — s'est abattue sur le point de jonction de ces trois départements et y renouvelle les exploits des compagnies de Cartouche et de Mandrin. On arrête les diligences, on pille les courriers, on enlève l'argent des particuliers et de l'État...

— Général, laissez-moi croire que l'on vous a exagéré les faits...

— Non pas, vraiment. Connaissez-vous le commandant de la force armée de Melun?

— Le capitaine de la gendarmerie? Oui, certes, un serviteur loyal et infatigable, en qui l'on peut avoir toute confiance.

— Eh bien! il résulte de son rapport que le service des voies publiques est interrompu dans la Brie, dans le bassin de l'Yonne, sur les marchés de la Bourgogne et dans une partie du Gâtinais. On assassine sur la grande route. Des familles de fermiers ont été torturées et massacrées à Villeneuve-la-Guyard, à Chéroy, à Courtenay, à Bazoches ! Avant-hier on a poignardé un voyageur à Brunoy, entre les doigts de votre police, et hier on a brûlé un moulin à Etampes, à l'ombre des barrières de Paris ! Que diable ! citoyen Argus, qu'avez-vous fait de vos cent yeux ? En employez-vous la moitié à dormir sur les lauriers de l'affaire de brumaire, et vous êtes-vous bouché le reste avec des louis royalistes ou des assignats jacobins ?

Bonaparte ne pouvait pardonner à Fouché de l'avoir deviné lors du 18 brumaire.

Le ministre commençait à s'inquiéter. La bourrasque devenait tempête. Heureusement un bruit de tambours retentit au dehors, et Rapp annonça de la porte :

— Général, les chevaux sont sellés.

Bonaparte était aussi prompt à s'apaiser qu'à s'emporter. Sa physionomie reprit son calme habituel. Il ceignit son sabre, et fixant sur Fouché un regard pénétrant :

— Monsieur, dit-il d'un ton sévère, combien de jours me demandez-vous pour livrer les *Masques de Suie* à la justice ?... Répondez brièvement, je vous prie, par un mot, par un chiffre... Je n'ai pas envie de faire attendre mes soldats pour écouter un semblant de justification.

— Citoyen premier consul, je vous demande vingt jours.

— Et je vous en accorde trente... Mais songez-y : si, dans un mois, ces misérables ne sont pas tous jusqu'au dernier sous le glaive de la loi, le ministre de la police s'appellera désormais Merlin, Dubois ou Lapparent.

. . . .

Dix minutes environ après cet entretien, Fouché faisait irruption dans son cabinet de travail, rue de Jérusalem, et agitait successivement les sept à huit cordons de sonnettes qui pendaient le long de la tapisserie. Une nuée d'employés, supérieurs et subalternes, accourait à ce carillon.

— Citoyens, leur disait l'ancien oratorien avec l'affectation de beau langage qui ne l'abandonnait jamais, même dans ses colères les plus vertes, j'ai l'honneur de vous prévenir que je vous flanque tous à la porte si je n'ai pas sous la main avant ce soir votre ex-camarade Vaudrillan, dit Poigne-d'Acier.

II

LES DEUX REVUES

Les Parisiens ont, de tout temps, raffolé des fêtes militaires. Bonaparte le savait bien. Aussi ne perdait-il aucune occasion de régaler les yeux et de conquérir l'esprit de ses futurs sujets par des parades et des revues. Ce jour-là, il devait prendre congé de plusieurs régiments qui rejoignaient sous les murs de Dijon l'armée dite de réserve. Trois à quatre mille hommes étaient massés en colonnes serrées dans la cour des Tuileries, et, entre ce palais et le Louvre, vingt-cinq à trente mille curieux se marchaient héroïquement sur les pieds avec ce furieux désir de voir, de pousser, d'épiloguer et de faire du bruit, qui forme le fond du caractère des badauds de toutes les époques.

Un cordon de cavaliers avait grand'peine à maintenir cette cohue à une cinquantaine de pas de la grille. La foule n'était pas assez près. Elle murmurait. Le premier consul entendit ces murmures. Il fit un signe, et la ligne des sentinelles se replia au galop.

Délivrée de cette digue, la marée humaine qui bouillonnait dans le Carrousel se rua en avant. Au même instant, une grande clameur de détresse s'éleva parmi ceux qui se trouvaient aux premiers rangs. Ils avaient compris que, lancés avec une violence vertigineuse par le flot qui bondissait derrière eux, ils allaient infailliblement être écrasés ou étouffés contre les barreaux de fer de la grille. Ils voulurent s'arrêter. Impossible! La foule les poussait furieuse et affolée!

Parmi ces malheureux, ainsi précipités vers une mort certaine, il y avait une jeune fille merveilleusement belle. Elle essaya de se raidir contre le courant. Mais l'élan désordonné l'emporta, comme l'ouragan emporte une feuille. Alors elle ferma les yeux. Ses genoux fléchirent. La charge de la multitude allait passer sur elle et la broyer sous ses talons...

A ce moment terrible, deux bras aux muscles d'acier se nouèrent autour de la pauvre désespérée, et une voix murmura à son oreille avec un singulier accent, qui commençait par la prière pour finir par le commandement :

— Citoyenne, pardon... Laissez-moi faire... Je réponds de vous.

Celui qui lui parlait et qu'elle ne pouvait voir l'attirait en même temps contre sa poitrine, où il la maintenait serrée et garantie, tandis que, s'arc-boutant sur une jambe jetée en retrait, il parvenait, par un effort de nerfs surhumain, à s'immobiliser une minute. La minute suffit. Le plus épais de la poussée se fendit contre cet obstacle, qu'on eût cru avoir pris racine entre les pavés, ainsi que la vague rageuse se déchire à la pointe de l'écueil inflexible.

La jeune fille était évanouie. Le muscadin — c'était un muscadin — se retourna rapidement sans la lâcher. Son poing, manœuvré comme un bélier, fit une trouée parmi les couches devenues plus friables et déjà désagrégées de la cohue.

Puis, coupant dans le remous par le travers, au milieu d'une grêle d'injures et de horions et portant la fillette à demi ployée sur un bras — de l'autre il rendait coup pour coup, il se dirigea vers le quai du Louvre, où seulement on pouvait avoir de l'air.

Il y arriva, non sans peine, et déposa son fardeau sur un banc. Ensuite, rajustant ses manchettes :

— Pardieu! dit-il, c'eût été grand dommage! Cette petite est gentille à croquer!... Ah çà! cette syncope ne finira donc pas!... Par bonheur, j'ai des sels.

Et, tirant d'une poche de son gilet un mignon flacon de cristal, il le fit respirer à la jeune fille. Les paupières de celle-ci restèrent closes; mais un léger nuage rosé nuança sa pâleur.

— Oh! mon Dieu! balbutia-t-elle comme dans un rêve. Oh! mon Dieu! comme j'ai eu peur! comme j'ai souffert! comme j'ai été près de mourir!... La foule! l'horrible foule!... Elle était sans pitié, elle m'entraînait, elle allait me briser!

Le souvenir du danger couru éteignit la vie sur ses joues. Le muscadin lui mit son flacon dans la main.

— Par grâce, mademoiselle, servez-vous de ceci.

— Je reconnais votre voix, soupira la jeune fille. C'est vous qui m'avez sauvée.

Elle rouvrit les yeux. Devant elle s'inclinait un cavalier de galante encolure, vêtu, à la dernière mode des incroyables, d'un habit couleur flamme de punch, court et carré par devant, long par derrière, d'un gilet de panne chamois à dix-huit boutons de nacre, et d'un pantalon de casimir blanc, avec un flot de rubans à l'endroit où il se boutonnait, c'est-à-dire au-dessous du mollet. Une immense cravate de fine batiste entourait son cou. Enfin, il était chaussé de bas de soie gris-perle, rayés transversalement, et d'escarpins à boucles d'argent.

— Ma foi, oui, mademoiselle, répondit ce cavalier, c'est moi qui ai eu ce bonheur.

Devant la beauté toute patricienne de son obligée, il n'osait employer les formules républicaines, lesquelles, du reste, commençaient à être répudiées par les gens du bel air.

La jeune fille passa la main sur son front et se leva encore frissonnante.

— Merci, monsieur. Le service est grand; grande sera la reconnaissance.

Puis avec mélancolie :

— Je ne crains pas la mort. La mort me réunira à un père que je pleure depuis quatre ans. Mais finir écrasée par cette populace ou étouffée contre cette grille, oh! c'eût été cruel, trop cruel.

Le sourire revint à sa lèvre.

— Il faut avouer, reprit-elle, que, pour la première fois que je me serai mêlée d'être curieuse, j'aurai failli être plus sévèrement punie que la femme de Barbe-Bleue.

Le muscadin l'écoutait et l'admirait.

Trois heures tintaient à Saint-Germain-l'Auxerrois.

— Trois heures! s'écria la jeune fille. Et mon pauvre oncle qui m'attend!

Un fiacre passait à vide sur le quai. Elle l'appela du geste. Le cocher s'approcha, descendit de son siège et ouvrit la portière. D'un bond, la charmante créature s'installa sur les coussins, et avec une majesté gracieuse :

— Je me nomme Christiane de Noyan, et j'habite, dans la rue Saint-Louis-en-l'Ile, la maison qui est contre la paroisse. Monsieur mon sauveur, ne vous plairait-il point d'y venir quelque jour recevoir les remercîments d'un vieillard à qui vous avez conservé ce qu'il a de plus cher au monde?

— Ce me serait un grand honneur, répondit le muscadin d'un ton où perçait une vive contrariété, mais des affaires d'importance me forcent à quitter Paris ce soir pour longtemps.

— Votre nom, alors, que je ne l'oublie pas dans mes prières?

— On m'appelle le ci-devant marquis Hector de Valleroy.

La jeune fille passa sa main par la portière.

— Monsieur de Valleroy, au revoir et que Dieu vous garde!

Le ci-devant marquis se pencha sur cette main. Quand il se releva, après l'avoir effleurée d'un baiser, il y avait de la fièvre sur ses pommettes et dans ses yeux.

Le cocher fouetta ses haridelles, qui partirent à un trot raisonnable. Le muscadin regarda le fiacre s'éloigner et disparaître peu à peu. Un instant, on eût pu croire qu'il allait s'élancer à sa poursuite. Il fit, en effet, deux ou trois pas en remontant le quai. Mais s'arrêtant brusquement :

— Au diable! maugréa-t-il. Partout où il y a une femme, il y a la porte d'un homme.

On entendait dans le Carrousel des fanfares et des vivats. C'étaient les troupes qui défilaient.

— Bon! fit le ci-devant marquis, le citoyen Premier Consul achève de passer sa revue; allons passer la nôtre.

Il ramena son chapeau sur ses yeux, enfonça son menton dans sa cravate, suivit le quai du Louvre et le quai de l'École, traversa le pont Neuf, longea le quai des Grands-Augustins et le quai Saint-Michel, et s'engagea enfin dans la rue Hyacinthe-Saint-Michel, rue irrégulière, étroite, montueuse et peu fréquentée, où les maisons hautes et noires faisaient le crépuscule en plein midi.

Il y avait dans cette rue, — à côté de cette fameuse maison Fallex, la maison aux neuf issues, qui avait appartenu à Gensonné, le Girondin, et qui devint, quelques années plus tard, la tanière de Georges Cadoudal, le conspirateur vendéen, — il y avait, disons-nous, une sorte de cabaret louche, d'aspect sordide et repoussant, mal famé dans le quartier, quoique celui-ci se montrât médiocrement difficile en matière de tavernes et de tripots. Au-dessus de la porte, un rapin de l'école de David avait brossé naïvement sur un morceau de tôle deux personnages, dont l'un n'était vêtu que de ses longs cheveux, tandis que l'autre n'avait pour tout costume qu'une feuille d'un vert éclatant. Ce couple, sous un arbre, faisait commerce d'amitié avec un serpent.

Cette peinture, étrangère à l'Académie des Beaux-Arts,

avait la prétention de représenter Adam et Eve dans le Paradis. Au bas on lisait :

AUX PREMIERS SANS-CULOTTES.

Le cabaret avait une allée sur la rue. Le muscadin se glissa dans ce boyau, sortit une clef de son gousset, ouvrit une porte et pénétra dans un cabinet sombre, séparé de la salle des buveurs par une cloison dont les vitres avaient été soigneusement barbouillées de blanc d'Espagne.

Un ample carrick à une demi-douzaine de collets était jeté sur un escabeau.

— A ma toilette ! murmura le muscadin.

Il endossa en un tour de main cette carapace, qui recouvrit absolument ses habits d'incroyable, et tira de dessous son gilet un masque de velours noir qu'il appliqua sur son visage. Il se pencha ensuite et mit l'œil à un trou pratiqué dans le rideau économique de la cloison.

Dans la salle, au milieu de la buée des pipes, une douzaine d'hommes, appartenant à la pire espèce des batteurs de pavé, buvaient ou regardaient jouer. Le cabaretier allait et venait de table en table ; c'était le citoyen Cadenette, un drôle, long, maigre, jaune de teint et de cheveux, la figure plate, le regard insignifiant, moitié normand, moitié auvergnat, et cachant tout un formidable arsenal de coquineries parisiennes sous une épaisse couche d'innocence.

Le ci-devant marquis frappa trois légers coups contre la vitre. A ce signal, maître Cadenette sortit précipitamment par la porte de la rue, prit l'allée et entra dans le cabinet.

— Et nos gars ? demanda le muscadin.

— Ils sont là.

— Des bons ?

— Des Parisiens. Ça n'a pas de mine, mais c'est tout nerfs, et ça ne boude pas sur l'ouvrage.

— Fais-les avancer à l'ordre.

A son tour maître Cadenette cogna contre les carreaux de

la cloison six petits coups régulièrement espacés. Dans la salle, six buveurs se levèrent l'un après l'autre, sans affectation, et se coulèrent du cabaret dans le boyau et du boyau dans le cabinet, où ils se rangèrent silencieusement contre la muraille.

— Voilà, fit Cadenette en les désignant au muscadin, voilà Pantinois, Casse-Museau, Cadet-Ficelle, la Clef-des-Coffres, le Petit-Clerc et le Grand-Hurleur : en tout six jolis garçons sans scrupules et sans le sou. C'est pauvre, mais pas honnête, et ça ne demande qu'à travailler.

Le ci-devant marquis promena un regard de satisfaction sur cette effroyable collection de loques, de pipes, de triques et de sacripants.

— C'est bien, dit-il. Je vous embauche tous.

Il y eut un grognement de joie dans l'auditoire.

— Vous savez ce dont il s'agit ?

Le sextuor en haillons fit un signe affirmatif.

— Que ceux qui ont peur du *raisiné* (sang), des coups de fusil et des coups de sabre, des gendarmes, du *pré* (bagne) et de *Charlot* (le bourreau), me montrent la semelle de leurs souliers et aillent voir à la Préfecture si j'y suis.

Personne ne bougea.

— A la bonne heure ! vous êtes des braves.

Puis avec une brusquerie impérieuse :

— Attention ! continua le muscadin, maître Cadenette vous comptera à chacun quatre écus de six livres, vous habillera décemment et vous donnera un passeport. Vous voyagerez séparément, sans avoir l'air de vous connaître : deux à pied, deux par le coche d'eau et deux en diligence. Rendez-vous général, mercredi à midi, sur le pont de Montereau, autour du marchand de chansons.

III

LE VIDAME GOBE-MOUCHE

Sous le Consulat, Paris ne comptait guère plus de cinq cent mille habitants, et la rue Saint-Louis-en-l'Ile ne se distinguait point par une animation exceptionnelle. Elle desservait un quartier somnolent et presque désert ; elle ne venait d'aucun centre, elle ne menait à aucune artère. On eût dit la voie principale d'un chef-lieu de canton situé à cent lieues de la capitale. La Terreur l'avait dépeuplée, — la noblesse de robe qui y avait ses hôtels, ayant passé à l'étranger ou péri dans les prisons et sur les échafauds.

Vers 1797, c'est-à-dire trois ans avant les différentes scènes auxquelles nous venons de faire assister le lecteur, un certain citoyen Vaudrillan était venu s'installer dans cette solitude où il avait acheté, pour une poignée d'assignats, un ancien pied-à-terre du président de Noyan.

Le citoyen Vaudrillan était un personnage sec et blême qui avait conservé le costume, les manières et le langage des robins du feu parlement. Il portait la poudre, l'habit ample, la culotte courte et la grande veste, les bas de soie et les souliers à hauts talons de la défunte magistrature, jurait *téteblen* ou *vertuchoux*, prenait le menton aux fillettes, baisait volontiers la main aux dames et se servait, pour saluer d'une révérence réglée par l'aîné des Vestris. Nul ne savait mieux que lui puiser une pincée de tabac dans une boîte à miniature, chiquenauder du bout des doigts son jabot en point d'Alençon, chiffonner sa cravate en forme de rabat et lancer sous son bras son tricorne-lampion à ganse d'acier. Les commères du quartier l'avaient baptisé le « Vidame. » Leurs maris avaient accolé une épithète à ce titre improvisé : ils l'appelaient le vidame Gobe-Mouche, à cause de sa physionomie débonnaire, de ses traits distraits et de sa tournure dégingandée. Aucun de ces naïfs insulaires n'avait certainement examiné le front observateur, la lèvre sardonique et les yeux froids du vidame Gobe-Mouche, — la lèvre et les yeux de Voltaire.

Ce singulier individu, qui cachait sous des apparences de bonhomie un peu niaise l'un des moins connus et des plus remarquables prédécesseurs de Vidocq, était le fils d'un greffier du Châtelet. Nous résumerons suffisamment sa jeunesse en constatant qu'au moment où la Révolution éclata, Vaudrillan passait pour le héros de la police, dont les deux derniers lieutenants généraux, MM. Lenoir et d'Albert, l'avaient honoré d'une estime toute particulière. A cette époque, un jour d'émeute, Vaudrillan fut reconnu dans la rue par un voleur qu'il avait arrêté quelques années auparavant et qui s'était échappé des galères. Celui-ci, pour se venger, se mit, en le désignant, à crier au mouchard, à l'aristocrate, à l'accapareur. Il n'en fallait pas tant, alors, pour décider de la mort d'un homme. Au cri du misérable, la foule répondit par un autre cri :

— A la lanterne !

Vingt bras s'abattirent sur Vaudrillan et le traînèrent sous un réverbère. On lui jeta une corde au cou.

— Tirez ! hurlèrent les femmes.

— Un instant ! prononça une voix forte.

La foule se retourna avec le grondement d'un fauve à qui

l'on voudrait retirer la victime qu'il a sous la griffe. Un homme venait de sauter sur une borne et dominait la houle hideuse des têtes allumées par un appétit sanguinaire. Cet homme répéta avec autorité :

— Un instant ! je demande la parole.

La populace crut à un intermède comique. Elle n'était pas fâchée non plus de prolonger un peu l'agonie du patient.

— Parle ! ricana-t-elle ; mais dépêche-toi, nous sommes pressés.

L'homme parla. Il dit que, pour atteindre et punir les accapareurs, il fallait frapper à la porte des Foulon, des Berthier, des Matiffet et des Bayrel, tous traitants qui avaient signé le pacte de famine, et faisaient à leur gré la hausse et la baisse du pain. Il dit encore que la police, qui défend la société contre le crime, est un métier nécessaire qui exige le courage et a droit au respect. Il dit enfin qu'au-dessus des colères légitimes et des représailles méritées, il y a la loi, et que ceux-là sont bien peu dignes de devenir juges qui songent tout d'abord à se faire bourreaux.

Tout cela, il le dit avec cette éloquence souple et rude, caressante et brutale, limpide et rapide à la fois, qui plaît aux masses, avec le geste qui dompte, l'accent qui persuade, le cœur qui attendrit, entraîne et conquiert. Quand il eut terminé, le peuple, qui au commencement avait tenté de l'interrompre par des huées et des menaces, voulut le porter en triomphe. L'orateur esquiva sagement cette ovation. Il prit sous le bras celui qu'il venait d'arracher si miraculeusement à la mort et le poussa dans un cabaret voisin, pendant que la multitude refluait vers les boulevards en rugissant :

— A la lanterne Berthier et Foulon ! Bayrel et Matiffet à la lanterne !

Vaudrillan avait encore la corde au cou.

— Têtebleu ! dit-il à son avocat, tous mes compliments, cher monsieur. Vous avez le talent d'un Mirabeau. Quoique je fusse placé dans une situation peu agréable pour entendre, je n'ai pas perdu une syllabe de votre plaidoyer ; c'était excellent et magistral. Comment vous nomme-t-on ? Appartenez-vous au barreau ?

L'autre répondit simplement :

— On m'appelle Pierre Lombard et je suis colporteur.

Le policier enleva prestement la corde qui lui entourait la gorge.

— Eh bien, Pierre Lombard, prenez ceci. Je crois que je me souviendrai toujours du service que vous venez de me rendre ; mais si, par impossible, il m'arrivait de l'oublier, mettez-moi sous les yeux cette cravate de chanvre, qui a failli tout à l'heure être la dernière qu'il m'ait été donné de porter, et je jure Dieu que ma vie sera à votre bon plaisir.

A quelques années de là, la veille des massacres de septembre, Vaudrillan, qui était devenu l'un des agents les plus actifs de la commune de Paris, vit entrer chez lui, dans le quartier de l'Arsenal, un homme qui lui présenta une corde.

— Gardez cela, l'ami, fit le policier. Je vous reconnais. Vous êtes Pierre Lombard. Ma vie vous appartient. Que faut-il que je fasse ?

— Lisez, répondit le colporteur en lui tendant un billet.

Vaudrillan lut :

« Nous sommes à l'Abbaye, mon père, ma fille et moi... Cette fille, c'est la vôtre.

» Un guichetier, à qui j'ai remis le peu d'argent qui nous restait, s'est chargé de vous faire tenir ce papier.

» Il va se passer ici quelque chose de terrible.

» Pierre, sauvez mon père, sauvez celle qui vous a aimée, sauvez notre enfant !

» Hélène de Noyan. »

— Vous aimez cette femme ? demanda Vaudrillan.

— Elle m'a aimé, repartit Pierre, aimé, elle riche, noble, belle à miracle, moi misérable, moi pauvre porte-balle sans éducation, sans fortune et sans nom !... Oh ! je sais bien ! aimé comme une jeune fille de son rang, qui s'ennuie dans un château perdu au fond d'une campagne, — par désœuvrement et par fantaisie... Ma mère avait été sa nourrice, et nos vingt ans bouillonnaient dans nos veines... Caprice d'un instant qui a fait la tristesse de toute ma vie... Mais aujourd'hui, Hélène se souvient, elle m'appelle, elle invoque notre enfant, — notre enfant dont jusqu'à présent je n'avais pas soupçonné l'existence... — Tenez, citoyen, vous ne me devez rien. Ce que vous appelez un service, moi, je l'appelle un devoir. Mais le peu que j'ai su gagner dans mon rude labeur, mais mon sang tout entier est à vous, si vous assurez le salut de cette femme et de ma fille !...

Vaudrillan se leva :

— Attendez-moi ici, dit-il ; Maillard est mon ami, je vais l'aller trouver.

Maillard était ce fameux et tout-puissant huissier dont la signature ferme et droite se lit encore sur les procès-verbaux des exécutions de l'Abbaye, au milieu d'éclaboussures rougeâtres et sinistres.

Quand Vaudrillan lui eut expliqué ce dont il s'agissait :

— C'est bien, répondit le farouche révolutionnaire ; le vieillard appartient à la justice du peuple, je garde le vieillard ; mais je te donne la femme et l'enfant. Voici l'ordre d'élargissement. Emmène-les ce soir. Demain il ne fera pas bon à l'Abbaye pour les aristocrates... Surtout cache-les dans un endroit où l'œil des patriotes ne les découvre pas.

Le soir même, Hélène de Noyan et la petite Christiane étaient installées chez Vaudrillan. Elles y demeurèrent, abritées par la profession de leur hôte, jusqu'après le 9 thermidor. Pierre Lombard s'était empressé de venir les y joindre, sans toutefois renoncer entièrement à son métier dans les campagnes. L'espionnage s'appelait civisme sous la Terreur. Il ne fallait point éveiller les soupçons du civisme vigilant et ombrageux.

Vaudrillan n'avait ni parents ni amis. Peu à peu, il se prit d'une immense affection pour cette petite famille pelotonnée, pour ainsi dire, sous son toit. Celle-ci, de son côté, lui rendait en tendresse reconnaissante ce qu'il lui prodiguait de bons offices et de dévoûment.

Peu de jours après le 9 thermidor, Hélène de Noyan s'alita. Il n'avait pas été possible de lui cacher la fin terrible de son père, — le président de Noyan, égorgé à l'Abbaye, malgré l'intervention de Vaudrillan. La douleur, les angoisses qu'elle avait elle-même éprouvées en prison, déterminèrent chez la jeune femme une maladie nerveuse qui ne pardonna point.

Tant que le président avait vécu, Christiane avait passé à ses yeux pour l'enfant d'un de ses métayers, recueillie et élevée au château par charité. A son lit de mort, Hélène fit appeler un officier de l'état civil et régularisa sa position vis-à-vis de sa fille et de Pierre Lombard.

Celui-ci, après cette mort, se remit plus que jamais à faire du commerce et à courir les environs de Paris. Il voulait, disait-il, harasser son chagrin, et puis aussi, amasser une fortune à sa petite Christiane.

L'enfant avait été placée dans un pensionnat de la banlieue. Son père allait la voir à chacun de ses retours à Paris, et son bon ami Vaudrillan lui rendait de fréquentes visites.

En 1796, le policier fut envoyé en mission dans l'Ouest. La première chose qu'il apprit, lorsqu'il revint, fut le meurtre de Pierre Lombard. Vaudrillan demanda aussitôt à se transporter à Moret.

— A quoi bon ? lui fut-il répondu. L'assassin est connu. Il s'est fait justice lui-même en se noyant dans le Loing ou en se brûlant dans son moulin. On n'a pas retrouvé son cadavre.

— Tant pis ! fit l'agent d'une voix sourde, pleine de sanglots contenus.

— Que diable en aurais-tu voulu faire de ce cadavre de coquin ? interrogea un de ses camarades.

Vaudrillan répliqua avec un regard, un geste et un accent qui frappèrent d'épouvante ses auditeurs:

— J'aurais voulu le faire guillotiner.

IV

LA MISSION

Depuis plusieurs années déjà, Pierre Lombard avait fait un testament par lequel il confiait à Vaudrillan la tutelle de sa fille et l'administration de la fortune assez considérable qu'il laissait à celle-ci. Nous avons vu que le marchand de biens était dur à la peine, et que, malgré les bouleversements politiques, ses trafics n'avaient pas un instant cessé de prospérer.

Un an après le crime de Moret, Vaudrillan donna sa démission, et, malgré toutes les instances pour le retenir, de Fouché, qui avait su apprécier à leur haute valeur ses qualités d'expérience, de perspicacité et de sang-froid, il rompit avec l'administration de la police tout pacte et toute relation. Ce fut alors qu'il retira Christiane de son pensionnat et qu'il vint s'établir avec elle au cœur de l'île Saint-Louis. Le feu président de Noyan, qui siégeait au parlement de Dijon, passait les trois quarts de son temps dans cette ville ou dans son château de Lorrez, entre Sens et Nemours, et ne considérait guère son logis de Paris que comme une sorte d'encas où il descendait lors de ses rares excursions à la cour,

Pierre Lombard s'était, par-dessous main, rendu acquéreur du château de Lorrez ; Vaudrillan acheta, au nom de sa pupille, le petit hôtel de Paris.

Pour rien au monde, l'ex-agent n'eût voulu que la jeune fille soupçonnât son ancien métier, — si décrié dans l'opinion ! Aussi, en obéissant à une recommandation qui lui enjoignait de faire porter à Christiane le nom de Noyan, — il n'y avait plus sous le Directoire aucun danger à cet endroit, — s'était-il imposé ce masque de hobereau insignifiant qui avait trompé tous les yeux, — et même ceux de sa pupille. Christiane lui avait dit :

— Puisque vous m'aimez comme m'aimait mon père et que je vous aime presque autant qu'une fille, je vous appellerai papa.

— Non, chère enfant, avait répondu Vaudrillan : appelle-moi ton oncle. N'étais-je pas par l'amitié le frère de ton pauvre père ?

La jeune fille ignorait, du reste, de quelle façon Pierre Lombard avait péri. On lui avait laissé croire qu'il avait succombé en voyage à une attaque d'apoplexie foudroyante.

Svelte et blonde comme sa mère, vive et enjouée par bouffées, et, par bouffées aussi, pensive et sérieuse, Christiane ressemblait à ces anges qui planent entre ciel et terre dans les *Ascensions* ou dans les *Transfigurations* des peintres primitifs. Le regard de ses yeux bleus avait la pureté, l'éclat et l'immatérialité d'un rayon. Ses toilettes, qui côtoyaient la mode sans la suivre, exhalaient un parfum tout aristocratique d'élégance et de distinction. Religieuse et bienfaisante, elle allait chaque dimanche, à l'issue de la messe, porter des secours et des consolations aux malheureux que lui signalait le vénérable curé de sa paroisse, et c'était en revenant de visiter une misérable famille d'ouvriers sur la butte des Moulins, que le désir de voir le premier consul, qu'elle ne connaissait pas et dont toute la France s'occupait, l'avait fait s'aventurer dans le Carrousel, où la foule l'avait emportée dans son remous.

Ce jour-là, Vaudrillan, qui l'attendait à la maison, était inquiet. Il venait de dépêcher au-devant d'elle Gisquette, la petite bonne. Et il se promenait dans la salle à manger, en consultant alternativement sa montre et la pendule.

— Comme elle tarde ! murmurait-il. Oh ! cette petite fille ! s'embarquer seule dans ses expéditions de charité ! Quel imbécile je fais de ne pas la suivre à distance pour veiller sur elle et pour la protéger !...

On entendit le bruit d'une voiture qui s'arrêtait devant l'hôtel. Vaudrillan se précipita vers la porte. Mais ce fut Geneviève, sa vieille cuisinière, qui entra :

— Monsieur, annonça-t-elle d'un air tout effaré, il y a là dans un fiacre, un homme qui vient vous chercher pour vous mener à la police.

Vaudrillan en était arrivé à tout rapporter à Christiane :

— Têtebleu ! s'écria-t-il, il sera survenu un malheur à l'enfant, et l'on m'envoie quérir pour me l'apprendre ! Vite ! Geneviève, ma lévite, ma canne, mon chapeau !

Un quart d'heure plus tard, l'ex-agent était introduit dans le cabinet de Fouché, à qui il demandait dès l'abord :

— Christiane ? Qu'est-il donc arrivé à Christiane ?

— Hé ! parbleu ! répondit le ministre, il est bien question de mademoiselle Christiane !

Vaudrillan eut un soupir de soulagement, et au moment où Fouché allait lui expliquer ce dont il s'agissait :

— Le citoyen ministre oublie que j'ai cessé d'appartenir à son administration et que je me suis juré à moi-même de ne plus me mêler en rien de certaines affaires.

— Bah ! serment d'ivrogne !

— Citoyen ministre, je ne bois plus.

— Voyons, mon cher Vaudrillan, peut-être estimez-vous que l'on n'a pas tenu suffisamment compte de vos mérites ?

— Le citoyen ministre m'a assez récompensé en acceptant ma démission et en me faisant rayer des cadres.

— Mais, enfin, nous avons besoin de vous !

L'ex-agent sourit.

— Je m'en aperçois bien, puisque le citoyen ministre a daigné m'appeler *son cher Vaudrillan*, — ainsi que le faisaient, du reste, sous le feu règne, MM. Lenoir et d'Albert, — et c'est avec un regret non moins sincère que profond que je me vois contraint de lui refuser mes services.

— Il y a une raison à ce refus ?

— Oui, certes, une raison immuable : ma pupille. Figurez-vous un vieux diable tuteur d'un ange et se rafaichissant à ce divin contact, et vous aurez une idée de l'existence que je mène depuis trois ans. Je n'ai pas envie d'en changer. L'enfant est à cent lieues de soupçonner mes occupations d'autrefois et ce que vous voulez bien qualifier mes mérites, occupations ténébreuses, mérites sinistres qui ne nous font récolter que le mépris !... Je veux que rien de ces choses terribles qui s'attachent à la police ne vienne salir mon diamant. Je veux que ma Christiane ignore à tout jamais que celui qu'elle chérit à l'égal d'un père a coudoyé et manié le crime. Voilà pourquoi j'ai renoncé à une profession que j'avais embrassée par goût et dans laquelle j'ai la conscience d'avoir été parfois utile à mes semblables. C'est pour ne pas être reconnu de ceux que j'ai rencontrés jadis que je me suis ajusté sur les épaules cette tête de vieillard idiot. Ils m'appellent Gobe-Mouche, là-bas dans la rue Saint-Louis ; soit, Gobe-Mouche me plaît et me sauvegarde. Gobe-Mouche je suis et Gobe-Mouche je resterai. De mon ancien caractère je n'ai conservé que la volonté. Poigne-d'Acier est toujours Tête-d'Acier. Par ainsi, citoyen ministre, si vous avez besoin d'un renseignement ou d'un conseil, mon expérience est à vos ordres ; si, au contraire, il s'agissait d'une expédition...

— Il s'agit d'une expédition, dit Fouché, et des plus importantes encore.

— Alors, je vous supplie de ne pas insister et de me permettre de prendre congé.

Ce disant, Vaudrillan salua et fit un pas pour se retirer. Fouché frappa du poing avec colère sur son bureau :

— Alors qui diable vais-je expédier à Sens, à Montereau et à Moret ?

Vaudrillan s'arrêta sur le seuil de la porte et demeura un instant immobile. Puis, il revint lentement vers le bureau.

— Pourtant, murmura-t-il, s'il vous plaisait de m'expliquer...

Fouché parla longuement. Quand il eut terminé, Vaudrillan, qui s'était assis pour l'écouter, resta quelques minutes à réfléchir, la tête cachée dans ses mains. Il se leva ensuite, et, d'un ton décidé :

— J'ai changé d'avis. Je me charge de l'entreprise. Mon plan est déjà fait. Je partirai demain.

Il ajouta à voix basse, d'un air étrange, comme s'il se répondait à lui-même :

— Qui sait ?... En cherchant des vivants, peut-être retrouverai-je un mort ?

. . . .

Quand Vaudrillan fut de retour rue Saint-Louis-en-l'Ile, Christiane venait de rentrer. Elle lui sauta au cou et lui raconta l'accident de la place du Carrousel. Mais le bonhomme semblait distrait.

— Comment, s'écria la fillette, vous n'êtes pas ému ? Vous ne me plaignez pas ? Vous ne me grondez pas ? Vous ne m'embrassez pas ?

— Ma chère enfant, répondit Vaudrillan, tu m'as demandé bien souvent à aller passer quelque temps dans la campagne où tu es venue au monde, et aussi à faire un pieux pèlerinage au cimetière où ton pauvre père repose.

— Eh bien ?

— Eh bien, le moment est venu d'accomplir ce voyage. Nous partirons demain. Gisquette nous accompagnera. Va faire tes préparatifs.

. . . .

Le lendemain, en effet, l'ancien policier et sa pupille prenaient place dans le coupé de la diligence du *Plat-d'Etain*, qui faisait le service entre Paris, et Melun, Fontainebleau,

Moret et Montereau. Dans la rotonde de la même voiture, mademoiselle Gisquette, — une Parisienne au minois évaporé, — s'installait entre deux citoyens d'une laideur raisonnable, attifés selon la dernière mode léguée par les *Clichiens* à la jeunesse dorée.

A la vue de la camériste, l'un de ces individus, — grand gaillard assez débraillé, dont le col de chemise venait à la hauteur des oreilles, dont les cheveux noirs frisés pendaient en tire-bouchon de chaque côté des faces, et qui portait, sans le moindre scrupule de cette opposition de couleurs, une culotte jaune, un gilet rouge et un habit canelle, — cligna de l'œil, clappa de la langue et dit à son compagnon :

— Petit-Clerc, attention à un langage cossu et aux manières des dimanches ! On ne fumera pas. Tu peux chiquer. Honneur au sexe.

L'autre, dont la petite tête était coiffée *à la victime*, et qui avait un *spencer raisin de Corinthe* sur une *queue de morue caca dauphin*, répliqua gracieusement:

— As pas peur, Grand-Hurleur ! quand on a étudié pour être procureur et qu'il ne vous a manqué que dix-neuf cent soixante-dix-sept livres pour acheter une charge deux mille francs !...

. . . .

Au moment où l'on franchissait la barrière, Christiane étouffa un petit cri sous son éventail. Un cavalier venait de dépasser la diligence et se perdait sur le chemin dans un tourbillon de poussière.

Ce cavalier, c'était le muscadin du Carrousel, c'était le sauveur de la jeune fille, c'était le ci-devant marquis de Valleroy !

V

LA TABLE D'HOTE

Montereau est une petite ville, située à vingt lieues à peu près de Paris, au point précis où la Seine absorbe l'Yonne. Le pont qui les enjambe et qui devait plus tard, en 1814, devenir doublement historique, ne réveillait alors dans l'esprit du touriste que le souvenir d'un grand crime et d'une grande trahison : ainsi que le rappelle une inscription en lettres d'or, sur une dalle de marbre noir chevillée dans le parapet, c'était sur la partie de ce pont qui traverse l'Yonne que, le 10 septembre 1419, « Monseigneur Jéhan-Sans-Peur, duc de Bourgogne, avoit esté meurtry par Tanneguy Duchastel et les gens du gentil Dauphin. »

La ville se groupe sur cette rive : cohue de bâtisses accroupies autour de l'église, comme un troupeau de moutons sous l'œil du berger. Une grande rue la coupe en deux et va du pont à la campagne.

Sur la berge opposée, une espèce de faubourg escalade les coteaux de Surville, d'où l'empereur pointa ses canons sur les Wurtembergeois et les Russes réunis. Mais les tanneries qui regardent le plateau ne portaient pas encore la balafre des boulets.

C'était jour de marché. Les paysans affluaient. Les quais de la Seine et de l'Yonne et la prairie des Noues, où se tiennent les foires, étaient couverts de boutiques de bimbeloterie, de baraques de saltimbanques et de guinguettes improvisées. On trafiquait sur tout et partout dans les rues : sur le blé, l'avoine, l'orge, les bestiaux. Des maraîchers, des marchands de volailles, de boissellerie, d'outils pour la culture, d'images, de bondons et de gâteaux s'étaient installés sur le pavé et le long des maisons. La façade de l'hôtel du *Peuple Souverain*, ci-devant du *Grand Monarque*, n'avait pas même été respectée. Une marchande de paniers avait déballé sous ses fenêtres toute sorte de claies, de vannes et de mannes en osier. Acheteurs et vendeurs, citadins et paysans, tout cela se remuait comme une fourmilière et bourdonnait comme une ruche.

Or, un mot revenait sans cesse dans le brouhaha des conversations :

« Les *Masques de Suie!* »

Les *Masques de Suie*, qui venaient de restaurer dans le pays la tradition — un instant assoupie — du *chauffage*, du *suage* ou du *riffaudage*, horribles pratiques des bandes de Poulailler, de Fleur-d'Epine et du Beau-François !

C'était Poulailler qui avait organisé le premier dans l'Ile-de-France, le Gâtinais, la Beauce et la Sologne cette sanglante association. Hulin, son lieutenant, et nombre de ses complices, avaient été exécutés à Montargis dans l'automne de 1783. Trois ans plus tard, Poulailler fut pris à son tour ; et comme il avait osé travailler aux portes de Paris, à Longjumeau, c'est au Châtelet qu'il fut condamné et en Grève qu'il fut pendu. Ce capitaine de routiers s'attaquait de préférence aux voyageurs qu'il détroussait à cheval, suivi d'une véritable armée, et prêt à tenir tête à la maréchaussée, comme Mandrin et Cartouche, ses illustres prédécesseurs.

Son successeur Fleur-d'Epine, plus modeste et plus prudont, abandonna les expéditions bruyantes et se borna au pillage des fermes. Ayant poussé une pointe jusque dans les environs de Versailles, il fut arrêté comme suspect et jeté en prison. Les massacres de septembre l'y trouvèrent et en firent justice.

Jean Auger ou François Girodot, surnommé le Beau-François, prit après lui le commandement en Beauce. La République avait d'autres chats à fouetter que de pourchasser les voleurs. Pendant quatre ans, le Beau-François et ses compagnons épouvantèrent le centre de la France par des crimes d'une hardiesse et d'une férocité inqualifiables. Un vaste coup de filet en avait eu raison à la fin, et du 2 vendémiaire au 9, sur la place publique de Chartres, vingt-trois têtes de chauffeurs avaient roulé dans le panier.

Les départements, si longtemps et si cruellement désolés, avaient cru pouvoir respirer. Et voilà que l'apparition des *Masques de Suie* menaçait de rouvrir l'ère du brigandage et de la rébellion à main armée! Aussi ne parlait-on que de ces bandits sur le marché de Montereau. On en parlait chez les bourgeois et dans les boutiques; on en parlait sous la tente des guinguettes, sous l'auvent des échoppes, à l'intérieur des baraques et autour des comptoirs des cabarets; on en parlait sur le pont, sur les quais, dans la Grand'Rue et sur les Noues. On en parlait surtout à la table d'hôte du *Peuple Souverain*.

Vous auriez retrouvé là, assis devant un copieux déjeuner, en compagnie d'une douzaine de convives, trois des principaux personnages de ce récit: Christiane de Noyan, le vidame Gobe-Mouche et le marquis Hector de Valleroy. Les deux premiers étaient arrivés le matin même avec la diligence du *Plat-d'Etain*. Le troisième les avait précédés d'une demi-journée.

Christiane, que Vaudrillan avait avertie qu'ils allaient repartir, avait conservé son costume de voyage: fourreau de soie chamois à l'anglaise et chapeau de cavalier en feutre gris, à bords retroussés, garni d'une ganse noire et orné d'une cocarde et d'un panache aux couleurs nationales. L'ex-agent, en outre de son inévitable douillette, avait endossé cet air *en coup de vent*, plein d'effarements et de soubresauts, du Parisien dépaysé.

Quant au marquis de Valleroy, il avait échangé sa toilette de muscadin contre un habit de chasse, qui, joint à ses cadenettes blondes dépoudrées, lui donnait tout à fait la mine d'un gentilhomme campagnard.

Quand elle l'avait vu entrer dans la salle à manger et s'asseoir en face d'elle, la jeune fille n'avait pu s'empêcher de rougir. Et pourtant elle aurait juré, dès la veille, qu'elle le reverrait à cette heure et dans cet endroit ! Mais le marquis n'avait pas eu l'air de la reconnaître.

Vaudrillan se renseignait sur les exploits des *Masques de Suie* auprès de son voisin, médecin des environs, lequel paraissait enchanté de tenir conversation avec quelqu'un de la *capitale*.

— Ainsi vous dites, citoyen, que ces scélérats sont éclectiques ?

— Eclectiques, c'est le mot, citoyen. Comme Poulailler, ils arrêtent les voyageurs et les voitures publiques ; comme Fleur-d'Epine, ils saccagent les fermes, les métairies et les moulins ; comme le Beau-François, ils *chauffent*...

— Ils *chauffent* !... Vertuchoux ! un vilain mot, en vérité ! Et comment s'y prennent-ils pour *chauffer* ? Mais d'abord, avant tout, permettez : pourquoi diable *chauffent-ils* ?...

— Oh ! mon Dieu, citoyen, c'est bien simple : il arrive le plus souvent que les paysans chez lesquels les brigands s'introduisent ont serré leur argent, leurs bijoux et tout ce qu'ils ont de plus précieux au fond de quelque trou, dans une cachette ou dans quelque meuble à secret... Dame, vous comprenez, dans ce temps de bouleversement de toute sorte, il y a des visites si désagréables, qu'il est sage de mettre son saint-frusquin hors de portée des pattes crochues.

— Vous avez parfaitement raison, opina Vaudrillan en tirant sa tabatière.

— Les brigands veulent savoir où est le magot; le paysan refuse de le dire...

Vandrillan huma une prise.

— Têtebleu ! j'approuve cette réserve.

— Alors, continua le narrateur, on empoigne le pauvre homme, on le lie, on l'étend sur le carreau et on lui allume des brassées de paille sous les mollets, ou bien encore on lui expose la plante des pieds à la flamme du foyer, jusqu'à ce que la douleur l'ait contraint d'indiquer le trou, la cachette, le secret...

— Oh ! c'est épouvantable ! murmura Christiane en frissonnant.

Le médecin se leva vers elle et la salua galamment.

— Epouvantable, en effet, citoyenne. Mais que voulez-vous? les *Masques de Suie* ne respectent rien. On assure que leur chef leur a fait cette recommandation : « Si vous avez affaire à des jeunes mariés, flambez-moi la femme devant le mari. Ça ne sera pas toujours le flambé qui parlera le premier. »

— Pouah ! s'écria M. de Valleroy. Votre récit sent le roussi, docteur.

Et il fit mine de porter sa main à sa poche. Puis, avec un geste de désappointement :

— Allons, bon ! j'allais passer mon flacon à la citoyenne, pour la désempester de cette affreuse odeur de chair grillée qui s'échappe de la conversation, et voilà que je me souviens d'avoir perdu ce flacon à Paris.

Le verre que mademoiselle de Noyan était en train de porter à ses lèvres s'arrêta à mi-chemin. Et tout le monde se fût aperçu du trouble de la jeune fille, si une voix ne se fût élevée, à l'autre extrémité de la table. Cette voix appartenait à un cavalier à la moustache brune, au regard franc et clair, à la physionomie douce et fière à la fois, lequel portait la tenue de route et les épaulettes de lieutenant de dragons.

— Ah çà ! demanda-t-il avec une curiosité ironique,

ah çà ! tous ces voyageurs que l'on rançonne ne prennent donc pas la précaution de s'armer ? Les conducteurs, les postillons de ces voitures que l'on arrête, ne garnissent donc pas de pistolets leurs poches et leurs fontes ? Et les paysans que l'on *chauffe* n'ont donc pas dans leur ferme, dans leur moulin, un fusil, une fourche ou un fléau ?

— Pour quoi faire ? interrogea le médecin.

— Pour se défendre, parbleu !

Tous ceux des convives qui étaient du pays protestèrent bruyamment :

— Les *Masques de Suie* sont en nombre !

Allez donc vous frotter à une trentaine de démons mieux équipés qu'un régiment !

— S'il vous plaît de vous faire hacher à coups de sabre ou larder à coups de baïonnettes !

— Ainsi, poursuivit l'officier, vous aimez mieux que ces coquins vous mettent à la broche ? A votre aise. Vous préférez souffrir à mourir ? Je vous en fais mon compliment. Pour ma part, je ne suis point aussi stoïque, et comme je ne crois pas MM. les *Masques de Suie* plus invulnérables que les grenadiers de Wurmser ou les mamelucks de Mourad-Bey, je voudrais me donner la satisfaction d'en écharper quelques-uns avant de cuire sur le gril, ou bien encore faire à certains d'entre eux telle marque grâce à laquelle la justice les reconnaîtrait pour le bourreau.

— Oh ! oh ! fit M. de Valleroy en souriant, permettez-moi de vous le dire, citoyen, avec toute la déférence que commande votre épaulette : les *Masques de Suie* doivent apporter plus de logique dans leurs opérations. Croyez-vous qu'ils vous laissent vivre, pour les dévisager plus tard, après une semblable imprudence ?

— Eh ! monsieur, repartit brusquement l'officier, ce qu'il y a de plus prudent en France, c'est le courage.

— Bravo ! mon lieutenant, fit un paysan qui mangeait au bas bout de la table. Aussi vrai que je m'appelle Pierrin de mon nom et que je viens d'acheter le moulin de Férottes, je pense et j'agirais comme vous.

Puis, promenant sur l'assistance un regard où se lisait l'énergie de son caractère :

— Qu'elles y viennent au moulin de Férottes, vos frimousses noires ! continua le meunier. On les recevra à coups de fusil. Il y a là quatre gars qui n'ont pas froid aux yeux, sans compter votre serviteur, un vieux lapin de l'armée du Rhin... Et puis, de bonnes murailles crénelées, de bons volets doublés de tôle et un joli petit système de meurtrières... Une vraie redoute, quoi !...

— Très bien, dit le marquis d'un ton singulier, il y aura bataille, siège, assaut...

Il éleva son verre :

— Je bois à la victoire.

Le lieutenant l'imita :

— Moi aussi, je bois à la victoire des honnêtes gens.

— C'est cela, s'écria Pierrin, buvons à la République délivrée de toute cette canaille !

— De grâce, citoyens, pas si haut ! supplia le médecin : vos effusions sont dangereuses.

Il n'y eut qu'une voix autour de la table :

— Sans doute, sans doute, vous voulez donc nous faire assassiner ?

— Les brigands ont une oreille partout.

— Si le propos leur était rapporté...

— Oui-dà, messieurs, reprit le lieutenant, prétendriez-vous par hasard que les chauffeurs ont des espions jusque dans la société avec laquelle j'ai l'honneur de me trouver en ce moment ?

— Hé ! citoyen, riposta le docteur, les chauffeurs se sont affilié les mendiants, les marchands forains, les colporteurs, les couteliers ambulants, les vanniers de passage, toute une séquelle toujours au guet ! La rue est pleine de ces vermines, et si, par une croisée ouverte...

En ce moment, mademoiselle Gisquette, qui s'agitait derrière Christiane pour la servir, poussa un cri perçant.

— Là !... là !... Voyez !... A la fenêtre !...

Tout le monde se retourna.

La salle à manger de l'hôtel du *Grand Monarque*, alors du *Peuple Souverain*, est située au rez-de-chaussée, et ses fenêtres donnent sur la rue. Or, dans la baie d'une de ces fenêtres, une tête étrange apparaissait. Une tête de femme au teint cuivré, coiffée de cheveux noirs crépus, dont les ondes étaient éclairées de sequins d'or et de verroteries.

VI

ANCIENNES CONNAISSANCES

Tous les convives firent un mouvement. Surprise prononcée chez les uns, pointe d'inquiétude chez les autres. Christiane entreprit de rassurer la compagnie :

— Pardonnez à Gisquette, dit-elle. Cette étourdie ne reconnaît pas sans doute la marchande qui a étalé ses paniers devant l'hôtel, et à laquelle j'ai acheté ce matin, en ... ndant de voiture, une corbeille en jonc de diverses couleurs.

— Vertuchoux ! ma nièce, fit Vaudrillan, qui, depuis le commencement du déjeuner, simulait toutes sortes de frayeurs puériles avec une perfection dont la jeune fille elle-même était dupe, vertuchoux ! ne venez-vous pas d'entendre le citoyen docteur ? Tous ces traîne-pavés, tous ces batteurs de foire servent d'éclaireurs aux brigands. Hum ! ce bloc de bronze, avec ces prunelles d'ivoire, ne me revient que médiocrement.

— Cher oncle, le soleil du midi est seul coupable de cette noirceur. Cette femme est étrangère : Hongroise, Moldave ou Valaque.

— Elle a les plus beaux yeux du monde, opina le marquis.
— C'est possible, dit l'officier ; mais quel intérêt peut-elle prendre à écouter ainsi notre conversation ?

Christiane répondit directement à la question :
— Curiosité purement instinctive, citoyen. Cette femme ne comprend pas un mot de notre langue.
— En êtes-vous bien sûre, citoyenne ? interrogea le docteur.
— Si sûre, qu'il m'a fallu débattre par signes avec elle le prix de mon emplette de ce matin.

L'hôte du *Peuple Souverain* intervint en ce moment.
— Les citoyens voyageurs prennent-ils du café ?

Il y eut un va-et-vient général. On se leva de table. Des groupes se formèrent. Les officieux — les garçons — versaient. La tête de l'étrangère avait disparu.

Pendant que le café, fumant dans les faïences à ramages, accaparait gourmets et gourmands, M. de Valleroy fit trois ou quatre tours dans la salle à manger en fredonnant la dernière ariette de Garat. Puis il finit par se rapprocher d'une fenêtre, s'accouda nonchalamment sur la balustrade et se pencha au dehors.

La marchande de paniers s'était retournée du côté de la rue et paraissait attendre les chalands. Elle se tenait immobile, adossée contre la muraille, et son oreille était à peu près à la hauteur des lèvres du marquis. Celui-ci, sans cesser de chantonner à demi-voix, et plaçant sur l'air : *O ma tendre Zélie !* des paroles non prévues par l'auteur de cette romance à la mode, demanda dans ce bas-allemand corrompu, mêlé d'italien et de slave, intelligible seulement aux juifs bohémiens des provinces danubiennes :
— Quoi donc, Johanna *mia ?* Est-ce qu'il y a du nouveau ?

La marchande ne bougea pas. Son visage resta impassible. Mais elle se mit à son tour à moduler une espèce de refrain dans le même dialecte :
— Il y a un danger, — un danger terrible, — un danger mortel.

— Où cela ?

— Regarde devant toi. Le danger dépasse la foule.

Le gentilhomme enfila la rue d'un coup d'œil rapide. A vingt pas environ, — dans la direction de la mairie, — au-dessus de la houle des coiffures bourgeoises et rustiques, on apercevait deux tricornes.

— Des gendarmes ? fit Valleroy. Bon ! je n'ai rien à craindre. Je reste.

La bohémienne poursuivit sa chanson :

— Il faut fuir, au contraire, — fuir à l'instant, — fuir en toute hâte. Sais-tu quel est l'un de ces hommes ?

— Eh ! que m'importe !

— Prends garde. On a vu des morts sortir du tombeau pour la confusion des vivants. Cet homme...

— Eh bien ?

— C'est l'ancien brigadier de Moret.

— Beaupoil ?

— Lui-même.

Le marquis tressaillit violemment, ses sourcils se froncèrent et son front s'assombrit.

— A quoi penses-tu ? demanda la bohémienne.

— Je pense que ce gendarme avait décidément la vie dure... On me l'avait bien dit, qu'il en avait réchappé... Mais du diable si je le croyais ! Un plongeon si bien combiné !... Enfin, besogne de femme pèche toujours : une autre fois, je ferai mes affaires moi-même.

La chanson insista :

— Le danger approche. Il n'y a pas une minute à perdre. Partons.

— Ma foi, non, je paye l'audace. Il faut que nous nous voyons tous les deux quelque jour face à face, l'ancien brigadier et moi. Autant aujourd'hui que demain. Le temps change les physionomies, et d'ailleurs, le sang-froid est le meilleur des masques. Je joue là, je le sais, une partie sérieuse ; mais si je gagne, — et je gagnerai, — c'est l'impunité, c'est la sécurité pour nous tous que j'assure dans l'avenir. Si tu as peur, va-t'en. Moi, je te le répète, je reste.

Cela dit d'un ton résolu, le marquis quitta la fenêtre et revint vers la table.

— Vous avez pu vous faire comprendre de cette zingara, citoyen? lui demanda Christiane qui ne l'avait pas perdu de vue.

— Oui, citoyenne. En voyageant dans le midi de l'Allemagne, je me suis familiarisé avec les différents idiomes des tribus qui se meuvent sur la frontière turque. Vous ne vous êtes pas trompée : cette femme est une tsigane qui va à l'aventure en faisant vingt métiers. Créature inoffensive, au demeurant, et qui n'a guère contre elle, pour nous autres gens du nord, que la teinte foncée de sa peau !...

Dans les groupes, le médecin pérorait :

— Citoyens, j'en ai fait le calcul : depuis l'apparition des *Masques de Suie* dans le pays, c'est-à-dire depuis six semaines environ, il y a eu onze chauffages, quatorze incendies et sept ou huit assassinats, rien que dans un rayon d'une douzaine de lieues, et la diligence de Sens a été mise à sac six fois, celle de Chéroy quatre, et celle de Montargis deux. Il est bien entendu que je néglige dans ce compte les vols commis dans les maisons et les particuliers rançonnés sur les routes. Ces menus crimes forment l'appoint.

— Pardon, fit Vaudrillan, et la patache de Lorrez? C'est que nous la prenons, nous, ce soir à six heures, la patache de Lorrez !...

— Tiens, dit Pierrin en se servant d'une locution populaire en usage dans le Gâtinais, tiens! *vous avez besoin* par là, bourgeois ?

— Oui, l'envoi en possession de l'héritage de ma nièce. Et puis, des achats de terrains. J'avais même l'intention de me fixer dans le pays. Mais si tout ce qu'on dit est vrai...

Le docteur avait tiré son carnet.

— Attendez donc ! attendez donc ! La patache de Lorrez !... Voyons un peu ! Nous disons donc : une fois, — deux fois, — trois fois...

— Oh ! mon oncle, j'ai peur, interrompit Christiane. Ne partons pas, je vous en prie, ne partons pas.

— Certes, ma chère enfant, je n'en ai guère envie. Pourtant nos places sont retenues, et les affaires qui nous appellent ne souffrent aucun retard.

M. de Valleroy intervint :

— Rassurez-vous, monsieur et mademoiselle. Moi aussi, pour retourner chez moi, je prends, ce soir, la voiture de Lorrez ; j'ai des armes, on ne m'intimide pas facilement, et je suis bien décidé à ne point nous laisser dépouiller par messieurs les *Masques de Suie*.

— D'ailleurs, ajouta l'officier, le premier consul, justement touché par les plaintes qui lui ont été adressées à cet égard, a résolu d'écraser les brigands et leurs complices ; des ordres ont été donnés, l'autorité militaire va agir de concert avec les magistrats. Le général Bonaparte veut que le pays soit nettoyé. Or, quand le général Bonaparte a dit : Je veux ! l'Europe entière a beau dire : Je ne veux pas ! si la chose est possible, elle est faite d'avance ; si elle n'est pas possible, on la fait, voilà tout.

— Vive le premier consul ! s'écrièrent plusieurs auditeurs.

M. de Valleroy considérait le militaire avec une curiosité attentive.

— Ah ! ah ! dit-il, c'est donc vous, citoyen, qui commandez les dragons arrivés ce matin de Fontainebleau ?

— Oui, citoyen, et, mes cavaliers et moi, grillons de nous mettre en campagne.

— Malepeste ! c'est faire, à mon avis, beaucoup d'honneur aux *Masques de Suie* que de leur dépêcher les vainqueurs de Rivoli et des Pyramides ! Hé ! hé ! mon officier, le général Bonaparte ne méprise pas tant, à ce qu'il paraît, ces soldats de grands chemins, puisqu'il leur oppose ses meilleurs vétérans d'Italie et d'Égypte.

— N'approuveriez-vous pas le général, citoyen ?

— La reconnaissance m'a imposé le devoir d'approuver tout ce que fait le premier consul. N'est-ce pas à lui que nous devons, nous autres émigrés, d'avoir pu réintégrer le territoire français et les domaines de nos pères ?

Un bruyant cliquetis de sabres et d'éperons sonna sur les dalles de grès du vestibule. En même temps, notre ancienne connaissance, l'ex-brigadier de Moret effectua son entrée à la façon d'un Jupiter tonnant.

Beaupoil soufflait en marchant. Sa face, large comme celle d'un mascaron, et rappelant les Chimères, qui jettent du feu par les narines; son épaisse moustache *poivre et sel*; ses petits yeux gris, inquiets et fascinateurs, sous des sourcils en herse, tout lui donnait un aspect formidable qu'accentuait encore une voix énergique faite pour l'*école d'escadron*. L'âge, en l'épaississant, ne lui avait rien enlevé de son activité et de sa clairvoyance. Ces deux qualités, jointes à son courage, l'avaient fait arriver en fort peu de temps à l'épaulette de capitaine. On sait combien, à cette époque, l'avancement était plus rapide qu'aujourd'hui. D'ailleurs, les services extraordinaires motivent les récompenses exceptionnelles.

Or, c'était à notre Beaupoil que l'on devait, en grande partie, la capture de la bande du Beau-François, bande connue dans les fastes judiciaires sous le nom de bande d'*Orgères*.

Pour le moment, le digne serviteur tenait campagne contre les *Masques de Suie*. Depuis les débuts de cette variété de chauffeurs, il n'avait pas quitté la selle, battant le bois et la plaine. Efforts superflus ! Fatigues sans résultats ! Les crimes, hélas ! n'étaient que trop réels. Mais les coupables échappaient à toutes les investigations. Le capitaine était sur les dents. Aussi se montrait-il de fort méchante humeur.

Lorsqu'il fit irruption dans la salle à manger du *Peuple*

Souverain, il était en train de bougonner le maréchal des logis Flageolet, qui lui marchait sur les talons.

— Qui est-ce qui m'a f...ichu une ville comme celle-ci ?... Pas de police... On se croirait dans un préau de la Force, tant il pousse entre les pavés de mendiants, de vagabonds et de figures suspectes ! A-t-on songé à éplucher cette canaille ? C'est l'armée volante des brigands. Tenez, qu'est-ce que c'est, par exemple, que cette mauricaude qui fait semblant de vendre des paniers, ici le long de l'hôtel ? Pour sûr, j'ai déjà rencontré cette tête-là sur les épaules de quelqu'un. Où et quand ? Le diable m'emporte si je m'en souviens ! J'ai vu tant de coquins ! Maréchal-des-logis Flageolet, je vous enjoins d'aller me cueillir cette mal-peignée. J'ai besoin de l'interroger. Par ainsi, rendez la main, faites sentir la botte à droite et voltez.

— Suffit, capitaine.

Et, comme on dit au manège, le sous-officier *rendit la main, fit sentir la botte et volta.*

Beaupoil aperçut alors le lieutenant de dragons.

— Ah ! c'est toi, citoyen Maurice Desgranges ? Je te cherchais. Nous avons à causer.

Beaupoil affectait d'employer les vieilles formules jacobines du sang-gêne et du tutoiement. Le jeune officier se mit au diapason :

— Capitaine, je me préparais à aller me mettre à tes ordres.

— Tu as sans aucun doute un chiffon de papier du ministre de la guerre, de la division ou de ton colonel qui t'accrédite auprès de moi ?

— Oh ! oh ! demanda Maurice Desgranges, est-ce que tu douterais de mon identité ?

— Je doute de tout, repartit Beaupoil brusquement. C'est mon métier et mon devoir. Il peut y avoir de faux dragons, un faux lieutenant et de faux ordres... La robe ne fait pas plus le moine que l'uniforme ne fait le soldat. Tu aurais tort de t'offusquer, jeune homme ; voilà là-bas mon vieux camarade Pierrin, le meunier, et le docteur Guénot de Voulx, que je connais depuis dix ans. Eh bien, est-ce que tu crois que je vais me gêner pour leur demander leurs papiers ? La loi le veut. J'obéis à la loi. La loi, vois-tu, c'est mon général Bonaparte.

— Voici ma feuille de route et mes instructions, dit le lieutenant.

— Signées du général Lefèvre. Très bien. Ton détachement ?

— Chez le bourgeois, capitaine.

— Fatigué ?

— Pour une étape ! Allons donc ! Prêt à marcher : hommes et chevaux.

— A merveille. La patache doit emporter ce soir à Lorrez vingt-cinq mille livres en numéraire destinées à la solde d'une division d'infanterie qui va traverser cette localité pour se rendre au camp de Dijon. Tu accompagneras la voiture avec quatre cavaliers.

Vaudrillan poussa Christiane du coude.

— Entends-tu, fillette ? Nous allons avoir une escorte. Voilà qui te raffermit, je pense.

Beaupoil faisait — du regard — le tour de l'assistance.

Soudain, ce regard tomba sur M. de Valleroy. A l'aspect du jeune homme, le capitaine resta béant. Tout le monde remarqua cette attention. Le marquis la supporta sans broncher, et étendant la main vers un des flacons à liqueurs qui servaient de complément au café :

— Capitaine, désirez-vous un verre de cet excellent curaçao ? Je vous le recommande particulièrement. C'est de l'ambroisie... de Hollande.

L'officier ne répondit pas. Il s'avança sur le gentilhomme, lentement, posément, sans le quitter de l'œil, comme dans un duel, et, arrivé à bout portant, le fixa entre les sourcils comme s'il eût voulu le pétrifier.

VII

LES PASSE-PORTS

M. de Valleroy riposta à cet interrogatoire muet en fouillant dans la poche de son habit, dont il retira un élégant portefeuille.

Sans se presser, il ouvrit ce portefeuille et y prit un passe-port qu'il tendit au capitaine. Celui-ci se mit à lire en maugréant :

— Hum ! hum ! hum... Nous lisons : « Le citoyen Hector Valleroy (ci-devant marquis de), propriétaire au château de ce nom, commune de Lorrez-le-Bocage, né à Florence le 11 mars 1767, émigré rentré en France sur sa demande. »

Beaupoil continua à parcourir le passe-port en comparant minutieusement le signalement qu'il contenait à la figure du gentilhomme. Ce dernier demanda, comme lassé de cet examen :

— Est-ce que, par hasard, j'aurais l'honneur et le bonheur d'être connu de vous, capitaine ?

— Peut-être, repartit l'officier.

Puis, élevant la voix :

— Hé ! Pierrin ! appela-t-il.

— Présent! fit le meunier en se levant.

— Avance à l'ordre, mon cousin, (cousin est un mot d'amitié en usage dans le Gâtinais), et reluque-moi un peu ce paroissien avec tes yeux des dimanches. Est-ce que sa physionomie ne te remémore pas un événement du temps où nous étions plus jeunes tous deux?

— Un événement!... Je ne sais pas...

Beaupoil mit sa bouche à l'oreille de Pierrin:

— Oui, cherche bien: le 28 ventôse an V...

Le meunier se pencha avidement pour dévisager Valleroy.

— Le fait est qu'il y a de ça, prononça-t-il au bout d'un instant. Mais l'autre était brun et frisé.

— Parbleu! murmura Beaupoil, comme celle que j'ai retrouvée brune tout à l'heure, était blonde rousse en ce temps-là.

Tout ce colloque avait eu lieu à voix basse.

— Ah çà! interrogea le marquis avec impatience, m'apprendrez-vous, citoyens, ce que signifie cette inspection?

— Dame! bourgeois, fit Pierrin, c'est que vous ressemblez furieusement à quelqu'un...

— Et à qui?

Beaupoil répliqua brutalement:

— A un scélérat qui a mérité d'avoir le cou coupé plutôt douze fois qu'une.

Mademoiselle de Noyan poussa un petit cri. Le gentilhomme se tourna vers elle, lui sourit galamment et la salua de la main. Puis, se versant une larme de curaçao, il reprit du ton le plus léger:

— Fâcheuse ressemblance, en vérité! Voilà que je vais épouvanter les dames! D'honneur, c'est à changer sa tête contre celle du citoyen capitaine ou du citoyen meunier.

Celui-ci n'avait pas cessé de considérer le jeune homme avec une scrupuleuse attention. A son tour, il dit à Beaupoil:

— Décidément, nous nous trompons, compère; l'autre est mort et bien mort, et je ne crois pas aux revenants.

— J'en suis bien revenu, moi ? repartit l'ancien brigadier de Moret.

— Meshuy ! c'est que vous n'aviez pas la conscience chargée. Aussi avez-vous surnagé. Un crime sur la conscience, c'est quasiment une pierre au cou ; il n'y a rien de pareil pour vous tirer au fond.

En ce moment le maréchal des logis Flageolet rentra, la mine assez penaude.

— Eh bien ? s'informa vivement le capitaine, et cette femme ?

— Hélas ! mon supérieur, disparue, évanouie, évaporée, en laissant tout son étalage sur le pavé. Les camarades et moi, nous avons battu en vain le champ de foire et les auberges.

— Hé ! ci-devant marquis, fit Beaupoil avec ironie, en connais-tu beaucoup de ces négociantes en plein vent qui abandonnent leurs marchandises pour le plaisir de glisser entre les doigts de la gendarmerie ?

Valleroy haussa les épaules.

— Est-ce que je suis responsable de la fuite de cette femme ?

— En attendant, insista le capitaine, tu vas venir t'en expliquer avec moi à la mairie.

— A la mairie ? Est-ce que mon passe-port n'est pas en règle ? Est-ce que je n'ai pas satisfait à tout ce qu'exige la loi ?

— C'est possible. Mais ça ne me suffit pas. As-tu à Montereau quelqu'un qui réponde de toi ?

— Je vous répète que je suis né à l'étranger, que la révolution m'y a surpris, et que j'ai mis pour la première fois le pied dans ce pays lors de ma radiation de la liste des émigrés, il y a un mois. Je n'y puis donc connaître personne, sauf l'ancien intendant du château de Valleroy, et le notaire de Sens, qui a examiné mes titres de propriété.

— On fera venir le notaire et l'intendant... Pour le moment, dépêchons... La municipalité nous réclame.

— Vous m'arrêtez ?

— Pas précisément. Je te consigne jusqu'à ce que je sois certain de ton identité... Flageolet, je t'autorise à offrir le bras à monsieur.

Le maréchal des logis fit un pas. Mais mademoiselle de Noyan se plaça entre lui et le gentilhomme. Comme tous les assistants, la jeune fille avait suivi cette scène avec un intérêt qui se doublait chez elle d'un sentiment indéfinissable d'anxiété et d'émotion. Son teint s'était animé ; ses yeux brillaient d'une flamme fière.

— N'approchez pas, dit-elle au sous-officier en protégeant le marquis par un geste de dignité.

Puis, interpellant le capitaine d'un ton sérieux et décidé :

— Je connais monsieur, ajouta-t-elle, et je réponds de lui.

Il y eut une sorte de brouhaha de surprise parmi les auditeurs. Vaudrillan n'était pas le moins étonné de cet incident. Mais, dans les circonstances les plus exorbitantes, l'ancien agent savait garder le masque du vidame Gobe-Mouche.

Christiane poursuivit avec noblesse :

— M. de Valleroy a exposé héroïquement sa vie pour sauver la mienne ; c'est un vrai gentilhomme. Il ne saurait donc y avoir rien de commun entre lui et le malfaiteur avec lequel on semble ici prendre à tâche de le confondre.

Elle désigna le marquis à Vaudrillan :

— Mon oncle, vous savez à quel danger terrible j'ai failli succomber, il y a deux jours, au Carrousel ; je vous présente mon sauveur.

Vaudrillan tendit avec effusion ses deux mains à Hector :

— Est-il possible ? Monsieur, je vous suis tout acquis.

— Capitaine, continua mademoiselle de Noyan avec un air de conviction qui la rendait plus belle encore, capitaine, vous devez être bon juge en matière de courage.

— Certes, citoyenne, je le crois, maugréa d'un ton maussade le vieux soldat, tout déferré de cette intervention inattendue.

— Eh bien, pensez-vous qu'un homme qui brave la mort

pour conserver à l'existence une créature qui lui est complètement étrangère ; pensez-vous, dis-je, que cet homme mérite d'être en butte à je ne sais quels soupçons ridicules et odieux ?... J'ai affirmé que M. de Valleroy est honnête et vaillant ; je le répète et je le répéterai hautement devant qui de droit, si la parole que je vous engage ne vous semblait point, par hasard, une garantie suffisante.

— Tout cela est bel et bon, reprit Beaupoil de plus en plus bourru. Tu cautionnes ce jeune cadet, c'est bien ; mais qui te cautionnera, toi et ton oncle ?

— Le premier consul, répondit Vaudrillan.

Et il tendit, lui aussi, son passe-port à l'officier. Celui-ci, après avoir jeté les yeux dessus, fit une violente grimace de stupéfaction. Ensuite il porta la main à son tricorne et rendant le papier à Vaudrillan :

— Excusez ! dit-il avec une figure assez embarrassée, quand on a dans sa manche les plus gros bonnets et les plus grosses épaulettes...

Le policier était devenu l'objet de l'attention générale. Il offrit une prise à la ronde et sourit avec bonhomie :

— Vertuchoux ! excellents messieurs, quoique de l'ancien régime, on ne manque pas de relations dans le nouveau. Madame de Beauharnais, qui était de noblesse avant de devenir madame Bonaparte, a bien voulu nous recommander au général.

— Tu es heureux, jeune homme, disait Beaupoil à Valleroy, d'avoir pour te patronner les jolies femmes et les amis du gouvernement.

— Capitaine, répliqua le marquis, dont le calme ne s'était pas démenti un seul instant, si tu conserves quelques doutes à l'endroit de mon individualité, je suis prêt à te suivre à la mairie.

— Il n'en est plus besoin à présent, sacrebleu ! Mais, c'est égal : j'interrogerai le notaire de Sens et l'intendant de Valleroy.

Et, faisant demi-tour :

— Lieutenant Maurice Desgranges, je t'invite à m'accompagner.

Le brave capitaine sortit en fourrageant sa moustache. L'officier de dragons et le maréchal des logis le suivirent. Le reste des convives s'en fut à ses affaires.

Vaudrillan avait pris les mains de Christiane et lui disait :
— Pourquoi ne m'avoir pas prévenu que tu connaissais le marquis? Pourquoi lui-même ne s'est-il pas présenté ? Je vous aurais évité, à lui l'ennui d'une enquête désagréable, à toi celui d'avoir servi de cible aux regards de tous ces curieux.

La fillette sentit le reproche indirect dissimulé sous cette douceur. Elle rougit. Il n'en fallait pas tant pour que l'ancien agent redevînt le vidame Gobe-Mouche.

— Hé! mignonne, s'écria-t-il, ne crois pas que je veuille te gronder, au moins! Ce que tu as fait est bien fait.

Mais déjà Christiane avait compris que le mouvement, — spontané, irrésistible, — auquel elle venait d'obéir, n'était pas de ceux dont une jeune fille fait montre publiquement. Elle se demandait, avec une frayeur candide, quel sentiment nouveau avait déterminé chez elle ce mouvement. Et elle s'alarmait, d'instinct, dans sa pudeur, d'être sortie de l'attitude de réserve et de modestie qui convenait à une personne de son âge et de sa condition.

Aussi, quand Valleroy s'approcha en disant :
— Ah! mademoiselle, combien je suis sensible au généreux intérêt que vous avez daigné me témoigner tout à l'heure!

Mademoiselle de Noyan répondit sans lever les yeux :
— Ne me remerciez pas, monsieur. Vous m'aviez rendu le plus signalé des services. N'était-il point de mon devoir de vous prouver que je ne l'avais point oublié?

Vaudrillan intervint avec rondeur :
— Voyons, jeune homme, vous aviez donc fait bien peu

attention à ma nièce en la secourant dans un péril extrême, pour ne pas l'avoir reconnue à table ce matin?

— Oh! monsieur, protesta le marquis, quand une fois on a vu mademoiselle de Noyan, il est bien difficile de ne pas se rappeler toujours ses traits, sa grâce, son...

— Trêve de compliments, têtebleu! Je gâte assez ma Christiane pour que les autres ne s'en mêlent pas!... Eh bien, alors, que signifient cette timidité, cette discrétion, ce mystère ? Puisqu'un heureux hasard nous rassemblait ici, pourquoi continuer à vous soustraire à une gratitude que j'aurais été non moins enchanté de vous exprimer à Montereau qu'à Paris? Vous vous seriez ainsi épargné les sottes inquisitions de ce brave serviteur.

— Croyez, monsieur, repartit Hector avec un naturel parfait, que je n'avais rien à redouter de ces inquisitions, sinon le désagrément d'une captivité momentanée. Dieu merci, je compte en France assez d'amis et de parents pour que l'autorité soit promptement édifiée à mon endroit. Il eût suffi, d'ailleurs, de prendre des renseignements près de mon intendant et de mon notaire.

Le gentilhomme salua:

— Je ne vous en sais pas moins, à mademoiselle et à vous, un gré sincère et infini de votre bienveillante intervention.

Vaudrillan poursuivit :

— Il ne faudrait point en vouloir au capitaine de sa méprise et de son entêtement. Nous vivons dans un temps où l'excès des attentats justifie celui des précautions.

— Oh! je ne lui en veux pas, monsieur! Mademoiselle Christiane était si belle et si émue alors qu'elle plaidait ma cause...

— Mon oncle, votre bras, je vous prie, fit la jeune fille avec embarras. J'ai besoin de prendre un peu de repos avant notre prochain départ, et je voudrais remonter dans ma chambre.

— Ah! c'est vrai, nous partons ce soir par la patache de

Lorrez. Vous êtes des nôtres, je crois, monsieur de Valleroy?... Oui, n'est-ce pas?... Vertuchoux! je ne serai pas fâché d'avoir pour compagnon un preux chevalier de votre espèce.

Le marquis s'inclina profondément. Mademoiselle de Noyan lui répondit par une révérence un peu cérémonieuse.

Quand l'oncle et la nièce furent sortis :
— Diable! murmura Hector en consultant sa montre, diable! voilà une heure que mes hommes m'attendent! Mes instructions à Chamboran!

Il écrivit rapidement quelques lignes sur une page de son carnet. Puis, avec une colère sourde :
— Mordieu! damné Beaupoil, je vais te faire payer le mauvais quart d'heure que tu m'as fait passer!

Sur le terre-plein du pont de Montereau, — à l'endroit où s'élève aujourd'hui la statue équestre de Napoléon Ier — une sorte de Jeannot ou de bohème ambulant, un grimacier, — le type à la mode, — dans le costume traditionnel, — habit, veste et culotte serin, perruque d'étoupes à queue rouge et tricorne exagéré, au-dessus duquel deux papillons artificiels se balançaient au bout d'un fil d'archal, — nasillait avec force contorsions comiques toute sorte de vaudevilles égrillards, et râclait d'un crincrin de haute fantaisie, composé d'un manche à balai et d'une chanterelle à cheval sur une vessie. La foule était compacte et bruyante à l'entour. On riait, on applaudissait, on reprenait en chœur le refrain des couplets.

Le marquis avait descendu la Grand'Rue nonchalamment, — bayant aux grisettes et aux enseignes, — avec l'allure d'un homme qui cherche à tuer le temps. Sur le pont, il s'arrêta et s'accouda au parapet, en face du chanteur. Celui-ci, entre deux ponts-neufs, était en train d'amadouer son public :
— Allons, voyons, citoyennes et citoyens, un peu de courage! la main à la poche! N'oubliez pas l'artiste parisien!

Nous allons avoir l'honneur de vous régaler de la nouvelle superlative et authentique complainte de *Cadet-Roussel*, par le citoyen Aude, — de l'Institut, — telle qu'elle est exécutée — tous les soirs dans les principaux salons de la capitale, et, en particulier, à la Galiote et à la Râpée, par votre serviteur Coq-en-Pâte, dit le *Tombeau de la vertu des Dames*, ex-premier sujet de la chapelle du Grand-Turc.

— Hé! l'ami! cria Valleroy.

Le pitre sursauta :

— Mon prince ?

Le marquis tira un écu de trois livres de sa poche et fit mine de le lui jeter. Mais auparavant il parut chercher dans tous ses goussets un morceau de papier pour entourer la pièce. N'en trouvant pas, il arracha une feuille de son carnet :

— Attrape!

Le chanteur tendit son chapeau, et l'écu tomba dedans. Coq-en-Pâte, dit le *Tombeau de la vertu des Dames*, déploya lestement le papier, qu'il plaça ensuite sur son cœur, entre sa chemise et son gilet, avec un geste grave qui souleva l'hilarité de la foule. Puis, montrant la pièce au public :

— Trois livres! trois livres *à la vache!* Ce jeune seigneur est magnifique comme le sultan. Qu'on se le dise! Les personnes qui auraient à cœur d'en faire autant sont invitées à aller m'attendre sur la route de Lorrez au bout des Noues, au cabaret du *Barbillon aristocrate*, où je serai dans une demi-heure.

Cette dernière facétie obtint un succès de fou rire.

Quelques minutes plus tard, du point où il s'était placé et qui domine le quai par lequel on arrive aux Noues, Hector de Valleroy put voir six individus qui, se marchant pour ainsi dire dans les semelles des uns des autres, se dirigeaient, à travers la prairie, vers le cabaret désigné.

VIII

LA PATACHE

La route de Montereau à Egreville — par Voulx et Lorrez-le-Bocage — est bossuée de côtes qui, aujourd'hui encore, en rendent le parcours assez long et assez pénible aux deux ou trois voitures dont s'anime, à de rares intervalles, sa mélancolique solitude.

Au temps où se passe notre drame, les travaux des ponts et chaussées n'ayant point raboté les arêtes vives de ces côtes, l'ascension en était des plus difficiles et la descente suffisamment dangereuse. En outre, les coudes nombreux, que l'on a redressés depuis, augmentaient la durée et l'étendue de ce trajet de deux grandes heures et de deux bonnes lieues. Partie à l'*angelus* du soir, la patache ne devait pas arriver avant minuit à destination.

Cette patache n'était guère qu'un méchant cabriolet à deux roues très hautes et à deux banquettes très rapprochées, dont le coffre, placé sur le devant et servant de siège au conducteur, était exclusivement réservé au transport des dépêches et des valeurs. Des rideaux de cuir, qui glissaient en grinçant sur une tringle rouillée, protégeaient les voyageurs contre le vent, la pluie, le froid et le soleil. Derrière les voyageurs, les bagages étaient ficelés sous une bâche.

Vaudrillan et le marquis occupaient la première banquette; Christiane et Gisquette étaient assises sur la seconde. Les dragons trottaient deux à droite et deux à gauche du véhicule; le lieutenant, un peu en avant, éclairait la marche.

Le commencement du voyage fut silencieux. Tout le monde songeait. Christiane, la tête doucement inclinée, ne regardait pas le paysage qui s'enfuyait en tournoyant. Mais, ce qui se représentait à son esprit, ce n'étaient point les événements qui, depuis quelques jours, avaient fait invasion dans sa vie, — événements dans lesquels jouait un si grand rôle le fringant cavalier qu'elle touchait presque du genou. Non, sa pensée, s'envolant en arrière, s'en revenait planer dans le cimetière de Moret, où l'on s'était arrêté la veille. Elle revoyait la dalle de marbre, dans un angle, sous l'herbe haute. Elle entendait la voix de Vaudrillan :

— En face de cette tombe, promettez-moi, Christiane, de taire à tout le monde que vous êtes la fille de l'homme qui dort ici. Plus tard, quand je vous aurai relevée de cet engagement, vous m'approuverez, j'en suis certain, de vous l'avoir fait prendre, car c'est au nom de votre père que j'exige de vous ce silence momentané.

Jamais la voix de son tuteur n'avait eu cet accent de gravité énergique et solennelle. Le vieillard avait appuyé :

— Quoi qu'il arrive, ces jours prochains, en votre présence, souvenez-vous, jusqu'à nouvel ordre, que vous ne connaissez pas Pierre Lombard, et que je suis le vidame de Noyan, votre grand-oncle. Ne vous étonnnez de rien; ne vous alarmez de rien; c'est pour votre bien que j'agis, et j'agis avec la justice.

La jeune fille avait promis. Mais le voyage lui apparaissait maintenant enveloppé d'une ombre menaçante que son imagination travaillait en vain à éclaircir.

Gisquette, elle aussi, avait reçu de Vaudrillan des instructions précises et sévères. Eh bien, le croira-t-on ? Quelque curieuse que dût être une cameriste, doublée d'une Parisienne, Gisquette ne s'ingéniait nullement à percer cette nuit mystérieuse. Sa tête était ailleurs. Ah ! dame, on ne pérégrine pas impunément pendant vingt lieues, dans une rotonde de diligence, avec des chevaliers français. Oui, vraiment, des chevaliers français : le Grand-Hurleur et le Petit-Clerc ! De drôles de sobriquets, tout de même ; mais quoi ! la gloire de *la société* et la crème de la basoche ! Si attentionnés et si tendres ! A bas les pipes ! Tout pour les dames !

Vaudrillan faisait semblant de sommeiller et étudiait le pays entre ses paupières mi-closes.

Quant au marquis, il enrageait, *in petto*, de ne pouvoir, sans éveiller l'attention de son voisin, se retourner pour satisfaire sa passion naissante en dévorant Christiane des yeux.

On arriva au bas d'une rampe plus escarpée que les autres, à peu près où se trouve aujourd'hui le cabaret de la *Tchernata*. Le conducteur dit :

— Si les voyageurs voulaient monter la côte *de leur pied*, ça f'rait rudement plaisir à mes bêtes.

— Ma foi, s'écria le prétendu vidame de Noyan, je ne suis pas fâché de me dégourdir un peu les jambes. Et toi, mon enfant, ajouta-t-il en s'adressant à Christiane, ne veux-tu pas aussi te promener ?

— Volontiers, mon oncle, répondit la jeune fille en se levant, enchantée d'échapper par le mouvement aux vagues inquiétudes qui commençaient à l'envahir.

M. de Valleroy était déjà à terre et, avec une affectueuse politesse, offrait ses services pour descendre. En touchant le sol, Christiane heurta une pierre et fit un faux pas.

— Mademoiselle de Noyan me fera-t-elle l'honneur d'accepter mon bras ? demanda le marquis, qui poursuivit en saluant Vaudrillan : si monsieur le vidame veut bien le permettre.

— Hé! hé! répondit celui-ci avec une joviale bonhomie, je n'y vois, vertuchoux! aucun inconvénient. La jeunesse avec la jeunesse, têtebleu! Moi, j'ai ma canne.

Le lieutenant Maurice Desgranges assistait à cette petite scène du haut de son cheval.

— Quelle ravissante fille, murmura-t-il en regardant Christiane, et comme ce muscadin est heureux! Je crois que, pour être à sa place, je donnerais une de mes épaulettes, et les deux, oui, vraiment, les deux, pour qu'il m'offrît une occasion ou un prétexte de me couper la gorge avec lui.

Le crépuscule enveloppait la campagne d'une vapeur tiède et bleuâtre. Les étoiles s'allumaient une à une à la voûte du firmament, qui s'arrondissait ainsi qu'un immense *velarium* de soie violette, broché d'or, au-dessus des mamelons qu'escaladait la route poudreuse. Des senteurs vivifiantes s'élançaient des prairies qui s'étendaient en contre-bas et semblaient une pâture apportée aux désirs dont le printemps remplit les êtres. Les clochers de Bichereau à gauche, et de Dormelle à droite, tintaient, sonores et invisibles, au lointain noyé d'ombre.

Christiane et le marquis marchaient, l'un vers l'autre l'autre penchés, sur l'étroit ourlet de gazon qui séparait la chaussée du talus en pente déclive. Ils avaient commencé par faire l'éloge de la soirée, du paysage et du doux mois de floréal, père des marguerites, des coquelicots et des bleuets; puis ils s'étaient avoué, avec une franchise réciproque, tout le plaisir qu'ils avaient éprouvé à se retrouver au *Peuple Souverain*; enfin, M. de Valleroy ayant, d'un ton légèrement ému, déploré la rupture prochaine d'une aussi charmante liaison:

— Cette rupture, avait demandé Christiane, vous paraît-elle donc si nécessaire et si immédiate? Si j'en juge par ce qui a été dit à Montereau, le château de Valleroy ne doit pas être fort éloigné de Lorrez...

— Oh! d'une couple de lieues au plus.

— Eh bien, puisque nous allons nous fixer pendant quelque temps à Lorrez, qui vous empêche de nous y venir voir? Vous n'êtes plus, que je sache, un étranger pour nous, et des voisins convenables ne doivent pas être bien communs dans ce pays rempli d'embûches et de terreurs.

— Ah! mademoiselle, vous me rendez bien heureux! Et si j'étais certain que M. de Noyan ne me vît pas avec trop de défaveur...

— Rassurez-vous : tout ce qui me plaît plaira toujours à mon tuteur.

Il n'y a rien de tel comme ces petites filles pour s'avancer parfois. Le marquis répondit à cette étourderie en pressant sous son bras le bras de Christiane. Les joues de celle-ci devinrent plus blanches que la mousseline de son canezou, agitée violemment par les soubresauts de son petit cœur; et Gisquette, qui marchait à quelques pas derrière elle, eût pu la voir rougir depuis la naissance de son col admirable jusqu'aux tresses de ses merveilleux cheveux blonds.

Mais Gisquette s'occupait bien, en vérité, de sa maîtresse ! Gisquette n'avait point cessé de galoper — dans la rotonde — entre la *queue de morue caca dauphin* et le *spencer raisin de Corinthe* du Petit-Clerc, et la culotte jaune, le gilet rouge et l'habit canelle du Grand-Hurleur! Hélas! tout cela s'était évanoui en arrivant à Montereau !

Je ne sais sur quelles banalités roula le reste de la conversation de Christiane et du marquis. On prétend que c'est dans les romans seulement que l'échange des cœurs se fait vite. Pourtant lorsque, sur l'avertissement du conducteur, chacun reprit sa place dans la patache, on aurait parié que les deux jeunes gens s'aimaient.

Le soir avait tourné rapidement à la nuit. On s'arrêta un instant à Voulx pour allumer les lanternes. Dans le village, toutes les portes étaient déjà closes. Toutes les fenêtres étaient éteintes. Au delà de Voulx, la route s'aplanit et se boise. Elle cesse de partager une nappe de verdure ponctuée çà et là d'aulnées et de cours d'eau et se resserre entre deux futaies, que des coupes lucratives ont éclaicies depuis, mais qui, alors, se prolongeaient, pour ainsi dire, jusqu'à Lorrez-le-Bocage, — ainsi que l'indique suffisamment le nom de cette dernière localité.

La fraîcheur s'était levée et semblait avoir engourdi tout le monde. Le conducteur avait enfoncé son bonnet de loutre sur ses oreilles ; le marquis paraissait dormir dans son manteau ; on avait tiré les rideaux de cuir, et Christiane, encoqueluchonnée dans une pelisse dont elle avait relevé le capuchon, appuyait son front chargé de sommeil sur l'épaule de Gisquette, laquelle, pour se tenir droite, n'en ronronnait pas moins avec sonorité.

Vaudrillan avait recommencé son manège d'observation. Tandis qu'il dodelinait de la tête de droite à gauche, comme un individu écrasé de fatigue, ses petits yeux perçants fouillaient à des profondeurs extraordinaires l'obscurité de la nuit et l'épaisseur du bois, en même temps que son oreille tendue écoutait avec une attention inquiète tous les bruits, fugitifs et indécis, qui passaient dans le silence.

On atteignit ainsi à l'endroit dit *les Carrefours*.

Soudain un taillis s'enflamma sur le côté droit de la route. Un coup de feu retentit. Et l'un des chevaux de la patache s'abattit, — foudroyé !

IX

EMBUSCADE

Des ombres s'agitaient derrière un rideau d'arbres, sur la lisière du bois.

— A moi, dragons! cria Maurice Desgranges en mettant le sabre à la main.

Les dragons dégaînèrent.

— Chargez ! commanda le lieutenant.

Mais les assaillants ne se laissèrent point aborder. Ils se replièrent en tiraillant. Les dragons se perdirent à travers les taillis à leur poursuite. Quand Vaudrillan, qui avait mis la tête hors de la patache, les eut vus disparaître sous le couvert :

— Imbéciles ! s'écria-t-il avec colère. Nous voilà bien perdus maintenant !

— Qu'est-ce donc ? Que se passe-t-il ? demanda le marquis en s'éveillant brusquement !

— Têtebleu ! il se passe que ce grand niais d'officier aurait été payé par les *Masques de Suie* pour nous laisser assassiner qu'il n'agirait pas autrement.

— Comment ?

— Eh ! vertuchoux ! ne savez-vous pas qu'au lieu de

rester pour nous défendre contre une attaque qui va probablement nous tomber sur le dos, il est en train de galoper derrière deux ou trois coquins qui vont l'entraîner au diable, tandis que leurs compagnons nous rançonneront ici à bourse-que-veux-tu !

Vaudrillan n'avait pas achevé que le conducteur piaulait en sautant à bas de son siège :

— Les *Masques de Suie !* Sauve qui peut !

Une bande d'une douzaine d'individus venait en effet de s'élancer des massifs qui bordaient le côté gauche de la route et entouraient la patache, — le pistolet au poing. Tous avaient la figure couverte d'une épaisse couche noire, qui en calfeutrait, pour ainsi dire, les méplats. Des yeux luisant de convoitise et de férocité roulaient dans cette nuit impénétrable.

— Mon Dieu ! mon Dieu ! murmurèrent les deux femmes affolées de terreur au fond de la voiture.

M. de Valleroy se pencha vers Vaudrillan :

— Que faire ? interrogea-t-il.

— Rester tranquilles : c'est le plus sûr. Est-ce que nous sommes en force ? Nous serions fusillés au premier mouvement ; puisque nous sommes dans le guêpier, tâchons d'en tirer notre vie à défaut de notre argent.

Un sourire bizarre passa sur les lèvres du marquis.

En ce moment, celui qui paraissait être le chef de la bande prit la parole. C'était un homme de grande taille et de puissante encolure, harnaché d'un ancien dolman de hussard et d'un vieux pantalon d'uniforme radoubé de pièces de cuir. Sa tête énorme, assise sur un cou enfoncé entre deux épaules larges et bombées, était coiffée d'un bonnet de police à turban brun, à flamme bleue, à galons blancs. Il avait un sabre de cavalerie au côté et des pistolets d'arçon à la ceinture.

— Citoyens voyageurs, dit-il d'un ton goguenard, ne craignez rien pour votre peau, et rassurez ces deux poulettes qui s'effarouchent là-bas, au fond ; nous ne sommes pas venus pour vos bijoux ou pour votre *quibus*, mais pour les fonds du gouvernement. Les fonds sont dans le coffre que ce poltron de conducteur vient de déserter : vingt-cinq mille livres, vous voyez que nous sommes bien renseignés. Par ainsi, qu'on descende en douceur, sans un cri, sans un geste; autrement on serait obligé de vous farcir la caboche de quelques onces de plomb, ce qui serait désagréable à cause des citoyennes.

Le marquis et Vaudrillan obéirent les premiers. Puis Christiane s'avança à son tour au bord de la voiture. La jeune fille, pâle et frissonnante, avait peine à se soutenir. Un des *Masques de Suie* lui tendit la main :

— Appuyez-vous, la petite mère. On est galant. Amour aux belles !

Le rouge de la fierté blessée monta à la joue de mademoiselle de Noyan : une lueur de colère s'alluma dans ses yeux. Debout sur le devant de la voiture, elle repoussa dédaigneusement du pied la main que lui présentait le bandit.

— Tonnerre ! grinça celui-ci en dirigeant le canon de son pistolet sur la jeune fille.

Le marquis se précipita sur l'arme, en même temps que Vaudrillan recevait dans ses bras Christiane évanouie. On entendit gronder la voix du chef :

— Le premier qui s'avise de faire jaser la poudre sans ma permission, je lui sers un plat de mort subite. Que les conscrits se le tiennent pour dit. Les voyageurs, à dix pas en arrière ! et nous autres, à la besogne !

Deux des brigands grimpèrent aussitôt sur la patache, enfoncèrent le coffre à coups de hache et jetèrent les sacs d'argent à leurs compagnons. D'autres avaient dételé le cheval qui restait. On le chargea des sacs. Puis le chef, l'enfourchant :

— En route, garçons. Il est temps. On se retrouvera où vous savez.

Il talonna vigoureusement la bête, qui partit ventre à

terre. En une minute, le reste de la bande se fut évaporé dans les fourrés.

On avait emporté Christiane à quelques pas de la voiture, et on l'avait couchée sur le manteau de M. de Valleroy, au bord d'un fossé. Son évanouissement prenait peu à peu le caractère d'une attaque de nerfs. Des mouvements saccadés agitaient tout son corps et des gémissements sourds s'échappaient de sa poitrine. Vaudrillan, le marquis et la camériste s'empressaient à l'envi autour d'elle. Le faux vidame était au désespoir :

— Les misérables ! répétait-il, ils me l'auront tuée avec cette épouvante ! Où trouver une maison, des soins, un médecin ? Savons-nous seulement où nous sommes ?

M. de Valleroy fit mine de s'orienter :

— Parbleu ! mon cher monsieur, nous sommes encore heureux dans notre malheur. Les drôles nous ont arrêtés juste au moment où j'allais prendre congé de vous. Valleroy est à peine à vingt minutes d'ici, et j'aperçois là-bas, coupant la route, l'avenue de tilleuls qui y conduit en droite ligne. Si vous voulez m'en croire, nous y transporterons la jeune demoiselle ; il ne lui faut que des calmants du repos, un bon lit, et, Dieu merci, elle aura tout cela au château.

Vaudrillan accepta avec effusion.

En ce moment, deux dragons revinrent, harassés et fourbus. La poursuite des bandits chargés de les éloigner les avait séparés du lieutenant et de leurs camarades. Ils s'étaient empêtrés à l'aventure dans la forêt en quête d'ennemis invisibles, dont tout à coup ils avaient complètement perdu la piste.

On en dépêcha un à Lorrez pour avertir le maire, le juge de paix et la gendarmerie. L'autre, qui consentit à se laisser démonter provisoirement, fut commis à la garde de la patache et des bagages, que, du reste, les *Masques de Suie* avaient respectés.

On installa Christiane sur le cheval du soldat ; Gisquette,

assise en croupe, la soutenait. Vaudrillan, conduisait le cheval par la bride. M. de Valleroy, muni de l'une des lanternes de la patache, ouvrait la marche.

Guidée par lui, la petite caravane tourna à gauche, s'engagea dans une allée de grands arbres et chemina environ une demi-heure, après quoi, « à la blanche clarté qui tombe des étoiles, » elle vit une masse haute et sombre se détacher d'une façon nette et brusque sur la feuillée glacée d'argent.

— Nous sommes arrivés, dit le marquis.

Il prit dans sa poche un sifflet d'ivoire, et en tira une modulation aiguë et prolongée.

— De grâce, ajouta-t-il en souriant, que cette façon de m'annoncer ne vous fasse pas me prendre pour un capitaine de voleurs. Dans cette maudite époque de crimes et dans ce damné pays de malfaiteurs, sait-on jamais qui sonne à la grille ou qui frappe à la porte? Laurent, mon domestique, n'obéit qu'à mon sifflet.

Une lumière vint, comme un feu follet, à la rencontre des voyageurs. Une voix demanda :

— Est-ce bien vous, monsieur le marquis?

— Oui, mon brave Laurent. Ouvre-nous vite.

— Je ne vous attendais que demain. Mon Dieu, auriez-vous fait quelque mauvaise rencontre? On s'est battu aux environs. J'ai entendu des coups de feu, et je veillais auprès de mon fusil.

La grille tourna sur ses gonds, et le marquis s'adressant à Vaudrillan :

— Il y a trop peu de temps, dit-il, qu'il m'a été permis de remettre le pied dans le domaine paternel, pour que tout dans ce château ne vous paraisse pas singulièrement en désordre. Si j'avais su y recevoir des hôtes tels que vous, j'aurais pris quelques précautions, sinon de luxe et d'élégance, du moins de bien-être et de bon goût. Mais, enfin, acceptez Valleroy pour ce qu'il est. La maison et le propriétaire sont à votre entière discrétion.

X

NUIT AU CHATEAU

Les hôtes du marquis avaient été installés par celui-ci dans les appartements de la défunte dame de Valleroy, sa mère. Christiane reposait avec assez de calme. Gisquette sommeillait à ses pieds, sur un canapé, tandis qu'à son chevet Vaudrillan, attentif, campait dans un fauteuil.

M. de Valleroy s'était bien empressé d'offrir à M. le vidame un lit dans une pièce séparée, ainsi qu'un couvert à sa table, un petit souper froid ayant été improvisé par le domestique Laurent; mais l'ancien policier avait décliné ces deux offres. Il était fatigué, ne se sentait pas en appétit, et, en définitive, ne voulait pas quitter sa chère Christiane. Le marquis s'était alors retiré en souhaitant une bonne nuit à ses hôtes et en mettant Laurent à leur disposition pour tout ce qu'ils pourraient désirer.

Deux personnes l'attendaient dans sa chambre à coucher. La bohémienne Johanna et Chamboran, le grimacier du pont de Montereau, l'individu au vieil uniforme de hussard, qui commandait les *Masques de Suie* à l'attaque de la patache. Tous deux étaient assis devant une plantureuse collation. Valleroy prit place à leurs côtés.

— Eh bien, lui demanda le bandit en éventrant un fort pâté de venaison, comment trouves-tu, marquis, que j'ai mené notre petite affaire?

— A merveille, mon brave. Les vingt-cinq mille livres?

— En sûreté dans les caveaux de Villechassin.

— On fera les parts demain. Nos hommes?

— En train de festoyer : victoire entraîne ripaille.

— Pas d'accident, de blessure grave, de cas mortel, dans l'escarmouche avec les dragons?

— Pas une égratignure. Ces pauvres diables de dragons n'ont sabré que les chênes et fusillé que les bouleaux.

— Nos recrues de Paris?

— Ont marché comme de vieilles moustaches. Potence de Brest! tu as un coup de crochet sans pareil pour chiffonner des coquins dans le tas !... A ta santé !

— A la tienne !

Chamboran se tourna vers la bohémienne qui, le coude appuyé sur la table et le menton dans la paume de la main, n'avait effleuré du bout du doigt ni son verre ni son assiette :

— Comment, la brune, tu ne bois pas?

— Non, répondit Johanna d'un ton singulier, j'ai fait vœu d'abstinence.

— En quel honneur, ma fille?

La jeune femme darda sur Valleroy un regard rapide, aigu et presque menaçant.

— Pour la rémission des péchés du *Meg* (maître,) dit-elle.

— Oh! alors, fit Chamboran, avec un gros rire, tu cours gros risque d'avoir l'estomac creux jusqu'au jugement dernier !

— Revenons aux dragons, reprit le marquis avec impatience, à ces fameux dragons envoyés tout exprès de Fontainebleau pour livrer les *Masques de Suie*, pieds et poings liés, à la justice.

— Selon tes instructions, on les a égarés dans les taillis, non sans leur dépêcher quelques balles, par exemple, en manière d'avertissement. On en a tué un et démonté un autre.

— Le lieutenant?

— S'est perdu par les bois en avant de ses hommes ; un rude soldat, ne vous déplaise, âpre et ardent à la poursuite. Nous aurions peut-être mieux fait de nous en débarrasser out de suite. M'est avis que c'est un gaillard qui nous donnera du fil à retordre.

— Bon, n'ayez crainte, fit Hector. Il ne vous gênera pas longtemps. Je me le réserve.

Chamboran se versa un plein verre de rhum, alluma sa pipe, et se leva :

— Il faut que je rejoigne les camarades, dit-il : j'ai peur que le trois-six dont ils s'incendient le cerveau ne fasse flamber la baraque... Le *Meg* viendra-t-il à Villechassin, demain, pour le partage?

— Non, j'ai affaire ailleurs. Tu y procéderas toi-même, d'après les règlements et l'acte de société. Pas de tromperie surtout, de querelle, ni de coups de couteau. Le premier qui fait un accroc à la discipline peut être sûr que je boucherai le trou avec un morceau de sa peau !

Chamboran s'éloigna d'un pas lourd. Puis, du seuil de la porte :

— A propos, et ce vieux voltigeur de Louis XVII qui était en ta société cette nuit dans la patache avec les deux poulettes qu'il abrite sous ses ailes... de pigeon ?

— Je les mets tous trois en franchise. Malheur à qui leur manquerait ! Mes pistolets ne les manqueraient pas !

Dans les associations de malfaiteurs du centre, les espions, les receleurs, et en général tous les affiliés à une bande, étaient connus sous le nom de *francs*. Par analogie, les personnes que les brigands avaient un intérêt quelconque à ménager, étaient déclarées en *franchise*. La déclaration de franchise comportait le respect de la vie et des propriétés de ceux qui en étaient l'objet. Tout associé qui maltraitait ou lésait un *franc* ou une personne *en franchise* était puni sévèrement.

Chamboran fit le salut militaire.

— Compris, mon général, on se conformera à la consigne. Puis, suivant son idée :

— Sais-tu qu'elle a failli gâter toute l'affaire, cette blondinette, avec ses dédains de princesse et ses colères de mijaurée? Nos hommes étaient furieux. Tout de même, elle est crânemen gentille.

La prunelle de Valleroy flamboya.

— Oui, vraiment, elle est belle, bien belle! Ses fiertés, ses révoltes, son courroux méprisant, tout cela lui donne un attrait...! Tu auras soin de prévenir ce galant chevalier qu'on appelle le Grand-Hurleur d'avoir à réserver désormais ses petits soins pour la suivante.

— Carcan de Toulon! jura Chamboran en sortant, une *gironde* (jolie) aussi celle-là! Le Grand-Hurleur ne serait déjà pas si malheureux!

Le marquis dégustait à petites gorgées un verre de chambertin. Johanna, immobile, les yeux dans son assiette vide, le sourcil plissé sous un front assombri, ponctuait machinalement avec la pointe de son couteau le damier de la nappe damassée.

— Tu boudes? lui demanda Valleroy

La bohémienne releva la tête et regarda son interlocuteur en face :

— Ah çà! questionna-t-elle, tu l'aimes donc bien, cette poupée?

Hector haussa les épaules.

— Ma mie Jeannette, fit-il d'un ton sec, vous êtes folle.

— Folle! poursuivit la jeune femme avec impétuosité, l'étais-je donc déjà ce matin à Montereau, alors que, par la fenêtre de l'hôtel du *Peuple Souverain*, je te voyais, pendant tout le déjeuner, lancer sur la Parisienne des œillades aussi brûlantes que des baisers? L'étais-je encore ce soir, lorsque je t'ai vu la ramener ici en pâmoison, avec toutes sortes d'attentions, de tendresses et de câlineries? L'étais-je enfin, il n'y a qu'un instant, lorsque je t'ai entendu donner des ordres pour que nos gens la respectent comme si elle était destinée à devenir bientôt la maîtresse du chef? Mort de ma vie! si je me doutais que cela pût être, je prendrais ce couteau et je m'en irais la poignarder, ta belle adorée, dans son lit!

Le marquis étendit la main avec le geste de caresse qu'un dompteur pourrait adresser à une lionne:

— Tout beau, ma fille! Calmons-nous. Non, tu n'es pas folle, parbleu! Tu es jalouse.

— Jalouse! c'est possible. Les rôles ont changé. Autrefois, c'est toi qui l'étais. Là-bas, dans le moulin, t'en souviens-tu? c'est toi qui avais de ces vertiges, de ces furies, de ces tempêtes! Mais je n'avais pas de peine à t'apaiser et à te rassurer, parce qu'il n'y avait rien que d'injuste dans tes soupçons. Le temps a marché; tu t'es civilisé et je suis devenue sauvage. A présent, c'est moi qui souffre, qui me plains, qui m'emporte! Mais tu ne sais pas me convaincre, parce qu'il n'y a plus rien de sincère dans tes paroles ni dans tes actions!

Valleroy essaya de protester.

— Oui, je suis jalouse, continua Johanna avec une véhémence croissante. C'est mon droit. Tu es à moi comme je suis à toi. Le passé nous lie tous les deux. Et tu voudrais que je reste muette, tranquille, joyeuse même, alors qu'une étrangère est en train de me voler la moitié de ma propriété, de mon bonheur et de ton amour! Allons donc! Tu n'y penses pas! Est-ce que tu ne me connais point? Songes-y bien; la main qui a eu la puissance de t'arracher à l'échafaud est encore assez forte pour étouffer une rivale!

Le marquis se promenait à grands pas dans la chambre.

— Jalousie sans mesure et sans motif, ma chère. Je t'ai conté comment j'ai rencontré cette jeune fille.

— Oui, dans la foule, au Carrousel : une histoire de sauvetage habilement imaginée !

— Je te répète que le hasard seul...

— Je n'ai pas assez de religion pour croire au hasard.

— Enfin, tu conviendras que mademoiselle de Noyan m'a tiré d'un guêpier...

— Où tu t'étais jeté de gaieté de cœur, malgré mes avertissements, — pour le plaisir de rester plus longtemps à la flamme de ses yeux bleus.

— Soit. Toujours est-il que, sans cette fillette et son oncle, ce misérable Beaupoil m'emmenait à la municipalité, et que si la justice avait mis ses lunettes pour voir plus clair dans nos affaires... Maintenant, voulais-tu qu'en échange d'un pareil service, je fisse tuer cette nuit ces pauvres gens sur la route ou dans le château, pour leurs bijoux ou leurs bagages ?

Johanna eut un sourire d'une ironie cruelle.

— De la reconnaissance ! de l'humanité ! de la délicatesse ! Quelle transformation ! Décidément, on a raison de dire que l'amour donne des qualités à ceux qui n'en ont pas.

— Trêve de raillerie, riposta le marquis avec colère ; j'ai toujours eu horreur du sang versé inutilement.

— Et qui te dit, interrogea froidement Johanna, que ce sang-là n'eût pas été notre salut à tous ?

Valleroy interrompit sa promenade et s'arrêta devant la jeune femme en manière de point d'interrogation.

— Cette fille de Paris, ajouta celle-ci, est une créature de la police.

— Oh !

— J'en jurerais. C'est un appât. L'oncle prétendu est l'hameçon, et Fouché, à distance, manœuvre la ligne.

— Eh ! ma fille, repartit Hector d'un ton aigre, si ces gens avaient mission de me prendre, j'étais dans leurs mains aujourd'hui ; ils n'avaient qu'à la fermer. Beaupoil m'avait quasi deviné.

— Oui, mais en s'emparant de toi, Beaupoil ne tenait

guère que le héros d'une vieille histoire : c'est aux *Masques de Suie* qu'on en veut.

Le marquis secoua la tête :

— Allons donc ! Impossible ! L'accident du Carrousel n'aurait pu être prémédité !

— Tu n'as fait qu'admirer la nièce, insista Johanna ; moi, j'ai examiné l'oncle.

— Cette ganache ?

— Cette ganache a des yeux verts plus glacés et plus aigus que le couperet de la guillotine. Défions-nous de cette ganache, ou nous sommes perdus.

Valleroy devenait sérieux, soucieux ; son visage avait pris une teinte de cire ; ses lèvres se crispèrent violemment et cette phrase siffla entre ses dents serrées :

— Cornes du diable ! si cela était vrai !...

— Ecoute, reprit la bohémienne, nous avons de l'argent, beaucoup d'argent à Villechassin : qui nous empêche de renoncer aux affaires, de licencier les gars et de retourner à Paris ? Le nom que tu portes et les relations que tu t'y es créées nous abritent suffisamment contre toutes les recherches, et nous pouvons y vivre en paix sans rien redouter du passé, de Fouché et de ses agents. Je t'en prie, fuyons ce pays, où c'était braver Dieu que d'oser revenir ; fuyons tous les endroits où le crime a passé avec nous ; fuyons cette fille surtout ! Je la hais. C'est notre mauvaise étoile qui se lève.

— Il s'agit bien de cette fille ! riposta le marquis avec une irritation nerveuse. Pour aller à Paris, je veux être riche, très riche... Quand j'en serai là, nous verrons... En attendant, il ne me déplaît pas de tenir en échec avec une cinquantaine de va-nu-pieds les armées de la République. Je ne suis pas Charette, Bonchamp, ni Cathelineau ; aucun parti ne m'a confié son drapeau ; je ne travaille que pour ma bourse ; mais j'empêche le premier consul de dormir, et j'en suis fier. Bonaparte a la force, j'ai la ruse ; c'est un lion, je suis un renard. Le renard glissera toujours entre les griffes du lion.

Johanna considérait le jeune homme avec une sorte d'affectueuse pitié.

— Pauvre garçon ! dit-elle, tu joues un jeu à nous faire couper le cou. Mais enfin, à ton aise. Où tu iras, j'irai. Je t'appartiens jusqu'au delà de l'échafaud. Seulement je veille, et malheur à la Parisienne si mes soupçons sont confirmés!

Elle se leva et s'enveloppa de sa mante.

— Où vas-tu ! demanda Hector.

— A Villechassin. Je ne veux pas passer le reste de la nuit sous le même toit que cette péronnelle.

— Comme tu voudras ; mais souviens-toi que mes hôtes sont *en franchise*.

— Et toi, n'oublie pas, à ton tour, que si tu aimes l'étrangère ou si l'étrangère t'aime, c'est votre arrêt de mort que vous aurez signé tous les deux.

XI

LE SERMENT DE LA BOHÉMIENNE

Il y a nombre de châteaux dans ce coin du Gâtinais : celui-ci aux Chevry, celui-là aux Ségur, cet autre aux La Rochejacquelein. Tous datent de la même époque et paraissent élevés sur les mêmes dessins, à quelques années et à de légères différences près : fin de Henri IV ou commencement de Louis XIII. Ces gentilhommières coquettes sont aux farouches manoirs du moyen âge ce qu'aurait été un petit-maître de la coterie de M. le duc d'Enghien auprès d'un haut baron cuirassé et casqué de Philippe-Auguste ou du roi Jean.

Valleroy ressemblait à Chevry. Même façade de brique, avec les encadrements des portes et des fenêtres en granit ; mêmes tourelles aux angles, même toiture d'ardoises, mêmes girouettes seigneuriales. Une sorte de *saut-de-loup* tournait sur trois côtés autour du bâtiment et le séparait des pelouses du parc. Le quatrième côté descendait sur ces pelouses par un perron de plusieurs marches, du bas duquel s'élançait, comme une nichée de petits serpents, un réseau de sentiers d'un sable fin et blond, qui s'enlaçaient dans les gazons et se perdaient dans les massifs.

Mademoiselle de Noyan, encore toute pâle et toute frémissante des assauts de la nuit, suivait un de ces sentiers, appuyée au bras de Gisquette. M. de Valleroy marchait près des deux jeunes filles. Par une croisée ouverte au rez-de-chaussée, au-dessus du saut-de-loup, Vaudrillan ne les perdait pas de vue, tout en paraissant fort occupé à écrire.

Le marquis n'ayant pas encore fait acquisition d'équipage, le domestique Laurent était allé chercher au village de Valleroy, à un quart de lieue du château, une voiture qui pût conduire nos voyageurs à Lorrez, ceux-ci, malgré les instances de leur hôte, ayant refusé de prolonger leur séjour. En attendant que le véhicule arrivât, l'oncle avait demandé la permission d'expédier quelques lettres, et Christiane avait prié Hector de lui faire les honneurs de son domaine.

Les verroteries de la rosée emperlaient l'herbe et les feuilles naissantes ; les oiseaux gazouillaient le bonjour dans les massifs ; de larges rayons de soleil traversaient les clairières et plaquaient sur le sol comme des carreaux de drap d'or. En d'autres endroits, la lumière perçait à peine la voûte épaisse des grands arbres, que rejoignaient en bondissant les écureuils effrayés par le bruit des promeneurs.

— Décidément, mademoiselle, disait le marquis, vous avez apporté le printemps de Paris. La soirée d'hier était charmante, vous en souvenez-vous ? Et cette matinée est superbe.

— Oui, répondit Christiane, cette nature réjouit le cœur ; mais entre cette soirée, qui restera longtemps présente à ma mémoire, et cette matinée, dont je subis le charme, quelle nuit affreuse et quels sinistres accidents ! Cette attaque, ces coups de feu, ces hommes pareils à des démons !... Ah ! monsieur, sommes-nous donc destinés à ne pouvoir nous entretenir que de services rendus dans un danger de mort ?

— Ces accidents n'auront plus lieu, croyez-le bien. Cette

expédition des *Masques de Suie* sera sans doute la dernière. Je tiens de bonne source que la police a mis à leurs trousses ses plus fins limiers qui, sous des déguisements que je connais, — le marquis appuya sur ce mot, — ne tarderont pas à les livrer à toutes les rigueurs de la loi.

Valleroy observait la jeune fille avec une attention presque menaçante. Christiane conserva la sérénité lumineuse de l'innocence et de la candeur.

— Grâce à ces espions, poursuivit le jeune homme, vous pourrez voir sous peu les misérables qui vous ont effrayée répondre de leurs méfaits devant un tribunal impitoyable, et expier sur l'échafaud le double crime de leur révolte contre la société et de la mauvaise nuit qu'ils vous ont fait passer.

Mademoiselle de Noyan fixa sur son interlocuteur un regard qui protestait contre cette phrase avec une indignation attendrie.

— Ah! monsieur, ne me parlez jamais de cette chose terrible qu'on appelle l'échafaud! Me jugez-vous assez cruelle pour désirer le sang de ces malheureux en échange de ma vie troublée pendant quelques instants? Des espions, dites-vous, s'acharnent à les poursuivre? Plaise au ciel que cette mission reste sans résultat et que ces pauvres égarés, au lieu de subir la justice des hommes, n'aient jamais à compter qu'avec la miséricorde de Dieu!

— Quoi! vous éprouveriez quelque compassion pour ces gens de proie que tout condamne!

— Je suis femme et chrétienne. Je ne juge pas; je pardonne, je prie et je n'ai qu'un regret...

— Lequel?

— C'est que, si les *Masques de Suie* ont un jour à répondre de leurs actions devant un tribunal, ma voix ne soit pas assez forte pour les soustraire au châtiment et les laisser au repentir.

Le marquis saisit la main de la jeune fille par un mouvement peu respectueux, mais qui obéissait à l'élan d'une admiration passionnée :

— Mademoiselle, vous êtes un ange !

Christiane retira sa main avec tranquillité, sans affectation d'étonnement ni de courroux.

— Non, monsieur, je ne suis qu'une enfant très impressionnable et très nerveuse, que ces émotions de grand chemin tueraient certainement si elles venaient à se renouveler. Aussi, vais-je signifier ce matin à mon oncle que j'entends retourner sur-le-champ à Paris.

— Vous quitteriez ce pays ?

— J'y mourrais, s'il me fallait y demeurer au milieu de toutes ces alarmes.

— Mais ne m'aviez-vous pas dit hier soir que vous seriez heureuse de vous fixer quelque temps à Lorrez et de m'y recevoir en voisin, en ami ?

— Eh bien, vous viendrez nous voir à Paris, nous vous y recevrons avec le même plaisir, et si ce n'est plus en voisin, ce sera toujours en ami.

Valleroy prit un air chagrin :

— Ce ne sera plus la même chose.

A son tour, la jeune fille l'examina curieusement.

— N'êtes-vous donc pas libre ? demanda-t-elle d'un ton où perçait l'inquiétude.

— Qui m'empêcherait de l'être ? Je n'ai plus de famille et je n'ai pas encore de position. Aucun lien ne m'attache à qui que ce soit au monde.

Nos promeneurs côtoyaient en ce moment une sorte de rideau de verdure fermé de taillis assez élevés et assez épais. Sur les derniers mots du marquis, on entendit derrière ce rideau un bruit qui ressemblait à un gémissement sourd. Mais Christiane et Hector n'y prirent point garde, absorbés qu'ils étaient par tous les sentiments qui chantaient en eux-mêmes et qui prenaient leur vol gauchement, — comme des oiseaux effarés de l'espace, — hors de la voix discrète et des lèvres timides, déguisés en demi-aveux, en galants propos et en tendres badinages.

Mademoiselle Gisquette dressa bien un instant l'oreille.

Or, les soubrettes ont un cœur. Après avoir glissé vers la feuillée un coup d'œil nonchalant et distrait, qui ne rencontra rien, la camériste parisienne se mit à écouter le tic-tac enragé qui soulevait sa poitrine. Le Grand-Hurleur fumait avec tant de noblesse et le Petit-Clerc chiquait avec une si souveraine distinction !

Le marquis continua avec entraînement :

— Libre ! Oui, je le suis d'être joyeux jusqu'à la folie si vous restez, d'être triste jusqu'au désespoir si vous partez. Hélas ! il n'y a qu'une chose dont je ne suis pas libre, c'est de vous retenir à Lorrez et de fixer ainsi le bonheur à la portée de ma main !

— Me retenir, interrompit Christiane en souriant, et de quel droit ?

Hector se pencha vers la jeune fille.

— Du droit d'un homme qui vous ai...

— De grâce, n'achevez pas ! interrompit mademoiselle de Noyan toute décontenancée de cet aveu à brûle-corsage. Voudriez-vous donc m'enlever le plaisir de prolonger plus longtemps cette promenade et cet entretien ?...

Dans sa chambre, au château, Vaudrillan écrivait :

« Il résulte pour moi, citoyen ministre, de cette audacieuse agression et des différentes circonstances qui l'ont accompagnée, que les *Masques de Suie* avaient évidemment un ou plusieurs affiliés à la table d'hôte du *Peuple Souverain*, à Montereau, lorsque le capitaine Beaupoil a commis l'imprudence de parler publiquement au lieutenant Desgranges de l'argent que devait transporter la voiture de Lorrez.

» Je m'attendais à l'attaque qui a eu lieu. Mais il entrait dans mes vues de m'y exposer. Une marchande foraine, qui paraît d'origine étrangère, a été surprise écoutant par une croisée ouverte tout ce qui se disait, pendant le déjeuner, entre les voyageurs assis à cette table. L'arrivée du capitaine Beaupoil a fait disparaître cette femme. Je la retrouverai. »

M. de Valleroy et mademoiselle de Noyan continuaient à fouler la poussière fauve des sentiers. Heureux d'unir le retentissement de leurs pas, heureux de se chauffer au même soleil et de respirer les mêmes parfums, heureux surtout, celui-ci d'avoir osé parler, celle-là d'avoir osé entendre!

Mais Christiane était une de ces fières enfants qui croient devoir cacher leur joie, comme sur le terrain certains duellistes dissimulent une blessure.

— Ecoutez-moi, reprit-elle en devenant sérieuse, vous ne me supposez pas la simplicité de croire à des sympathies soudaines, assez fortes pour dominer une vie entière par le souvenir d'une soirée ou d'une matinée; cependant on se lie si vite au milieu du danger que je n'éprouve aucune fausse honte à vous l'avouer : ce n'est point sans regret et sans mélancolie que je vois arriver l'instant où nous allons nous dire adieu.

Vaudrillan écrivait toujours.

« Bien que je lui aie des obligations personnelles, ce marquis de Valleroy sera de ma part l'objet d'une surveillance toute particulière. J'interrogerai le capitaine Beaupoil. J'ai déjà confessé ce matin le domestique Laurent : il jure ses grands dieux que ce jeune homme est le fils de ses anciens maîtres. Envoyez-moi au plus vite tous les renseignements que vous pourrez réunir à son sujet. C'est un malin; il est cacheté comme une bouteille de vin de Bordeaux; mais j'ai trouvé un tire-bouchon. »

— Nous dire adieu? répéta le jeune homme qui ne parut pas comprendre que lorsqu'une femme parle de fuir, c'est le plus souvent afin de cacher sa défaite. Quand, tout à l'heure encore, vous me disiez au revoir!...

— Monsieur de Valleroy, repartit Christiane avec un peu de hauteur, il est de ces choses qu'on ne peut entendre qu'une fois, même quand on ne les a entendues qu'à moitié.

Avant de nous quitter, continua mademoiselle de Noyan, j'ai une restitution à vous faire.

— Une restitution ?

— Oui, ce flacon qui vous appartient et que j'avais gardé depuis l'autre jour, par mégarde.

Elle tendit au jeune homme le flacon de cristal que celui-ci lui avait mis dans la main lors de son évanouissement sur le banc du quai du Louvre. Valleroy recula d'un pas avec un geste de refus.

— Hé ! mademoiselle, vous suis-je déjà devenu si odieux que vous ne vouliez rien conserver de moi ? Ce flacon est à vous, et ce serait une injure mortelle que de me forcer à reprendre ce que j'ai une fois donné.

— Monsieur, répondit mademoiselle de Noyan, justement blessée du ton d'emportement dont furent prononcées ces paroles, une fille de ma condition ne reçoit de cadeaux que de son fiancé ou de son époux.

— Eh bien, alors, rendez-le moi, ce flacon ; rendez-le moi, que je le brise !

Le marquis était une de ces natures ardentes que le moindre obstacle exaspère et qui ne gardent aucune mesure dans l'expression de leur mécontentement. Tout un orage, avec ses éclairs et ses tonnerres, se lisait dans ses yeux ; une compression violente détruisait l'ensemble engageant de sa physionomie ; sa voix avait dépouillé cette douceur subtile et câline qui n'était point l'un des moindres charmes de ce singulier personnage.

Cette explosion soudaine n'alarma point Christiane. La jeune fille devina l'amour dans ce brusque changement, et ne put s'empêcher de se réjouir en le voyant se manifester avec une impétuosité que d'un mot elle pouvait refréner.

Mais il n'en fut pas de même de Gisquette. L'air, le ton et le mouvement de Valleroy lui arrachèrent une exclamation à laquelle une voix répondit :

— Prenez donc garde, citoyen, vous allez faire peur à ces dames.

En discourant de la sorte, nos promeneurs avaient suivi dans sa longueur un petit chemin entre deux charmilles, lequel débouchait par un coude brusque dans une allée qui relie la grille du parc au perron du château. Ils venaient de tourner ce coude. Et le lieutenant Maurice Desgranges était devant eux.

L'officier salua la jeune fille :

— Mademoiselle, j'ai appris ce matin à Lorrez que vous aviez passé la nuit ici, et je me suis empressé de venir me mettre à vos ordres pour vous accompagner jusqu'à destination.

— Tiens! ricana le marquis, je croyais, citoyen, que c'était aux vingt-cinq mille livres du gouvernement que vous deviez servir d'escorte, vous et vos dragons!

A cette raillerie qui lui rappelait son échec, Maurice Desgranges se mordit les lèvres jusqu'au sang; puis, ripostant sur le même ton à cette attaque :

— C'est vrai, dit-il, j'ai fait cette nuit une sottise en me lançant à l'aveuglette à la poursuite des brigands; mais je vous laissais dans la voiture, citoyen, et j'avais confiance. N'aviez-vous pas vos pistolets? Ces pistolets dont vous parliez en déjeunant, et qui devaient tenir les *Masques de Suie* en respect et à distance!

— Les *Masques de Suie* ne nous ont pas touchés! répliqua vivement le marquis. Ils n'en voulaient qu'à l'argent de la République. Or, la République ne me paye ni pour la défendre ni pour la servir. Je ne suis ni son soldat, ni son valet.

— Vous êtes au moins ses obligés, émigrés et conspirateurs à qui elle a fait l'aumône du pardon.

— Messieurs! messieurs! de grâce! balbutia Christiane.

Les regards qu'échangeaient les deux hommes étincelaient comme deux lames prêtes à se croiser. L'officier reprit son calme le premier.

— Brisons là, dit-il froidement. La citoyenne a raison. Cet entretien n'est pas de ceux que l'on peut poursuivre devant elle.

— Qu'à cela ne tienne, repartit Hector. La citoyenne va

partir. Nous pourrons le reprendre après, citoyen lieutenant.

— Quand il vous plaira, citoyen marquis.

— Mademoiselle, annonça Gisquette, voici monsieur qui vient à travers la pelouse.

— Allons à sa rencontre, fit précipitamment Christiane. Monsieur de Valleroy, donnez-moi votre bras. J'ai une peur affreuse de glisser sur le gazon mouillé par la rosée.

Et entraînant le jeune homme :

— Malheureux! reprit-elle à voix basse, vous voulez donc me faire mourir?

Elle pouvait à peine se soutenir; sa pâleur était suppliante; sa parole avait une éloquence si pénétrante que le marquis demanda :

— Souffrez-vous?

— Si je souffre!... Ah! votre colère, cette querelle, cette provocation m'épouvantent!... Au nom du ciel, si vous voulez que je croie à vos paroles de tout à l'heure, si vous êtes sincère, si vous tenez à mon... estime, renoncez à vous rencontrer avec le citoyen Desgranges.

— Mademoiselle!...

— Je le veux, ne me refusez pas, je vous en prie! Jurez-le moi, et, en échange de cette promesse, je garderai votre flacon!

Ils arrivaient auprès de Vaudrillan.

— Je le jure, murmura Valleroy.

Immobile à l'endroit où ils l'avaient laissé, Maurice Desgranges les suivait des yeux et sa loyale figure se voilait d'une amère tristesse.

— Décidément, pensa-t-il tout haut, elle aime ce mirliflor et elle l'épousera.

Un froufrou de feuilles froissées et de branches écartées avec précaution se fit entendre derrière lui. En même temps, une main frémissante s'abattit sur son épaule et une voix sourde lui glissa ces mots dans l'oreille :

— Elle l'aimera peut-être, mais il ne l'épousera jamais.

L'officier se retourna. La bohémienne Johanna émergeait à mi-corps d'un massif.

D'un signe impérieux, elle força Maurice à se courber vers le fourré où elle s'était blottie. Puis désignant du doigt le groupe que formaient Hector et Christiane, qui leur tournaient le dos et se dirigeaient, en compagnie de Gisquette et de Vaudrillan, vers une voiture arrêtée au bas du perron :

— Il y a une heure que je les suis en me coulant sous la feuillée, comme une bête fauve. J'ai bu toutes leurs paroles sur leurs lèvres et tous leurs regards dans leurs yeux. Ils ont compté sans moi, les deux fous! Laissez faire! Cet homme n'est pas à craindre : le jour où cette jeune fille lui donnera sa main, moi, je vous donnerai sa tête.

Maurice la considérait avec stupéfaction.

— Cet homme, poursuivit-elle, est un ingrat, un imbécile et un lâche. Il m'a reniée tout à l'heure. Qu'il prenne garde! Je n'ai pas la patience du Christ, et je n'attendrai pas qu'il m'ait reniée trois fois!...

Elle saisit le bras de l'officier.

— Vous m'aiderez à le punir. Cela vous débarrassera d'un rival, pardieu! Quand le moment sera venu, je vous l'amènerai, non pour le fer de votre épée, mais pour la hache du bourreau!

— Qui donc êtes-vous? s'écria Maurice, et qui est-il?

— Ce qu'il est, vous ne le saurez que quand il aura lassé ma pitié!... Qui je suis? Peu vous importe. Appelez-moi du nom qu'il vous plaira : La Haine, si vous voulez. Plus tard, la société que j'aurai vengée m'appellera : La Justice..

DEUXIÈME PARTIE

LA BOHÉMIENNE

I

PAS DE FEU SANS FUMÉE

Le jour où s'ouvre la seconde partie de ce récit, Vaudrillan était parti à cheval de grand matin pour Sens, où le courrier de Lyon devait lui remettre une dépêche de Fouché. La dépêche était brève et significative. Elle ne renfermait que ces mots :

« Le délai consenti par Bonaparte pour la punition des *Masques de Suie* expirera dimanche prochain. »

On était au mardi.

Le policier s'en revenait au pas vers Lorrez. Comme Hippolyte,

> Sa main sur son coursier laissait flotter les rênes...

Il songeait.

— Il est certain que j'ai devant moi deux fois quarante-huit heures pour ramasser les *Masques de Suie* dans mon mouchoir et les rapporter comme un quarteron de prunes au citoyen premier consul... Quels *Masques de Suie* ?... Chimère ! illusion ! légende ! Je pencherais même à penser qu'il n'y en a jamais eu, s'ils n'avaient *travaillé* à mon nez et sous ma patte... Hé ! hé ! Fouché est un homme très fort. Il a inventé dans le temps de faux chauffeurs pour démonétiser les *Compagnons de Jéhu*. Il serait bien capable d'avoir fabriqué les *Masques de Suie* pour avoir la gloriole de les faire disparaître rien qu'en soufflant dessus, et rendre ainsi, dans l'opinion de Bonaparte, son ministère indispensable à la tranquillité de l'État.

Puis, se frappant le front :

— Eh bien ! non. C'est impossible. Les *Masques de Suie* existent. Ils sont là, à ma droite, à ma gauche, devant moi, derrière moi, partout. Je les flaire dans le vent. Tout me dit qu'ils nous ménagent, pour demain ou après, un réveil désagréable.

Son regard scrutateur planait sur le paysage.

— Il n'y a pas, à dix lieues à la ronde, une maison de maître, une ferme, un enclos, une chaumière, pas une cabane de berger, pas une hutte de charbonnier, pas un affût de braconnier, que je n'aie visités ; pas un taillis que je n'aie battu, pas une ornière que je n'aie sondée, pas une pierre que je n'aie soulevée. Pays plat. Cinquante hommes ne peuvent se cacher depuis un mois dans des aunaies, des prairies et des vignes. La gendarmerie tient les bois... — Pour sûr, il y a un terrier... Mais où rencontrer quelque indice qui m'indique un semblant de souterrain, de caveau ou de grotte ? Je ne peux cependant pas consulter le sol de toute une province avec le bout de ma canne pour savoir si ça sonne creux.

Vaudrillan passait en ce moment à la hauteur du couvent de Villechassin.

Villechassin avait appartenu à des capucins qui s'y livraient à la culture. Dès les premières années de la Révolution, les pères s'étaient dispersés ; le couvent était devenu *propriété nationale*, et nul n'ayant eu l'idée de l'utiliser pour quoi que ce fût, les bâtiments en étaient restés vides et ouverts à tout venant.

Vaudrillan les avait explorés avec soin et n'y avait rien rencontré de suspect.

En achevant son monologue, le policier avait, machinalement, tourné les yeux vers Villechassin, dont le *toit en éteignoir* et les murailles grises émergeaient d'un bouquet de frênes et de bouleaux. Au-dessus de ce toit, bouillonnait un léger nuage de fumée.

— Vertuchoux ! pensa Vaudrillan, est-ce que nos révérends seraient revenus faire la soupe dans leur ancienne capucinière ?

Mais la fumée ne s'échappait pas des cheminées du couvent. La spirale, d'un blanc laiteux, filait le long des murs et semblait s'élancer de l'endroit même où le corps de logis enfonçait dans le sol ses puissantes assises. Vaudrillan fit un soubresaut.

— Têtebleu ! bélitre que je suis ! murmura-t-il ; comment n'ai-je pas songé à cela ?

Un sourire de triomphe fronça ses lèvres minces.

— Les capucins faisaient du vin et le buvaient, c'est clair : voilà mes caves trouvées. Elles sont habitées : on y fricote.

Puis rendant la main à sa monture qui s'enleva dans la direction de Lorrez :

— Cuisinez le dîner, mes camarades, ajouta-t-il. Moi, je m'invite pour cette nuit, et je fournirai le dessert.

. . . .

Près d'un mois s'était écoulé. Quoi qu'elle en eût dit à Hector, Christiane n'ayant point insisté pour retourner à Paris, le tuteur et la pupille habitaient, à Lorrez, la propriété du feu président de Noyan. Quelques jours après qu'ils eurent fait élection de domicile dans ce domaine,

Vaudrillan reçut du ministère de la police une lettre ainsi conçue :

« La personne sur laquelle se sont égarés vos soupçons est bien l'unique rejeton de la famille de Valleroy. L'administration en possède les preuves authentiques.

» Le défunt marquis Charles-Honoré-Sigismond était un original. Il employa à parcourir l'Europe la majeure partie de sa vie, et mourut en Russie, à la cour de Catherine II, après avoir fait, pendant ses vingt dernières années, de rares apparitions en France et dans sa terre du Gâtinais.

» Son fils, Louis-Tancrède-Hector, a aussi beaucoup voyagé. Il a su rester étranger à toutes les intrigues politiques de son parti. Sa demande d'autorisation à rentrer dans sa patrie est en date de Prague. Elle lui a été accordée à la requête des citoyens Sieyès et Talleyrand. Il est alors venu à Paris, a déclaré son intention de se soumettre aux lois et a prêté serment à la Constitution.

» Sur la justification de ses titres, il a été envoyé en possession de l'héritage paternel. »

En marge de ce document, Fouché lui-même avait écrit :

« Vous avez fait fausse route.

» Le marquis de Valleroy doit être l'objet des plus grands égards. C'est un garçon inoffensif, de capacités médiocres, qui n'entreprendra rien contre le gouvernement et a fait sa soumission sans arrière-pensée.

» L'ex-évêque d'Autun le protège, Joséphine en a répondu à son mari, et le premier consul paraît avoir sur lui des vues pour l'avenir.

» Evitez de l'indisposer. »

— Vertuchoux ! avait murmuré Vaudrillan en jetant le papier au feu avec humeur, on n'ignore pas pourquoi Bonaparte est si gracieux pour les ci-devant : c'est qu'il ne peut pas souffrir les républicains. S'il veut un trône, s'il a dessein d'égorger la liberté, il doit chercher dans les rangs des adversaires de celle-ci des partisans et des complices. En attendant, j'en suis, moi, pour mes frais de conjectures et d'investigations. Voilà qui me lie les bras et me bouche à la fois les yeux et les oreilles !

Le policier avait reniflé une prise :

— Et pourtant, il y avait du louche dans ce marquis ! Malgré tout le parfum de gentilhommerie dont il avait imprégné ses manières et son langage, ça sentait furieusement le mystère autour de lui ! Les vieux chiens de chasse ne se trompent pas à ces odeurs-là. Beaupoil, qui a du nez, est tombé en arrêt rien qu'en l'apercevant. C'est drôle, il m'a semblé que le capitaine reconnaissait en lui l'ancien meunier de Nemours.

Puis se raisonnant :

— Allons ; il paraît que j'ai eu affaire à un vrai marquis. Fouché l'affirme : il faut le croire. Il n'y a plus rien à faire de ce côté. Cherchons ailleurs le secret des *Masques de Suie*.

Or, le secret des *Masques de Suie* était bien gardé. Il y avait plus : depuis l'arrivée à Lorrez de Vaudrillan et de Christiane, les *Masques de Suie* avaient disparu instantanément et absolument ! Disparu sans laisser derrière eux une trace révélatrice, un indice accusateur ; sans une ombre de piste, sans une apparence de vie ! Disparu comme si la terre s'était entr'ouverte tout à coup pour les engloutir !

Le vol des vingt-cinq mille francs de l'Etat avait été leur dernière prouesse. A partir de ce moment, plus d'embuscades perfides au coin des bois, plus d'exploits effrontés en plein soleil, plus de figures suspectes dans les campagnes. Voitures et voyageurs allaient en paix par les chemins, et le tocsin haletant avait cessé d'appeler chaque nuit les citoyens au secours de quelque ferme en feu.

D'abord, on n'avait point osé croire à une délivrance aussi inespérée. La garde nationale était restée organisée et armée dans les petites villes, les bourgs et les villages. Les paysans des hameaux et des métairies isolées n'avaient pas déposé le fusil. Les gendarmes et les dragons continuaient à protéger les diligences. On faisait bonne garde : un système de patrouilles volantes, dû à l'imagination de

Beaupoil, correspondait entre chaque localité et scrutait de ses baïonnettes les moindres plis de terrain.

Les *Masques de Suie* avaient-ils jugé prudent de ne point se heurter à un état de choses aussi hérissé de précautions? S'étaient-ils décidés à liquider leur association après bénéfices raisonnables? Ou bien encore s'en étaient-ils allés exercer dans une province voisine leur périlleuse et sanglante industrie? On ne savait.

Toujours est-il que, depuis l'affaire de la patache, la justice n'avait pas eu, dans le Gâtinais, à verbaliser au sujet du moindre délit : montre chipée sur un marché, ou canard maraudé dans une basse-cour. Que dis-je? les populations auraient pu s'imaginer qu'elles avaient fait un rêve affreux, peuplé de cauchemars et de spectacles sinistres, si la volumineuse procédure en cours d'instruction devant le jury de Melun, si les ruines fumantes çà et là, si les larmes, les plaintes et les habits de deuil des familles dont quelques membres avaient été égorgés par les brigands, n'eussent témoigné hautement et lamentablement de la réalité trop évidente, hélas! des attentats et de la férocité de leurs auteurs.

Vaudrillan enrageait. Quoi! il s'était établi au cœur du pays dévasté, dans la ferme persuasion qu'il n'aurait qu'à étendre la main pour saisir tous les fils de cette conspiration contre la loi, ourdie par les *Masques de Suie!* Et, pour accaparer l'honneur et le profit du succès, il s'était résolu à agir seul, sans se découvrir à Beaupoil, qu'il regardait comme un concurrent dangereux, sans invoquer l'appui de qui que ce fût, et se réservant de faire appel au concours de l'autorité à ce moment suprême où il n'aurait qu'à lui servir, pour ainsi dire, les coupables tout chauds du flagrant délit.

La capture des *Masques de Suie* n'était pour lui, du reste, qu'une question secondaire. L'homme de police, en général, l'*espion* a besoin d'élever son rôle. Vaudrillan avait placé le sien à la hauteur de l'amitié vengée. Son idée fixe était qu'en poursuivant ces malfaiteurs de fraîche date, il retrouverait, par cela même qu'il opérait aux environs de Moret, des renseignements nouveaux sur le meurtre de Pierre Lombard et sur celui qui l'avait commis. Peut-être cet homme n'était-il pas mort ?

— Ah ! pensait Vaudrillan avec une rage froide, ah ! mon pauvre Pierre Lombard, quel plaisir j'aurais à voir ton assassin saluer de la tête le cadran de l'hôtel de ville sur la plate-forme de *l'abbaye de Monte-à-Regret !*

Mais voilà que les fils qu'il comptait tenir s'étaient brisés avant qu'il les touchât.

Sous le prétexte d'arrondir le patrimoine de sa pupille en achetant des terrains, l'agent chevauchait du matin au soir, par monts et par vaux, entrant dans les maisons, s'attablant dans les cabarets, faisant jaser les aubergistes, les maires, les femmes, les enfants, les braconniers, les *roulants*, les bûcherons, les domestiques et jusqu'aux plus misérables journaliers.

Tandis qu'il faisait ce métier, — laissant Christiane en compagnie de ses livres, de son clavecin, de ses crayons et de ses pinceaux, — Hector de Valleroy fréquentait avec assiduité le château de Noyan. La première fois qu'en revenant de la chasse il avait trouvé le marquis assis auprès de la jeune fille, Vaudrillan avait froncé le sourcil. Mais après le départ du jeune homme, Christiane avait dit avec tant de câlinerie :

— Cher oncle, si vous saviez comme je m'ennuie !

Les visites du marquis avaient été d'abord discrètement espacées. Puis, il était venu tous les jours.

Je n'ai pas le loisir, dans ces pages rapides, de suivre et de décrire les méandres de l'amour. Il me faut aller droit au but. Ce but, le voici :

Christiane de Noyan et Hector de Valleroy s'aimaient. Pour Christiane, c'était le printemps du cœur, — ce doux et gai printemps non moins fleuri, non moins embaumé, non moins lumineux que celui qui fait éclore les premières pousses du buisson, et qui épand sur la nature, avec les frais parfums du bouton entr'ouvert, les caressantes harmonies du concert des oiseaux !

Le marquis, au contraire, entrait dans son automne. Ces étés de la Saint-Martin ont souvent des ardeurs terribles. Nous le savons : M. de Valleroy ne ressemblait que fort imparfaitement à ces galants, — timorés, poétiques et nébuleux, — que les traductions avaient mis à la mode en les faisant sortir des brouillards d'Ossian.

Malgré cela, à cause de cela peut-être, Christiane l'avait laissé lire au fond de son âme. Et tout le canton s'entretenait du mariage du beau ci-devant avec la nièce et pupille du vidame de Noyan, que celui-ci s'imaginait encore que le marquis n'était pour la fillette qu'une distraction, bonne tout au plus à marcher de pair avec l'*Oratorio de la Création*, du citoyen Haydn, ou les *Lettres à Émilie*, du citoyen Demoustier, qu'il lui avait fait acheter à Paris.

II

DEMANDE EN MARIAGE

Ce matin-là, — vers onze heures, — une fenêtre s'était ouverte au premier étage du château de Noyan, une des fenêtres qui font face à la route de Voulx, dans laquelle se jette, à mi-distance à peu près, le chemin de traverse de Valleroy. Christiane s'était montrée à cette fenêtre, plus rose, plus fraîche, plus riante, plus fleur que les fleurs du parterre qui s'étendait au-dessous. Elle s'était accoudée sur l'appui de fonte ouvragée. Ses cheveux d'or flottaient à la brise joyeuse, et ses petites mains de nacre arrondissaient, en manière de garde-vue, leurs doigts fluets et transparents au-dessus de ses grands yeux inquiets et chercheurs.

Là-bas, sur la route qui serpentait, ainsi qu'un ruban d'un blanc roux, dans la verdure crue des prairies, un point lumineux s'agitait au milieu d'un tourbillon de poussière. Était-ce un miroir mouvant, ou un caillou poli transformé en diamant par les caresses du soleil? Point : c'était simplement et prosaïquement le cuir verni de la casquette de chasse d'Hector dans lequel se miraient les rayons de midi. Bientôt on aperçut le marquis. Il galopait un train d'enfer. Son domestique Laurent avait peine à le suivre. Tous deux s'engouffrèrent dans le village. Christiane avait quitté la croisée. Son grand chapeau de paille *à la Deshoulières*, — comme Marie-Antoinette en portait à Trianon, — mettait de l'ombre sur son front, elle descendit au jardin. Elle savait bien qu'Hector l'y rejoindrait...

Au bout d'un instant, la jeune fille entendit sonner à la grille : c'était M. de Valleroy qui mettait pied à terre devant le château. Tandis qu'un des serviteurs campagnards embauchés par Vaudrillan accourait lui ouvrir, le marquis jetait à Laurent la bride de sa monture, dont les flancs fumaient de sueur, en adressant au domestique cette brève recommandation :

— Les chevaux ici, à la nuit tombante.

Quelques minutes plus tard, les deux amoureux s'enfonçaient dans les allées les plus écartées du jardin. Tout en cueillant un bouquet Christiane écoutait les doux propos, les doux projets et les serments du gentilhomme et comme il n'était pas dans sa nature de répondre à demi, elle s'engageait, — résolument et pleinement, — sauf refus de son tuteur. Et quelle apparence que celui-ci refusât de souscrire au bonheur de sa chère mignonne ?

Les heures s'écoulèrent. Un écrivain s'est écrié : « Oh ! comme elles sont charmantes d'ordinaire les occasions où l'on apprend à oublier l'heure ! » Un moment cependant la promenade fut troublée. Les deux causeurs s'étaient arrêtés en même temps et avaient dressé l'oreille. Christiane s'était imaginée qu'on l'appelait. Et Valleroy avait cru entendre un bruit de pas sous le couvert. Car l'on avait franchi la clôture du jardin pour entrer dans le petit parc. On était allé loin, très loin. On ne dissimulait plus, on ne se querellait plus, on ne s'emportait plus et l'on ne tremblait plus comme à Valleroy, un mois auparavant. On parlait. On parlait du lieutenant Desgranges, sans violence et presque avec compassion.

Le lieutenant Desgranges était toujours cantonné à Montereau avec ses dragons devenus quasi inutiles. Il avait évité de se retrouver en présence du marquis et de mademoiselle de Noyan, et lorsque son service lui faisait traverser Lorrez pour pousser une reconnaissance jusqu'à Egreville, il se garait, comme de la peste, des abords et des hôtes du château. Vaudrillan s'en était étonné, et Christiane avait murmuré :

— Pauvre jeune homme !

On parlait aussi des *Masques de Suie*.

— La beauté est fée, disait le marquis. Les saphirs de vos yeux ont un éclat magique. Vous avez fait rentrer dans l'ombre l'armée des monstres de la nuit.

Ensuite, on n'avait plus parlé du tout. Ces silences sont remplis d'embûches. Les regards se cherchent, les mains se serrent, les haleines se confondent. Un moment vint où Hector fut près d'appuyer ses lèvres sur le front de la jeune fille, qui se défendait mollement, à moitié ployée sur son bras.

Une sorte de rugissement leur fit lever la tête. Vaudrillan, debout à quelques pas, les contemplait avec stupeur. Le policier arrivait de Sens. Gisquette l'ayant averti que mademoiselle était dans le parc, il était venu l'y surprendre. Ce qu'il voyait éclairait brusquement la situation. La surprise et l'indignation, élevées à l'extrême, bouleversaient si éloquemment sa physionomie que Christiane eut honte et terreur.

— Mon père, balbutia-t-elle, mon père, pardonnez-moi : je l'aime.

Vaudrillan ne répondit pas et resta immobile. On eût dit que la foudre l'avait frappé. Puis, au bout d'une minute qui parut plus longue qu'un siècle à la jeune fille éplorée, il abaissa lentement vers celle-ci ses yeux où elle vit poindre une larme : il y avait un reproche terrible dans ce regard ; mais il y avait aussi une étrange et profonde tendresse.

— Ah! murmura-t-il d'une voix amère et navrante comme un sanglot, ah! cruelle enfant! M'avoir ainsi trompé! Quand j'aurais prodigué mon sang pour te faire heureuse!

— Je serai heureuse, mon père, si j'appartiens à l'homme que j'ai choisi.

La flamme de la colère sécha les larmes sous la paupière de Vaudrillan. Il ferma les poings, et fit un pas vers le marquis. Christiane se jeta entre les deux hommes.

— Mon père! s'écria-t-elle, si vous le tuez, je mourrai.

Le vidame la reçut dans ses bras.

— Tu l'aimes donc bien? interrogea-t-il.

Elle cacha son front dans le sein du vieillard.

— Plus que la vie.

Puis relevant la tête avec fierté :

— Autant que l'honneur.

M. de Valleroy prit la parole :

— Monsieur, dit-il, puis-je espérer que vous m'accorderez la main de mademoiselle Christiane de Noyan, votre nièce?

Le vidame tenait la jeune fille serrée contre sa poitrine. Son regard, qui la caressait avec une bonté paternelle, pesa sur le marquis, froid, dur et acéré :

— Monsieur de Valleroy, répondit-il avec une menaçante gravité, j'aurais un compte sévère à vous demander de votre conduite. Vous êtes gentilhomme, dites-vous? Têtebleu! est-ce le fait d'un gentilhomme, de profiter de l'absence d'un vieillard confiant, pour lui voler le cœur de son enfant?

— Monsieur!

— Epargnez-vous les protestations. Vous êtes coupable. Heureusement, l'amour de cet ange vous absout, et, vertuchoux! rendez-en grâce à vos talents de séducteur; car, s'il en était autrement, rien au monde, rien au monde, entendez-vous? ni l'âge qui nous sépare, ni la loi qui défend de se faire justice, ni les prières de celle que vous avez si adroitement fascinée, ne m'empêcheraient de vous punir !

Christiane supplia :

— Cher oncle !

— C'est bien, chérie, on va être indulgent.

Ensuite à Hector :

— Elle vous adore. Je n'ai plus le droit de récriminer, de me défier, ni de haïr. Epousez-la. Je ne vous la donne pas. Vous l'avez prise. Tâchez qu'elle n'ait jamais à se repentir de s'être mise entre vous et moi à cette heure décisive.

La cloche du dîner tintait au château. Vaudrillan parut faire un effort suprême. Il poussa doucement Christiane vers le marquis, et, revenant aux façons de l'ancienne cour :

— Monsieur mon invité, fit-il, offrez le bras à votre fiancée.

Les jeunes gens s'acheminèrent vers le château. Le policier les suivit en se tenant toute sorte de discours :

— Ah ! vidame Gobe-Mouche, va ! es-tu assez dupé, battu et mécontent ! On a bien raison de le dire : quand l'amour est d'accord avec les yeux des petites filles, il ôte son bandeau et le colle sur les yeux des pères et des tuteurs.?

Il décapita un héliotrope d'un coup de sa badine.

— C'est bien fait. N'avais-je pas rêvé de me servir de Christiane pour savoir ce qu'il y au fond de cet homme? Je voulais pénétrer chez lui : c'est lui qui s'est faufilé chez moi. Parbleu ! j'étais toujours dehors : la pauvre enfant est excusable. On sait comment ces choses-là arrivent ; les mains qui se rencontrent en courant sur les touches du clavecin, les cheveux qui se mêlent quand on se penche, les bras qui se coudoient lorsqu'on travaille au même pastel. Voilà les vrais coupables : le pastel, le livre et le clavecin. Ce sont eux que j'aurais dû surveiller au lieu de faire la chasse à des larrons imaginaires.

Vaudrillan s'interrompit avec un petit ricanement :

— Hé! hé! hé! pas si imaginaires. Cette nuit, je saurai à quoi m'en tenir sur le compte des *Masques de Suie*.

Il ajouta en examinant les jeunes gens :

— Joli couple. Parti sortable. M. de Valleroy est riche, beau cavalier, protégé par Fouché, Sieyès et Talleyrand. Il arrivera. J'ai eu tort de le suspecter. Ma Christiane ne pouvait aimer qu'un gentilhomme.

Il secoua la tête passa la main sur son front.

— Avec cela, je suis furieux. S'éprendre justement de ce marquis ! Tout à l'heure, quand j'ai fermé les yeux pour réfléchir avant de lui répondre, il m'a semblé que mon pauvre Pierre Lombard soulevait la pierre de sa tombe et me criait en agitant sa main ensanglantée: Non! non! non!

Le commencement du dîner fut silencieux et froid. Peu à peu, cependant, le bonheur qui animait la figure de Christiane dérida Vaudrillan. On tondit par avance les moissons de l'avenir ; on fit des plans mignons ; on parla même quelque peu de la corbeille. Quand Hector se leva pour prendre congé :

— Monsieur le marquis, lui dit le vidame, j'ai à vous donner et à recevoir de vous des éclaircissements nécessaires. Voulez-vous bien m'attendre après-demain soir à Valleroy? Nous causerons affaires de famille et nous fixerons, s'il vous plaît, le jour de la célébration du mariage.

Hector s'inclina :

— Après-demain soir, à Valleroy, je serai à vos ordres.

On se dit au *revoir* avec effusion.

Plus tard, quand tout le monde fut endormi au château, Vaudrillan revêtit un habit de paysan, abrita son visage sous un large chapeau, mit dans ses poches une paire de pistolets et accrocha à sa ceinture, sous sa blouse, un long couteau catalan tout ouvert. Il se munit, en outre, d'une pince, d'un paquet de *rossignols*, d'une petite lanterne sourde et d'un briquet. En se retirant, il avait prévenu Christiane qu'il était obligé de retourner à Sens, le lendemain guetter le passage de la malle, celle-ci ne lui ayant pas apporté les papiers qu'il attendait.

— Je partirai de grand matin, avait-il dit, et il se peut que je revienne un peu tard.

Puis, en embrassant la fillette :

— Dormez bien, mademoiselle la cachottière. Ne vous inquiétez pas et ne vous ennuyez pas. On se pressera de vous arranger votre félicité, et vous serez bientôt *madame la marquise...*

Ses préparatifs terminés, le policier descendit de sa chambre, en retenant son souffle, et sortit du château à pas de loup. Il avait une clef de la petite porte qui s'ouvrait à côté de la grille. Il en fit usage doucement. La porte tourna sans bruit sur ses gonds. Vaudrillan se trouva dehors.

Aussitôt, coupant à travers champs, il piqua droit sur Villechassin.

A peine s'était-il enfoncé dans la nuit, qu'une sorte de fantôme, qui se tenait caché derrière un arbre, de l'autre côté de la route, en face la grille du château, se détacha de cet affût et s'élança à sa poursuite.

III

LES CAVES DE VILLECHASSIN

Villechassin était distant de trois lieues environ de Lorrez. Vaudrillan avait un jarret d'acier et des chaussures de chasseur. Quand il toucha au but de sa course, une heure après minuit sonnait aux clochers des deux ou trois paroisses endormies dans la plaine.

L'ancien couvent des capucins se composait de deux corps de bâtiment réunis en équerre à une grosse tour ronde qui avait servi de chapelle. Il paraissait inhabité depuis plus d'un demi-siècle, quoi qu'il y eut à peine dix ans que les révérends pères l'eussent abandonné. Les toits pliaient sous le poids des végétations parasites ; le lierre attachait ses griffes aux murailles ; les volets disloqués, les fenêtres ruinées, les serrureries rouillées semblaient devoir tomber au premier souffle d'une tempête.

— Bon, se dit Vaudrillan en arrivant, il s'agit de retrouver l'endroit par où s'échappait la fumée.

Il ne fut pas longtemps sans y parvenir. Au pied de la tour, quelque chose comme un ver luisant scintillait parmi les violiers et les joubarbes. Le policier se coucha par terre, écarta avec précaution ce fouillis de plantes sauvages et mit sa tête au niveau du ver luisant. Puis, au bout d'un instant :

— Je m'en doutais, fit-il. Il y a un soupirail : cheminée le jour, meurtrière la nuit.

Il ne fallait pas songer à s'introduire par ce conduit long et étroit. Une fouine seule aurait pu s'y glisser. Mais le point lumineux qui oscillait au fond et dont le rayonnement se projetait comme une luciole au milieu des pariétaires, prouvait à Vaudrillan que les caves de Villechassin ne manquaient pas de locataires.

Notre chercheur de pistes se releva et marcha droit à la porte du couvent.

Un des battants de cette porte pendait, déchaussé par l'humidité des agrafes de fer qui mordaient la pierre des montants.

Vaudrillan pénétra dans la cour. Autour de lui, tout offrait l'image de la désolation. La lune, qui traversait de lueurs indécises et flottantes les planchers disjoints, les façades échancrées et les croisées sans vitres, donnait à l'ensemble des constructions la physionomie d'un squelette. Une chouette et des chauves-souris, qui s'envolèrent en piaillant, ajoutaient un trait de plus à cette funèbre ressemblance.

Dans un angle de la cour, au bas d'un escalier aux marches vert-de-grisées d'îlots de mousse, la porte trapue d'un cellier montrait ses solives sombres et ses clous à tête plus large que des écus de six francs. Le policier se dirigea vers cette porte. Elle était fermée. La pince fit son jeu entre le pêne et la gâche. La porte s'ouvrit. Vaudrillan en franchit le seuil, battit le briquet et alluma sa lanterne sourde.

Il se trouvait dans une sorte de cave principale, assez spacieuse et aménagée en rotonde. Quelques futailles vides pourrissaient dans les coins. Les chantiers de briques sur lesquels les barriques reposaient autrefois étaient encore visibles çà et là. Dès l'entrée, une mortelle odeur de vin moisi étreignait le visiteur au nez et à la gorge. Six caveaux latéraux aboutissaient à cette rotonde. La porte de cinq de ces caveaux était ouverte. Celle du sixième était close.

Vaudrillan alla à cette porte et l'attaqua avec ses rossignols. Elle céda. Le policier souffla sa lanterne et se coula dans le caveau. Il s'était orienté et avait facilement reconnu que celui-ci devait s'étendre dans la direction du soupirail.

Alors, l'oreille au guet, la pupille dilatée, tous les sens aiguisés par le désir d'entendre, la difficulté de respirer et l'impossibilité de voir, il s'avança lentement, un pistolet tout armé d'une main, et s'appuyant de l'autre à la paroi de la muraille. Il chemina ainsi un quart d'heure. Au bout de ce quart d'heure, il sentit que le caveau se rétrécissait au point de devenir un véritable corridor. A l'extrémité de ce corridor, une illumination assez vive se réfléchissait sur le mur, et un bourdonnement confus retentissait.

Vaudrillan continua sa route en redoublant de précaution. A mesure qu'il approchait, la clarté et le bruit devenaient plus distincts. Il n'était plus guère qu'à dix pas du foyer de cette clarté et de ce bruit. Il se colla contre la muraille, — progressant par mouvements imperceptibles et silencieux. On eût dit, au milieu des ténèbres, un bas-relief mobile. Enfin, sa tête arriva à dépasser un angle du corridor, et son regard plongea dans un spectacle original, pittoresque et fantastique comme une halte de bohémiens de Callot, comme le campement des brigands de Schiller, comme la Cour des Miracles dans Hugo!

Figurez-vous une vaste salle reproduisant exactement la circonférence de la tour dont elle formait le sous-sol. Des tables de chêne, des bancs massifs et un large fourneau de briques, avec tous ses accessoires de fours, de broches, de casseroles et de bouilloires, en dénonçaient suffisamment la destination primitive. Les capucins de Villechassin étaient des gourmets, des gourmands. Mais il fallait respecter la règle. Nos révérends se dédommageaient de la sobriété du réfectoire par la bombance de la cuisine et du cabaret souterrains.

Pour le moment, leur salle à manger clandestine était devenue le dortoir, la buvette, le restaurant et la place d'armes des *Masques de Suie*. Le repas de ceux-ci, — déjeuner, dîner ou souper, — mijotait sur les fourneaux avec de véhémentes odeurs d'assaisonnements. De nombreuses torches de résine, fichées dans des chandeliers de fer, reflétaient leur flamme vacillante sur les faisceaux des carabines et le râtelier des sabres, des pistolets et des poignards. Une litière de paille faisait face aux fourneaux.

Une cinquantaine d'hommes, des enfants et des femmes grouillaient dans ce repaire. Pour les femmes, c'était un mélange de haillons et d'oripeaux. Chez les hommes, les sabots, la futaine et la peau de bique des *patauds* (paysans) dominait ; on remarquait cependant dans les groupes quelques farauds parisiens de la Courtille et plusieurs individus d'apparence militaire drapés de lambeaux d'uniformes. Les femmes se querellaient en surveillant la pot-bouille. Parmi les hommes, les uns dormaient sur la litière ; les autres buvaient, fumaient et jouaient aux cartes ; il y en avait qui tenaient conciliabule dans un coin. Les mioches, — garçonnets et fillettes, graines du bagne ou de la Salpêtrière, — étaient assis en rond autour d'un grand vieillard à cheveux blancs, vêtu d'un reste de soutane, qui parlait et s'écoutait parler.

C'était l'aumônier et l'instituteur de la troupe ; car, comme toute société complète, l'association avait ses membres actifs, ses affiliés sédentaires, ses hommes, ses femmes, ses vieillards, ses enfants. Elle avait même ses institutions morales, calquées sur celles que respectait encore la société française. Le mariage y avait ses rites ; un voleur y présidait, en robe de prêtre, à des cérémonies sacrilèges, et, comme il n'est pas de société possible sans un système d'éducation, un des voleurs était chargé de l'instruction et de l'éducation des *mioches*, c'est-à-dire des enfants.

M. Fouquier, à qui j'emprunte ce détail caractéristique, crayonne ainsi, dans ses *Causes célèbres*, la curieuse physiologie du *curé des pègres* :

« Il a conservé toutes les traditions du bien faire et du bien dire, en fait de vol ; il parle et enseigne le plus pur argot des vieux truands. C'est lui qui a entrepris l'éducation des jeunes mendiants, des enfants volés, des enfants de troupe. Jeunes garçons et jeunes filles sont confiés par le *meg* à son expérience. Il leur dit les finesses du *roulement en plaine* (vagabondage). Il les poste aux bons endroits pour *retailler la raille à bouler* (examiner les passants sur la route). Il leur apprend à ne rien laisser traîner autour des fermes, ni linge dans l'étendoir, ni bêches ou pioches dans la cour de ferme, ni même le mouchoir ou la chemise de paysan qui sèche sur la haie. Il faut de l'ordre et de l'économie dans le métier de voleur. »

Parmi ceux des brigands qui s'entretenaient à l'écart, le Grand-Hurleur était en train de pérorer :

— Il est certain, citoyens et chers confrères, que l'homme est une fleur et la femme un soleil ou une rosée, comme vous voudrez ! Gloire au jupon ! Or, de même que la fleur, privée de son soleil ou de sa rosée, s'étiole, se sèche et dépérit, l'homme, séparé de ses amours, soupire, languit et...

— Méchant avocat de Pantin ! interrompit brusquement un *pataud*, auras-tu bientôt fini de nous taquiner les oreilles avec tes *largues* (femmes) et ton *luisant* (soleil) ? C'est donc bien difficile de dire sans balivernes, à la bonne franquette, que ça nous embête, tous tant que nous sommes ici, de passer des mois dans un trou, comme des marmottes ou des renards, pendant que le *meg* va voir sa belle ? Misère de moi ! autant vaudrait être bouclé dans la tour Bonbec au Châtelet ou à la double chaîne au *pré* !

— Le Beauceron a raison, grondèrent plusieurs voix, ça nous embête !

— Ça nous embête ! répétèrent les buveurs et les joueurs.

— Ça nous embête ! grognèrent les dormeurs sur la paille.

— Ça nous embête ! glapirent les femmes et les enfants.

Le Beauceron poursuivit :

— Au temps du Beau-François, du Borgne-de-Jouy et du Rouge-d'Auneau...

— Mômes, fit sévèrement le *curé des pègres*, ôtez vos bonnets et faites la révérence ; on a parlé du Rouge-d'Auneau, du Borgne-de-Jouy et du Beau-François, les héros de la bande d'Orgères !

— Dans ce temps-là, continua l'orateur, on ne faisait pas des affaires de vingt-cinq mille livres comme celle de la patache de Lorrez, c'est vrai ; mais on travaillait au grand air, *à la douce* et devant tout le monde, que c'en était une bénédiction. On *goupinait* (volait) un jambon à celui-ci, un fromage à celui-là, à un autre sa *toquante* (montre), ses *attaches* (boucles de soulier) et son *poignon* (argent) : ça vous entretenait la main. Et puis, toutes les nuits on *chauffait* pour l'honneur, pour le plaisir, pour rien ! Moi qui vous parle, j'ai *flambé* une vieille femme pour quatre sous ! C'était divertissant et jovial.

— Pour sûr, murmura le Grand-Hurleur, il n'y avait pas que des vieilles femmes. Hommage à la beauté ! Salut à la jeunesse !

Le *curé des pègres* disait de son côté :

— Vous avez entendu, polissons et drôlesses ? Un fromage par-ci et un jambon par-là. Gardez-vous d'avoir l'air de mépriser les pauvres gens.

— La paix ! grommela Chamboran de sa place. Tout ce que conte le Beauceron se passait sous le Directoire.

Il y eut parmi les *anciens* une explosion de regrets :

— Le Directoire, voilà des bons enfants !

— La crème des gouvernements !

— Le père du peuple, quoi !

— Sous le Directoire, prononça un *pataud* appelé Maincole, je *riffaudais* (brûlais les gens) en famille, avec ma femme et mes enfants, et les gardes champêtres m'indiquaient où il y avait gras.

— Oui, mais avec le premier consul, pas moyen de gagner sa vie honnêtement.

— C'est un gâte-métier.

— Il entrave le commerce.

— Exactement comme à Paris. On n'y est plus en sûreté. Y a trop de police.

— En attendant, conclut le Beauceron, j'aime mieux boire du *caillé* (lait sûr) en forêt avec tous les *marchands de lacets* (gendarmes) de la république à mes trousses, que de m'engraisser dans une cave comme un *habillé de soie* (pourceau) qu'on entripaille pour le boucher.

— Le fait est, appuya Casse-Museau, que nous devons joliment sentir le renfermé.

— Nous moisissons, ajouta la Clef-des-Coffres. Il doit m'être poussé des champignons dans le dos.

— Moi, je donne ma démission, déclara Pantinois. Je m'ennuie à ne rien faire.

— Puisqu'on te paye pour ça, riposta Chamboran, qu'est-ce que ça te f...iche ?

— Tiens ! ça m'humilie, donc !

— D'autant plus, insinua le Petit-Clerc, qu'il y a un coup superbe à manigancer ici près.

Il se fit un mouvement général d'attention. Les joueurs lâchèrent leurs cartes, les buveurs désertèrent les pots, les dormeurs se mirent sur leur séant, les femmes et les enfants se rapprochèrent avec curiosité.

— Eh ! oui, continua le Petit-Clerc, cette pimbêche et son vieux bonhomme d'oncle qui était dans la patache...

— Eh bien ?

— Eh bien, ils se sont casés à Lorrez, dans un petit château en dehors du village, avec deux ou trois paysans pour tous gardes du corps. Pas de chien, des murs hauts comme ma botte et absence complète de voisins. Du vrai *nanan*. Les armoires sont pleines de jaunets, d'argenterie, de linge et de bijoux.

— En es-tu sûr ? demandèrent plusieurs voix avec convoitise.

— Parole d'honneur. C'est des richards de l'Ile-Saint-Louis. La suivante nous l'a dit dans la diligence.

— Une succulente fillette ! soupira le Grand-Hurleur, en se passant la langue sur les lèvres. Mon cœur à elle ! Ma vie à toutes !

— Il faut faire le coup, reprit le Beauceron. On nous montrerait au doigt dans le pays si nous continuions à *fainéanter*.

— J'en suis ! s'écria Maincole. Je me rouillais. Quand je reste une semaine sans sauter au *colas* d'un *pante* (à la gorge d'une victime), ça me tracasse.

Le Petit-Clerc s'était rapproché du Grand-Hurleur.

— Sont-ils assez montés, hein ? lui dit-il à l'oreille. Johanna ne se plaindra pas. Je lui en donne pour son argent.

Le Grand-Hurleur cligna de l'œil avec appétit :

— Une savoureuse créature, encore qu'elle soit en pain d'épice ! Obéissance et discrétion ! C'est la devise des troubadours !

On s'agitait dans l'assemblée ; les femmes excitaient les hommes ; Maincole cria aux enfants :

— Çà, la marmaille ! qu'on nous apprête de la suie, de l'huile et des chiffons pour nous *murmoser* (barbouiller). Faut faire un brin de toilette quand on va courtiser les élégantes de Paris.

Chamboran intervint :

— Potence de Brest ! êtes-vous fous ? Le pays est couvert de gendarmes, de militaires et de mouchards ? Avez-vous donc envie d'aller ramer *à la petite marine* (aux galères) ou d'*éternuer dans le sac* (être guillotiné) sur la place du marché de Melun ?

Mais on était lancé. Pantinois eut un mouvement héroïque. Il désigna les armes amoncelées :

— Voilà des brûle-gueule pour les soldats et les gendarmes !

Les femmes battirent des mains. Vaudrillan, qui, de sa cachette, n'avait pas perdu un mot de toute cette scène, pensa :

— Les femmes s'en mêlent : c'en est fait de nous.

Et il se prépara à effectuer sa retraite. Peut-être, en fournissant un élan furieux, arriverait-il à temps à Lorrez pour faire sonner le tocsin ?

Chamboran avait repris :

— Pas de bêtises, mes fils. Les gens de Paris sont en *franchise*. Il y a l'acte de société.

Les *patauds*, presque tous épaves des bandes de l'Orléanais et de la province de Chartres, avaient le respect des traditions transmises d'association en association par les successeurs du Beau-François et de ses lieutenants. Un contrat les liait, qu'ils avaient accepté. Devant le rappel de Chamboran à l'observation de ce contrat, ils se regardèrent avec hésitation. Mais en leur qualité de Parisiens, les *farauds* étaient sceptiques, turbulents et frondeurs.

— Qu'est-ce qu'il chante, ton acte de société ? demanda la Clef-des-Coffres.

— Il donne au *Meg* le droit de punir quiconque en enfreint les statuts.

La Clef-des-Coffres fit un geste d'insouciance :

— Bah ! le général Bonaparte a bien violé la Constitution de l'an III ! Au diable l'acte de société !

— Au diable l'acte de société ! répétèrent les *patauds* électrisés.

— Et à bas le *meg* ! glapit un gamin de son coin.

— A bas le *meg* !

Une voix sembla tomber du ciel.

— Cornes du diable ! je crois qu'on se révolte ici !

IV

PRÉPARATIFS D'EXPÉDITION

Les *Masques de Suie* avaient fait volte-face, et leur attention se concentrait sur le point de la salle opposé à l'observatoire de Vaudrillan. Celui-ci demeurait cloué à sa place par l'incident inattendu. Une invincible curiosité, — particulière aux gens de son métier, — lui faisait oublier l'imminence du danger qui planait sur sa tête s'il était découvert, et sur les hôtes de Noyan si les brigands donnaient suite à leur projet. La bande lui tournait le dos ; il profita de cette diversion pour allonger le cou hors du redan qui le masquait.

Dans un coin baigné d'ombre, un escalier montait en colimaçon vers la voûte. C'était par là sans doute que les révérends descendaient après les offices. Les profanes les croyaient occupés à prier dans les cryptes de la chapelle. Et ils festoyaient à leur aise dans le silence du souterrain !

L'homme qui venait de parler, — le capitaine, le chef, le *meg* probablement, — se tenait sur les marches supérieures de l'escalier d'où il dominait toute la salle. Vaudrillan ne pouvait le voir. Et sa voix ne lui arrivait que défigurée, si l'on peut s'exprimer ainsi, par l'écho de la voûte arrondie.

Cette voix vibrait, saccadée et railleuse :

— Ah çà ! il est donc question de déchirer un peu l'acte de société et de casser aux gages ce pauvre diable de capitaine ? Ne vous gênez pas, compagnons. Je vous abandonne l'acte de société : pour que mes volontés se fassent, elles n'ont pas besoin d'être écrites sur un méchant chiffon de papier. Quant à vous débarrasser de moi, pardieu ! c'est différent : on chasse les valets, on ne chasse pas le maître.

Il y eut une rumeur sourde de jurons et de menaces.

La voix continua avec un éclat de bravade :

— Oui, je suis votre maître, entendez-vous, vieux drôles que j'ai ramassés en Beauce et en Sologne, fuyant comme des oiseaux de nuit devant les balles des gendarmes, et jeunes filous que j'ai pêchés dans l'égout de Paris, sous la griffe de la police ! Un maître qui vous tient garrottés à ses pieds plus solidement que si tous les nœuds coulants, toutes les menottes et tous les carcans de la *rousse* y avaient passé !

La rumeur, cette fois, se changea en explosion.

La voix était devenue paternellement narquoise :

— Là ! là ! tout beau ! Ne dérangeons pas les fusils. Si la poudre parlait, elle dirait une sottise. Figurez-vous bien, mes enfants, que s'il m'arrivait malheur aujourd'hui parmi vous, vous seriez tous logés demain aux frais de la république. Mes précautions sont prises. Mort, j'aurais assez de force pour vous lier à la bascule les uns après les autres, et pour vous tirer le cordon de l'éternité.

Un frisson courut parmi les groupes.

La voix poursuivit :

— Que celui qui a une réclamation à formuler monte jusqu'ici. J'ai sous la main un camarade qui sera enchanté de lui répondre.

On entendit le craquement sec de la batterie d'un pistolet. Le Grand-Hurleur eut une velléité d'audace. On le poussait. Il mit le pied sur la première marche de l'escalier.

— Toi, tu es un brave, dit le chef. Mais je n'aime pas qu'on ait la pipe aux dents pour causer avec moi. Holà! les autres, rangez-vous!

On s'écarta précipitamment. Un coup de feu retentit. La pipe du Grand-Hurleur vola en morceaux, — enlevée à deux pouces des lèvres par une balle qui alla s'aplatir contre la muraille.

Tout le monde se tut et nul ne bougea plus. La ménagerie était domptée. La voix appela:

— Chamboran?

— Présent, mon colonel.

— Je ne suis pas content. La discipline se relâche. Je n'ai pas rencontré de vedette sur la route; ici, personne pour me reconnaître; pas de sentinelle dans la cour, sur le perron de la chapelle, ni à la porte du cellier. Mordieu! on peut entrer chez vous comme à l'église!

— Mon général, on va remédier à la chose.

Vaudrillan frémit.

— Tout à l'heure, commanda le chef. Pour le moment, écoutez tous, et que rien de ce que je vais dire ne tombe dans l'oreille d'un sourd.

On ce massa autour de l'escalier pour mieux entendre.

— Si je vous ai tenus pendant un mois à vous reposer, avec défense de mettre le museau dehors, c'est que l'air du pays était malsain pour vous. Où les chiens de garde veillent, il est prudent aux loups de ne pas montrer leurs crocs. Aujourd'hui la situation a changé: notre inaction a rassuré les paysans; les gardes nationaux commencent à trouver qu'il fait meilleur dormir chaudement dans un lit que de faire patrouille, la nuit, en chasse d'un rhume de cerveau, et la gendarmerie s'est mise à nous chercher du côté de Fontainebleau.

Il y eut un grognement de satisfaction.

— Demain, une fausse alerte, que j'ai organisée, attirera en forêt Beaupoil, le lieutenant Desgranges et leurs cavaliers. Alors, nous opérerons en plaine ; et cette fois-ci, mes gars, c'est moi qui dirigerai l'expédition.

On cria :

— Bravo le *meg* !

Le *meg* continua :

— Ah ! dame, c'est qu'il ne s'agit pas de risquer sa peau et sa boule pour gueuser à des malheureux un mauvais quartier de lard rance ou une couple d'écus cachés au fond d'un bas de laine. Pouah ! ces rapines maigres et basses étaient bonnes tout au plus pour votre Borgne-de-Jouy, pour votre Rouge-d'Auneau, pour votre Beau-François, des goujats qui ont déshonoré l'état, et à qui la révolution a fait beaucoup d'honneur en les traitant comme le feu roi !... Non, c'est de l'or, un tas d'or, de l'or à vous partager à poignées que je vous promets pour demain.

Toutes les prunelles s'étaient allumées. Toutes les poitrines bondissaient de désir. On répétait :

— De l'or, — l'or à poignées, — un tas d'or !

La voix reprit :

— Le meunier Pierrin, celui-là même qui, l'autre jour, à Montereau, défiait les *Masques de Suie* de pénétrer dans sa bicoque...

Un grondement de colère interrompit un instant l'orateur.

— Le meunier Pierrin a depuis hier en caisse *quinze cents louis* qu'il doit compter après-demain au notaire Paupardin, de Voulx, pour prix des terres et du moulin qu'il vient d'acheter à Férottes.

Quinze cents louis !

L'idée de la somme faisait bouillonner les cerveaux.

— La nuit prochaine, poursuivit le chef, nous rendrons visite à Pierrin. Mais songez-y, compères : le moulin est fortifié, le meunier est un dur-à-cuire, et l'argent doit être caché.

Une clameur féroce s'éleva :

— On jouera du couteau !

— On entrera à *la Bombe* !

— On *chauffera* le bonhomme.

Vaudrillan pensa :

— Je sais tout ce que je voulais savoir. Moi aussi, je serai au moulin de Férottes. Il faut faire retraite à présent. Le chef va sans doute sortir par la chapelle : embusqué au dehors, je pourrai le voir et le suivre.

Le policier reprit à reculons le chemin qu'il avait fait une heure auparavant. Il atteignit ainsi l'extrémité du corridor. Tout à coup, comme il se retournait pour rentrer dans le cellier, il trébucha contre une corde tendue en travers de la porte. Un cri voulut jaillir de sa poitrine, mais ce cri resta étouffé sous une main de fer qui lui serrait la bouche. En même temps, deux autres mains le happèrent à la gorge, tandis que cinq doigts énergiques comme une pince d'acier lui tordaient le poignet et le forçaient à lâcher son pistolet.

A son râle, une voix répondit :

— Ficelez et enlevez !

En un clin d'œil et sans qu'il pût opposer aucune résistance, il eut les pieds et les poings liés. On l'emporta comme un paquet inerte. On traversa le cellier. On traversa la cour. Puis, on entra dans les bâtiments et l'on descendit une douzaine de degrés. Une porte grinça sur ses gonds rouillés. Vaudrillan fut déposé sur les dalles.

Il n'avait pu distinguer dans l'obscurité profonde ni ceux qui le portaient, ni ceux qui l'avaient assailli. Une voix de femme murmura à son oreille :

— Vous êtes dans une des cellules disciplinaires du couvent. Un *in pace*. Nulle issue que la porte. Or, la porte a autant de verrous qu'il en faut, et deux carabines sont amorcées derrière, au poing de deux des hommes que vous auriez voulu perdre. Par ainsi, tenez-vous tranquille et ayez patience. Dans quelques heures, on reviendra vous dire si vous devez recommander votre âme à Dieu.

V

LE MOULIN DE FÉROTTES

La journée du lendemain se leva triste, et, pour ainsi dire, menaçante : ciel bas, épais, chargé de gros nuages d'un gris de plomb qui venaient de l'ouest et annonçaient l'orage; chaleur étouffante ; monceaux de poussière balayés par le vent; soleil rare et comme honteux, laissant tomber par intervalles sur le paysage agité des taches de lumière blanche que l'ombre envahissante buvait presque aussitôt.

Christiane souffrait. Pourquoi ? Elle n'aurait su le dire. Ces *sautes* barométriques et ces caprices du temps ont une action directe sur les natures nerveuses. Christiane souffrait physiquement et moralement. L'atmosphère, saturée d'électricité, faisait perler des gouttelettes de sueur sur son front et courir le long de son corps des tressaillements convulsifs et douloureux. Sa jolie tête demeurait rivée à sa main. Une inquiétude indéfinissable bouleversait son esprit. L'ouragan qui assombrissait l'horizon se reflétait en elle : elle voyait noir et pensait noir. Pleurer l'eût soulagée. Ces malaises féminins demandent à se dissoudre en larmes, comme la terre haletante soupire après la pluie quand la tempête la rase de son aile de feu.

La veille encore, la jeune fille se riait des pressentiments. Une seule nuit s'était écoulée. Et voilà qu'elle comprenait qu'il lui fallait dire adieu, — un adieu éternel, — à tous ses rêves d'avenir.

— Je suis folle, avait-elle murmuré tout d'abord.

Et elle s'était raidie contre les craintes ridicules ; elle avait voulu se calmer, se raisonner, se distraire; elle avait essayé de s'expliquer son état par cette phrase de Gisquette :

— Mademoiselle n'a de goût à rien. C'est l'orage et ce sont les nerfs.

Mais non. Un grand malheur planait sur la maison. Elle le devinait, elle y touchait, elle en était certaine. Que faisait Vaudrillan ? Où était Valleroy ? Sa solitude l'épouvantait.

La camériste avait ajouté :

— Il faudrait qu'il tombât, comme ça, une bonne averse.

Vers le soir, si Christiane se fût mise à la fenêtre, elle eût pu voir Gisquette causer, à quelque distance du château avec une espèce de paysan en sarreau bleu, debout à la tête d'un bidet qui conduisait une carriole. Le paysan semblait donner des instructions à la fillette. Il lui remit aussi une bourse, et on l'entendit qui disait :

— Ce n'est pas moi qui fourrerais jamais dans une méchante affaire une jeune personne aimable, digne de toutes les adorations et de tous les respects. On est galant homme, Dieu merci, et homme de loi, ne vous déplaise. La basoche est pure et sans tache. Quand on aura gagné, dans un commerce honnête, de quoi acheter une étude, on connaît plus d'une particulière qui ne sera pas fâchée de s'appeler *madame la procureuse*.

— Vous avez la lettre ? demanda Gisquette.

— La voici. Portez-la bien vite, mon bijou. Il s'agit de servir deux jolis amoureux.

Servir des amoureux ! La suivante partit comme une

flèche. L'instant d'après, elle tombait dans la chambre de Christiane avec un air tout effarouché :

— Mademoiselle! Ah! mademoiselle!

Mademoiselle de Noyan l'interrogea du regard.

— Mademoiselle, c'est une lettre. Une lettre qu'un exprès vient d'apporter.

— Pour moi ?

Gisquette fit un signe affirmatif.

— De quelle part ?

Sans répondre, la soubrette tendit un papier à sa maîtresse. Celle-ci l'ouvrit et lut :

« Citoyenne,

» J'ai l'honneur de vous prévenir qu'un duel a eu lieu ce matin, près de mon moulin, à Férottes, entre le lieutenant Maurice Desgranges et le ci-devant marquis de Valleroy. Ce dernier a reçu un coup d'épée dans la poitrine. On l'a transporté chez moi, où nous nous sommes empressés de lui prodiguer tous les soins que son état exige. Je ne puis vous cacher que cet état est des plus alarmants. On doute que le blessé puisse passer la nuit.

» Depuis qu'il est revenu à lui, le pauvre citoyen ne cesse de vous appeler, vous et votre oncle, le ci-devant vidame de Noyan.

» Sur ses instances, je vous expédie un de mes garçons avec ce bout de billet. Ce garçon est chargé de vous ramener dans ma carriole au cas où il vous conviendrait de faire acte d'humanité en venant recueillir les dernières paroles de celui qui se dit votre fiancé. Dans ce cas, hâtez-vous. Le médecin désespère.

» Salut et fraternité.

» J.-B. Pierrin »

Christiane faillit s'évanouir. Il éclatait enfin comme un coup de tonnerre, le malheur qui, depuis le matin, grondait sourdement sur sa tête ! Dans la surprise poignante qui étreignit la malheureuse enfant, une joie cruelle se glissait. Elle n'avait plus à se défendre contre le vague, le mystérieux, l'inconnu. Ce qu'elle redoutait était là : elle le voyait, elle le tenait, elle pouvait en apprécier l'étendue ! Elle n'hésita pas. Un rouge vif remplaça subitement la pâleur de ses joues.

— Où est l'exprès ? questionna-t-elle.

— Mademoiselle, il est en bas auprès de sa voiture.

Christiane s'élança. Le paysan n'attendit pas qu'on l'interrogeât.

— Ah ! citoyenne, s'écria-t-il, l'infortuné jeune homme ! Il est plus blanc qu'un linge, avec son grand trou rouge à la place du cœur !... Il vous réclame, oh ! mais, là, il vous réclame, avec des cris, des gémissements à fendre l'âme ! On dirait qu'il n'attend que vous pour trépasser !

D'un bond, Christiane fut dans la carriole. Elle jeta à Gisquette la lettre de Pierrin.

— Ce papier à mon oncle, sitôt qu'il rentrera ! Et qu'il vienne me rejoindre!

— Emballée ! murmura le paysan.

Il allongea un vigoureux coup de fouet à son cheval, qui partit à fond de train.

Le bidet semblait avoir des ailes ; la carriole volait sur la route ; elle dévora en un zeste de temps les deux lieues qui séparent Lorrez de Voulx, traversa cette dernière commune en faisant danser les vitres et trembler les maisons, tourna un coin, doubla un coude, et, sans ralentir son allure, s'engagea sur le chemin qui conduit à Férottes.

A cette heure, le meunier Pierrin, — qui était veuf, — achevait de souper, dans sa cuisine, avec sa fille Marguerite, ses trois fils, Isidore, Joseph et Augustin, et son garçon de moulin, Dominique Boulanger. Les pièces du procès nous ont légué les noms de ces dernières victimes des *Masques de Suie*. Au dehors il tonnait ; de nombreuses rafales faisaient cliqueter les aulnes qui entouraient le moulin ; de larges gouttes de pluie fouettaient aux vitres, quelques éclairs zébraient çà et là un ciel d'encre que ne mouchetait pas une étoile.

— Voilà l'orage qui se décide, dit Pierrin en allumant sa pipe. Zidore, mon gars, va mettre la barre de la porte.

On entendit au lointain le roulement d'une voiture. Le meunier écouta un instant.

— Des gens qui se dépêchent, fit-il.

Le bruit se rapprocha. Puis il s'arrêta brusquement.

— Tiens ! reprit un des fils, on dirait que c'est pour chez nous.

— Des pas de femme, appuya le troisième.

— Et voilà la voiture qui repart, dit Marguerite.

— Voyons un peu qui nous arrive, fit le meunier en se levant.

Il marcha vers la porte et l'ouvrit. Christiane était sur le seuil. Elle promena autour d'elle un regard égaré. Puis, d'une voix que l'angoisse faisait trembler :

— M. de Valleroy ? demanda-t-elle. Où est M. de Valleroy ?

— *Meshuy !* s'écria Pierrin, avec un profond étonnement, c'est la jolie Parisienne qui déjeunait, il y a un mois, au *Peuple-Souverain !* la nièce de ce bon petit vieux poudré d'aristocrate que le premier consul avait recommandé ! Entrez, entrez donc, citoyenne, et donnez-vous la peine de vous asseoir. Qu'est-ce qu'on peut vous offrir ? Toute la maison est à votre service.

Mademoiselle de Noyan pénétra dans la cuisine d'un pas pénible et lent. Ses yeux cherchaient quelque chose autour d'elle. Elle se laissa tomber sur une chaise.

— Sainte Vierge ! fit Marguerite Pierrin, la citoyenne se trouve mal !

— Sacrebleu ! c'est vrai. Joseph, Isidore, Augustin, vite, du vinaigre, un verre de vin, une goutte de cognac !

— Papa, dit Marguerite, un verre d'eau sucrée vaudrait mieux.

— Tu as raison, fillette. Joseph, voilà la clef du bahut :

apporte-moi le sucrier. Zidore, cherche-nous de l'eau fraîche au puits ; et toi, Augustin, monte à la chambre ; il y a encore des gouttes de fleur d'oranger dans l'armoire aux chiffons de ma pauvre défunte.

Christiane les retint du geste.

— Merci... Je me sens mieux... La fatigue de la course... l'émotion... la douleur... Je m'attendais si peu à cette nouvelle...

— Ah ! mon Dieu ! s'exclama Pierrin, est-ce qu'il vous serait arrivé un accident, à vous ou à monsieur votre oncle ?

La jeune fille se leva.

— Il est ici, n'est-ce pas ? dit-elle. Vous l'avez recueilli, secouru, soigné ? Oh ! soyez bénis, braves gens ! Sa fiancée vous gardera une reconnaissance éternelle.

Elle voulut prendre les mains du meunier. Celui-ci se recula avec une surprise que partageait le reste de l'assistance.

— Conduisez-moi près de lui, continua Christiane. Le médecin est à son chevet, sans doute. Il le sauvera ! oh ! oui, il le sauvera. Je serai là, d'ailleurs, et, en me voyant, en m'entendant, en me sentant penchée sur sa blessure... Et puis, je prierai Dieu. Dieu est si bon ! C'est devant lui que je suis la femme d'Hector ; pourquoi m'empêcherait-il de devenir sa femme devant les hommes ?

La jeune fille parlait avec une volubilité si fiévreuse que la stupéfaction des paysans commençait à tourner en frayeur. Ils s'entre-regardaient effarés. Mademoiselle de Noyan remarqua leur trouble, leur immobilité, leur silence.

— Seigneur ! gémit-elle, il est mort !

Marguerite Pierrin n'eut que le temps de la recevoir dans ses bras. Elle se tordait dans des spasmes affreux. Le vinaigre, l'eau sucrée et la fleur d'oranger lui furent administrés copieusement.

A la fin, elle reprit connaissance, et d'une voix plus faible qu'un souffle :

— S'il est mort, ne me le cachez pas, supplia-t-elle. Je serai forte, je serai résignée, je serai calme !

Le meunier perdait la tête.

— Voyons, ma chère demoiselle, dit-il, tâchez de vous remettre et entendons-nous. De qui diable s'agit-il ? Est-ce du citoyen vidame ?

Christiane balbutia :

— Le marquis...

— Quel marquis ?

— M. de Valleroy...

— M. de Valleroy ? Ah ! oui, ce beau fringant de la table d'hôte, qui ressemble si fort à une défunte canaille... Eh bien ?

— Il s'est battu ce matin aux environs, il a été blessé, on l'a amené ici...

— Parole sacrée ! citoyenne, on a voulu se gausser de vous. Personne ne s'est battu, personne n'a été blessé et il n'y a personne ici que moi et mes enfants. Que je crève dans la peau d'un *modéré*, si je comprends un traître mot à cette mauvaise plaisanterie !...

— Votre lettre pourtant...

— Ma lettre ?

— Celle que vous m'avez écrite pour m'avertir...

Pierrin haussa les épaules et répondit simplement :

— Hé ! citoyenne, je ne sais pas écrire.

— Impossible !

— Il n'y a pas de déshonneur, poursuivit le meunier. On ne m'a jamais envoyé à l'école, je n'ai été qu'un soldat et je ne suis qu'un paysan. Vérité vraie : c'est tout au plus si j'peux tracer ma croix en signature.

Christiane se dressa tout debout et prit son front entre ses deux mains, comme si la violence du sang qui affluait à son cerveau allait le faire éclater.

— Mais ce garçon ? s'écria-t-elle, ce garçon que vous m'avez envoyé et qui m'a conduite au moulin ?...

— Citoyenne, je n'ai qu'un garçon, et il n'a pas bougé de la journée. — Avance un peu pour voir, Dominique. — Le reconnaissez-vous ?

La jeune fille fit un geste négatif.

— D'ailleurs, hasarda Augustin, la voiture qui a transporté la citoyenne s'est éloignée aussitôt.

— Au triple galop, dit Joseph.

— On aurait dit, confirma Isidore, que le conducteur et le cheval avaient la pluie, les éclairs, le tonnerre et tout le tremblement de l'orage à leurs trousses.

Pierrin réfléchissait :

— Pour sûr, c'est une farce, une méchante farce ou un piège. Il convient d'ouvrir l'œil et de veiller au grain... Dominique ?

— Patron ?

— Prends ton fusil, détache le chien et file-moi t'assurer qu'il n'y a rien de suspect aux alentours.

— Oui, patron.

Le garçon du moulin sortit.

Christiane semblait changée en statue. Elle essayait de ressaisir le fil de ses idées et de comprendre le pourquoi des événements étranges qui se précipitaient en l'entraînant. Marguerite et les gars l'examinaient avec un intérêt légèrement ahuri et conversaient tout bas de cette singulière aventure. Pierrin, inquiet, prêtait l'oreille. L'averse clapotait aux carreaux ; le vent chargeait les aulnes, qui pliaient sous l'assaut et se redressaient ensuite avec des plaintes d'agonisants ; la foudre canonnait la nuit à coups précipités et furieux.

Le chien aboya avec rage. On entendit Dominique crier :

— Qui vive ?

Un coup de feu lui répondit. Deux minutes s'écoulèrent. Puis la porte de la cuisine se rouvrit avec fracas, sous l'effort d'un corps pesant qui s'abattit contre elle, et le garçon du moulin, la poitrine ruisselante de sang, vint rouler aux pieds de Christiane.

— Les *Masques de Suie !* râla-t-il en expirant.

Le meunier bondit.

— Aux armes, les enfants ! A la barre et aux meurtrières ! Feu partout ! Courez, sacrebleu ! je vous suis !

Les gars se précipitèrent. La barre tomba lourdement. Une vive fusillade pétilla.

Il y avait dans la cuisine une haute et large cheminée dont le manteau s'avançait comme un auvent, et dont le fond était garni d'une épaisse plaque de fonte. Pierrin s'élança vers cette cheminée. Il fit partir un ressort : la plaque s'enleva et laissa voir une sorte de niche où deux personnes pouvaient tenir en se serrant. Le meunier poussa Marguerite et mademoiselle de Noyan dans cette cachette. Le ressort joua de nouveau. La plaque s'abaissa sans bruit. En un clin d'œil, Pierrin eut bouleversé les cendres du foyer de manière à effacer toute trace du passage des jeunes filles. Ensuite, sautant sur son fusil :

— Tenez ferme, les gars ! me voici.

VI

A LA BOMBE

Pierrin ne s'était pas vanté à la table d'hôte de Montereau : le moulin de Férottes, hérissé de défenses, pouvait faire tête aux coups de main. La porte de la cour, avec ses verrous, ses cadenas, son armature de clous et sa barre de chêne, avait la solidité du granit, et tout autour des bâtiments courait une muraille de la taille d'un rempart, qui avait des barbacanes comme une redoute et des créneaux comme un donjon. Les trois fils du meunier se multipliaient derrière les ouvertures et leurs carabines faisaient rage. Mais la nuit était noire comme un âtre, et les balles s'égaraient, inutiles, dans les ténèbres. Parfois, quand un éclair sillonnait cette nappe d'ombre d'un zigzag bleuâtre, les gars voyaient, au pied du mur, moutonner un troupeau d'hommes effrayants, dont les armes jetaient des gerbes d'étincelles.

Un cavalier dominait ces nouveaux malandrins. On l'entendait commander :

— Tirez aux embrasures, mortdieu ! aux embrasures !

Il prit un pistolet dans ses fontes.

— Tenez ! voilà comme ça se joue.

Il ajusta dans une meurtrière et fit feu. Augustin, le plus jeune des fils de Pierrin, poussa un cri, battit l'air de ses bras et s'affaissa.

— Ah ! brigands ! rugit le père, qui arrivait.

Il attendit un éclair et déchargea à son tour son fusil double dans le tas. Deux bandits s'affaissèrent en hurlant. Les autres firent mine de plier. Le cavalier les apostropha :

— Tas de c... ! si vous avez peur, cachez-vous derrière mon cheval.

Puis il héla :

— Chamboran !

— Meg ?

— Assez de cartouches brûlées ! Cette pétarade nous attirerait sur le dos tous les villages environnants. A *la bombe* !

— A *la bombe* ! cria Chamboran.

— A *la bombe* ! répétèrent les *Masques de Suie*.

Une douzaine d'hommes s'avancèrent, portant un énorme madrier, qui ne paraissait pas peser plus qu'une plume dans leurs bras vigoureux. Ce madrier fut lancé comme une catapulte ou un bélier sur la porte de la cour, qu'il se mit à battre avec furie. Les murailles tressaillirent sous cette attaque formidable. La mousquetade faisait rage ; la poutre précipitait ses assauts ; les vis de la porte craquaient ; ses gonds sursautaient dans leurs pitons, et, comme si ce n'était pas assez, la tempête se déchaînait et s'exaspérait sur le tout, mêlant les mugissements de son tonnerre au fracas des détonations, des secousses, des gémissements et des jurons. La tempête servait les *Masques de Suie*. Elle empêchait que le vacarme de la bataille ne fût entendu de Montereau, de Voulx, de Dormelle, de Bichereau et de toutes les localités circonvoisines.

A la fin, la poutre eut raison de la porte. Celle-ci chancela et céda éventrée.

Les bandits se ruèrent dans la cour et envahirent le moulin.

Il y a des scènes qu'il ne faut pas tenter de peindre, sous peine de passer aux yeux du lecteur pour pousser à plaisir les choses au sinistre, raffiner l'épouvantable jusqu'à l'exorbitant, et exagérer en horreur le vraisemblable et le possible. Nous nous tairons donc un instant. Les pièces du procès vont parler : dépositions des témoins, aveux des accusés ; elles ont l'éloquence sèche, froide et impitoyable du *vu*. Que ceux qui éprouveraient, en parcourant ces documents, une sorte de défiance ou de dégoût, se souviennent que les faits copiés par nous se passaient à quarante lieues de Paris, dans une habitation isolée, et soixante-neuf ans avant que fleurît Jean-Baptiste Troppmann.

« — Ah ! vauriens, s'écria Isidore Pierrin, en voyant les bandits faire irruption, vous venez piller ! Je vais vous *effondrer* !

» Et il saisit un broc à gerbe et s'apprêta à casser la tête à Maincole. Mais celui-ci tira son sabre et renversa le meunier, le crâne fendu à moitié. Puis, voyant son ennemi à terre, il lui sauta à pieds joints sur l'estomac, y trépigna quelque secondes, et, se baissant, scia le cou du malheureux, qui vivait encore.

» Joseph Pierrin s'était sauvé dans le grenier par un trou du plafond de l'écurie et s'était blotti dans la paille. Trois hommes qui l'avaient suivi sondèrent la paille à coups de baïonnette. Joseph se rendit. On le traîna dans la cour et on l'accota à la muraille, contre laquelle on le fusilla à la clarté d'une chandelle.

» Le père avait été amené dans la cuisine, garrotté et le bonnet de coton descendu sur le nez, pour qu'il ne pût reconnaître personne. On lui lia les jambes et on le coucha par terre. Le Beauceron et un autre appelé Passepoil allumèrent à la lampe des *brandes de paille* et les promenèrent sur la figure du bonhomme. La Clef-des-Coffres considérait ce spectacle en amateur. Passepoil poussa son compagnon du coude.

» — Ils vont bien les *farauds*, dit-il.

» — Oui, répondit le Beauceron, les Parisiens sont des *pingres* qui n'ont jamais *taffé* (eu peur). »

La bande s'était répandue dans toute la maison. On fouillait les armoires; on brisait les bahuts, les huches et les coffres; on bouleversait les lits, on crevait les paillasses et les matelas, on arrachait les tapisseries et les boiseries, on sondait les planchers et les murailles. Il fallait trouver le magot !

Mais le *magot* ne se trouvait pas.

Le chef s'était assis auprès de la cheminée et assistait impassible à cette perquisition tumultueuse. Ses compagnons portaient un masque de suie. Il portait un masque de velours.

Au bout d'un instant, il se pencha vers Pierrin, qui geignait à ses pieds, sur le carreau, affreusement torturé par ses liens :

— Eh bien, citoyen Pierrin, lui dit-il avec une ironie cruelle, tu nous avais donné rendez-vous; tu vois que nous sommes exacts. Où est ton argent maintenant ? Il s'agit de payer pour racheter ta vie.

— Il y a trois cents francs dans la *mé*, répondit le bonhomme en gémissant.

— Trois cents francs ! Allons donc ! Est-ce que tu nous prends pour des mendiants, compère ! Ce␣␣t les quinze cents louis qu'il nous faut; tu sais bien, les quinze cents louis que tu devais compter demain à ton notaire.

— Oui, ajouta Chamboran, où est ton argent, vieux richard ? Avoue tout de suite, si tu ne veux pas être mis à la broche.

Pierrin fit un geste de refus.

— Ah ! tu refuses de parler ! fit le chef. C'est bien : on va te chauffer.

Puis, se tournant vers ses hommes :

— Chauffez-le, vous autres.

Trois ou quatre brigands se précipitèrent sur le vieillard,

lui tirèrent ses bas et lui retroussèrent sa culotte jusqu'au-dessus des genoux. Ils le saisirent ensuite à bras-le-corps, le portèrent sous le manteau de la cheminée et lui attachèrent les pieds à la crémaillère. Sur un signe de Chamboran, le Beauceron plaça un fagot en travers sur les chenets, battit le briquet et introduisit l'amadou allumé dans les branches sèches. Le fagot pétilla, des bouffées de fumée blanchâtre montèrent le long de l'âtre, et deux jets de flamme dardèrent leur langue rouge et claire, qui vint lécher les talons du malheureux vieillard. Celui-ci se mit à pousser des cris déchirants.

Pendant ce temps, on continuait les recherches. Mais le moulin, interrogé de la cave au grenier, ne révélait pas le trésor. Quant au meunier, la douleur intolérable ne lui arrachait pas un aveu.

— Apportez des charbons! commanda le chef.

Ses yeux flamboyaient sous son masque. En ce moment, il aperçut le Grand-Hurleur, qui, ayant trouvé une bouteille d'eau-de-vie, était en train de boire à même.

— Drôle, lui cria-t-il avec un éclat de colère, nous ne sommes pas ici pour nous soûler!

Chamboran et le Beauceron soufflaient sur les charbons. Les cris du patient, qui s'étaient convertis en un grognement continu comme le râle d'un mourant, recommençaient avec une violence inouïe. Une horrible odeur de chair grillée remplissait la chambre. Les chauffeurs entouraient la cheminée, et, habitués à ce spectacle, contemplaient froidement le martyre de Pierrin. On eût dit des voyageurs attendant devant la cheminée d'une auberge que le rôti soit cuit à point.

— Misérables, hurla la victime, vous me tuerez, mais vous n'aurez pas mon argent!

Le chef frappa du pied avec rage.

— Pardieu! compagnons, dit-il, ne le finissez pas tout de suite, nous ne tenons pas encore les quinze cents louis.

— Attends un peu, capitaine, reprit un des brigands

appelé Lonjumeau, nous allons essayer d'une *machinette* au Beau-François.

Ici, consultons de nouveau le dossier des *Masques de Suie*.

« Lonjumeau tira de sa poche un couteau à manche de corne de cerf, auquel tenait une forte aiguille à passer, et il perça la plante des pieds de l'infortuné Pierrin. Un autre chauffeur, surnommé Sans-Pouce, promena la flamme sur les blessures saignantes. »

Pour cette sinistre besogne, on avait détaché Pierrin de la crémaillère et on l'avait couché sur les dalles de l'âtre. Pendant que Lonjumeau et Sans-Pouce s'acharnaient sur ses jambes, le chef s'était agenouillé et le secouait à la cravate :

— L'argent, vieillard stupide! Entends-tu bien, l'argent!

Le meunier fit un effort surhumain :

— Je vous ai indiqué celui qui était à moi. Les quinze cents louis ne m'appartiennent plus; ils sont aux gens qui m'ont vendu le moulin; ils sont au notaire de Voulx...

Puis, se tordant sous la douleur:

— Seigneur! Seigneur! vous me tuez!... Assassins!... Un prêtre, par pitié, un prêtre!

Le chef lui mit son poignard sous les yeux.

— Voilà ton confesseur, dit-il. Allons, parle. Où sont les quinze cents louis?

Pierre ferma les paupières.

— As-tu recommandé ton âme à Dieu? poursuivit le bandit.

— Oui, misérable. Tu peux frapper.

— L'argent?

— Non.

— Une dernière fois, l'argent?

— Jamais.

— L'argent? l'argent? l'argent?

Pierrin ne répondit que par un geste de refus désespéré.

— Eh bien, meurs donc, puisque tu le veux!

Et le *Meg des Masques de Suie* enfonça son poignard jusqu'à la garde dans la gorge du vieillard, qui, soit force de volonté, soit qu'il eût succombé, une seconde auparavant, aux tortures qu'il venait d'endurer, ne poussa pas même un soupir.

Dans leur cachette, les jeunes filles n'avaient pas perdu un détail de ces scènes affreuses. Toutes deux étaient mortes d'épouvante et d'horreur. Pourtant, quand la menace suprême du chef arriva jusqu'à elles, Marguerite murmura à l'oreille de Christiane :

— L'argent est ici, je le sais, et je connais le secret du ressort.

— Alors, sauvons votre père malgré lui ! s'écria mademoiselle de Noyan, emportée par la vaillance de sa nature, et sans se demander si, en essayant d'arracher le meunier au péril qui planait sur lui, elle n'allait pas s'exposer à des dangers cent fois plus terribles encore.

Le ressort joua. La plaque se leva. Et les chauffeurs poussèrent une grande et unanime clameur. Christiane, debout, se détachait en blanc, comme une apparition surnaturelle, sur le fond sombre de la cheminée.

— Malheureux ! prononça-t-elle d'une voix grave, voulez-vous donc lasser la patience de Dieu ?

Puis, quand elle aperçut le cercle des têtes hideuses et grimaçantes, la lame rouge au poing du chef, le sang qui bouillonnait et le cadavre dont les plaies fumaient avec d'atroces odeurs, le vertige la prit, son regard papillota, ses bras battirent l'air, son corps s'infléchit en avant, et elle fût allée se broyer le crâne sur la pierre du carreau, si le Grand-Hurleur ne l'eût enlevée au passage et déposée sur un escabeau.

— Soyons courtois et paladin ! La main aux dames !

La fille du meunier s'était précipitée à la suite de Christiane et était venue s'évanouir sur le cadavre de son père. Ce mouvement démasqua une cassette cachée dans un coin

de la niche. Il n'y eut qu'un seul et même rugissement
— Les quinze cents louis ! ! !

En un instant la cassette fut tirée au milieu de la cuisine et brisée à coups de hache.

A l'aspect de mademoiselle de Noyan, le *meg* des *Masques de Suie* avait reculé jusqu'à la muraille comme devant une effrayante vision. Il y demourait hébété et pétrifié. Ni le son tentateur, ni l'éclair fauve du ruisseau d'or qui bondissait sur le plancher, ni les éclats de la joie sauvage et tumultueuse de ses gens ne pouvaient le tirer de son étrange torpeur. On voyait la sueur sourdre sous le velours de son masque, et l'on eût dit que des deux trous qui lui servaient d'œillères deux jets de lumière s'échappaient qui se rivaient à la jeune fille.

Tout à coup Chamboran, qui s'était accroupi sur la cassette, se releva et parut écouter. Les autres l'imitèrent. La nuit semblait s'être émue. Des tocsins s'appelaient et se répondaient. Le vent apportait des bruits d'armes, de voix confuses et de chevaux.

— L'éveil est donné, cria le brigand. A *l'escane !* (En retraite !)

— Oui, fit quelqu'un du seuil, sauvez-vous tous ! Il n'est que temps.

— Johanna !...

— Fuyez ! J'accours vous prévenir ! Dans un moment vous seriez pris !

— A *la rousse!* (la police.) A *l'escane!* répétèrent les bandits en s'élançant dehors, sans plus songer à leur victime, à leur butin et à leur chef.

Celui-ci hésita une minute... Mais la bohémienne se jeta entre la porte et lui. D'un mouvement prompt, elle ferma cette porte à double tour et en mit la clef dans sa poche.

— A nous trois, maintenant ! dit-elle.

VII

EXPIATION.

— Qu'est-ce que cela ? demanda le *meg*.

— Tu le vois bien, je *nous enferme*, afin que nous puissions causer tranquillement. Ce ne sont pas ces braves gens qui nous gêneront, du reste.

La bohémienne désignait du regard le cadavre du garçon de moulin et celui du meunier, sur lequel Marguerite Pierrin était étendue, les lèvres collées au front du pauvre mort.

— Nous avons vingt minutes à jaboter en paix, poursuivit Johanna. Les gendarmes et les dragons n'arriveront pas ici avant. J'en suis sûre ; c'est moi qui les ai prévenus.

— Toi ! s'écria le chef.

— Moi-même. Comme j'ai prévenu le ci-devant vidame de Noyan.

— Misérable !

— A propos, continua Johanna impassible, veux-tu savoir comment il s'appelle de son vrai nom, le ci-devant vidame de Noyan, ce bonhomme, ce gobe-mouche ? Eh bien ! il s'appelle le citoyen *Poigne-d'Acier*, — une poigne qui est au bout du bras droit de Fouché, et qui va se refermer sur ton épaule tout à l'heure; car nous nous sommes fait nos petites confidences, et toute une armée marche sur le moulin!

— Malheureuse! tu nous aurais vendus?

Elle se mit à rire:

— *Trahis*, oui; *vendus*, non. Il y a une différence. La peine du talion. Tu me trahissais bien pour épouser ta Parisienne!

Le *meg* blasphéma. La bohémienne ajouta en ricanant:

— Tu manquais de témoins pour signer au contrat, je t'en fournis.

Et, comme il tirait à demi son poignard:

— Oh! ne me remercie pas encore! je n'ai pas fini!

Elle marcha vers Christiane.

Les clochers hurlaient au lointain, et la campagne pétillait de coups de fusil. Les fuyards avaient rencontré les gardes nationaux. On se battait. Du côté de Montereau, la route sonnait sous le galop enragé de la cavalerie.

Christiane était restée ployée en deux sur l'escabeau. Elle ne semblait ni voir ni entendre. Johanna lui saisit le bras et la força de relever la tête. Puis, lui montrant le bandit du doigt:

— Connaissez-vous celui-là?

La jeune fille essaya de se couvrir le visage avec ses mains.

— Oh! murmura-t-elle en frissonnant de dégoût. Oh! le bourreau! l'assassin! le tortureur!

— Citoyenne, poursuivit Johanna, on assure que vous allez vous marier. Eh bien! je vais vous faire mon cadeau de noces. Je vous donne la figure de cet homme.

D'un bond, elle fut sur le *meg* et lui arracha son masque.

— Le marquis de Valleroy! s'écria Christiane.

— Allons donc! Le véritable possesseur de ce nom et de ce titre est mort empoisonné, et ses ossements blanchissent sous une pierre, là-bas, en Bohême, dans le ravin de Falkenshorst. Cet homme est un vilain, un paysan, un ancien meunier de Nemours. Il a tué le marquis pour se couler dans sa peau et dans son héritage, puis il s'est fait bandit, après avoir jeté à tous les vents de la débauche la fortune volée à sa victime. Il s'appelle François Breton. C'est le *meg* des *Masques de Suie*. Vous l'avez vu à l'œuvre. Moi, je m'appelle Jeanne Liégeart, et je suis sa complice. Autrefois, je l'aimais ; aujourd'hui, je le hais et je le méprise. Maintenant, épousez-le si vous voulez, je vous accorde mon consentement.

Le misérable écumait et grinçait des dents. Sur le dernier mot de Johanna, il se rua sur elle la lame haute. La bohémienne croisa les bras.

— Bon ! dit-elle, il ne vous manque plus que de me poignarder comme vous avez poignardé Pierre Lombard, le *marchand de biens*.

Le *Joli meunier de Nemours* laissa tomber son arme.

Christiane s'était dressée de toute sa hauteur. Sa taille semblait grandie. Ses beaux cheveux frémissaient au souffle d'un vent mystérieux. Sa bouche avait un sourire navrant et cruel. Elle s'avança lentement, comme doit marcher la Fatalité. Elle leva la main et toucha du doigt le front de François Breton, qui tressaillit à ce contact comme si un doigt de feu l'eût marqué.

— Ah ! fit-elle, c'est cet homme qui a poignardé Pierre Lombard, le marchand de biens ? Pierre Lombard a donc fini par un crime ?

Son pas, son geste, sa voix n'avaient rien d'humain... Mais son sein battait... François Breton laissait pendre sa tête à l'aventure.

— Oui, dit la bohémienne, dans la nuit du 16 mars 1796, entre Villecerf et Moret.

— Je sais, je sais, interrompit Christiane, je suis allée pleurer et prier sur sa tombe.

Elle se baissa, ramassa le poignard et se le planta dans la poitrine.

Le *Joli Meunier* s'élança :

— Que faites-vous ?

— Je me punis de vous avoir aimé, répondit-elle en expirant. Je suis la fille de Pierre Lombard.

. . . .

Six semaines après cette scène, l'échafaud se dressa sur la place du marché à Melun, et seize patients y montèrent. Le capitaine Beaupoil était là avec ses gendarmes, et le lieutenant Desgranges avec ses dragons. C'était le reste de la bande des *Masques de Suie*, dont les autres associés, et parmi ceux-ci Jeanne Liégeart, avaient été condamnés aux galères.

Quand on eut attaché François Breton sur la planche et que les aides du bourreau s'apprêtèrent à la faire basculer pour *enfourner* la tête dans la lunette, une voix dans la foule cria :

— Saute, marquis !

Ce spectateur était un vieillard fou qu'on appelait Vaudrillan.

FIN

TABLE DES MATIÈRES

LE DUC ROUGE

I.	Le château-neuf....................................	1
II.	Brelan de Lorrains.................................	10
III.	Le troisième promeneur...........................	18
IV.	Première présentation.............................	24
V.	Deuxième présentation............................	32
VI.	A Rueil...	44
VII.	La lettre, le masque et le nœud de ruban......	55
VIII.	Le retrait de Marie Touchet.....................	68
IX.	La surprise..	79
X.	Gorbas se souvient.................................	86
XI.	L'envoyé de M. de Vendôme.....................	94
XII.	Commencement de dénouement.................	104
XIII.	Richelieu...	113
XIV.	La fin d'une conspiration.........................	124
XV.	Diamante...	133
	Épilogue..	143

LES MASQUES DE SUIE

PROLOGUE

I.	La nuit du 16 mars 1796..........................	155
II.	L'enquête...	160
III.	Le rapport..	165

TABLE DES MATIÈRES

IV.	Le moulin.	172
V.	La passerelle.	179
VI.	Le ravin de Falkenshorst.	188

PREMIÈRE PARTIE
La recherche de l'inconnu

I.	Bonaparte et Fouché.	193
II.	Les deux revues.	200
III.	Le vidame gobe-mouche.	207
IV.	La mission.	214
V.	La table d'hôte.	220
VI.	Anciennes connaissances.	228
VII.	Les passe-ports.	236
VIII.	Le patache.	245
IX.	Embuscade.	251
X.	Nuit au château.	256
XI.	Le serment de la Bohémienne.	264

DEUXIÈME PARTIE
La Bohémienne

I.	Pas de feu sans fumée.	274
II.	Demande en mariage.	282
III.	Les caves de Villechassin.	289
IV.	Préparatifs d'expédition.	298
V.	Le moulin de Férottes.	303
VI.	A la bombe.	312
VII.	Expiation.	320

FIN DE LA TABLE

Imprimerie Générale de Châtillon-sur-Seine — A. Pichat.

www.ingramcontent.com/pod-product-compliance
Lightning Source LLC
Chambersburg PA
CBHW060355170426
43199CB00013B/1875